U0890407

"十二五"国家重点图书

20

财政政治学译丛

刘守刚　魏　陆　主编

上海高校智库
上海财经大学公共政策与治理研究院

Advances in Comparative-Historical Analysis

比较历史分析方法的进展

［美］詹姆斯·马汉尼（James Mahoney）
［美］凯瑟琳·瑟伦（Kathleen Thelen）　编
秦传安　译

上海财经大学出版社

图书在版编目(CIP)数据

比较历史分析方法的进展/(美)詹姆斯·马汉尼(James Mahoney),(美)凯瑟琳·瑟伦(Kathleen Thelen)编;秦传安译. 一上海:上海财经大学出版社,2022.1
(财政政治学译丛/刘守刚,魏陆主编)
书名原文:Advances in Comparative-Historical Analysis
ISBN 978-7-5642-3886-5/F·3886

Ⅰ.①比… Ⅱ.①詹…②凯…③秦 Ⅲ.①比较历史学-研究 Ⅳ.①K061

中国版本图书馆 CIP 数据核字(2021)第 244909 号

图字:09－2021－0853 号

Advances in Comparative-Historical Analysis (ISBN 9781107525634) by James Mahoney, Kathleen Thelen, first published by Cambridge University Press 2015.
All rights reserved.
This simplified Chinese edition for the People's Republic of China is published by arrangement with the Press Syndicate of the University of Cambridge, Cambridge, United Kingdom.
2022 © Cambridge University Press & Shanghai University of Finance and Economics Press.
This book is in copyright. No reproduction of any part may take place without the written permission of Cambridge University Press or Shanghai University of Finance and Economics Press.
This edition is for sale in the mainland of China only, excluding Hong Kong SAR, Macao SAR and Taiwan, and may not be bought for export therefrom.
Copies of this book sold without a Cambridge University Press sticker on the cover are unauthorized and illegal.

此版本仅限中华人民共和国境内销售,不包括中国香港、澳门特别行政区及中国台湾。不得出口。

本书封面贴有 Cambridge University Press 防伪标签,无标签者不得销售。

2022 年中文版专有出版权属上海财经大学出版社
版权所有 翻版必究

□ 责任编辑 李嘉毅
□ 封面设计 张克瑶

比较历史分析方法的进展

[美]詹姆斯·马汉尼
(James Mahoney)
[美]凯瑟琳·瑟伦 编
(Kathleen Thelen)

秦传安 译

上海财经大学出版社出版发行
(上海市中山北一路 369 号 邮编 200083)
网 址:http://www.sufep.com
电子邮箱:webmaster@sufep.com
全国新华书店经销
上海叶大印务发展有限公司印刷装订
2022 年 1 月第 1 版 2022 年 1 月第 1 次印刷

710mm×1000mm 1/16 19.75 印张(插页:2) 302 千字
定价:99.00 元

总 序

成立于2013年9月的上海财经大学公共政策与治理研究院，是由上海市教委重点建设的十大高校智库之一。通过建立多学科融合、协同研究、机制创新的科研平台，围绕财政、税收、医疗、教育、土地、社会保障、行政管理等领域，组织专家开展政策咨询和决策研究，致力于以问题为导向，破解中国经济社会发展中的难题，服务政府决策和社会需求，为政府提供公共政策与治理咨询报告，向社会传播公共政策与治理知识，在中国经济改革与社会发展中发挥"咨政启民"的"思想库"作用。

作为公共政策与治理研究的智库，在开展政策咨询和决策研究的同时，我们也关注公共政策与治理领域基础理论的深化与学科的拓展研究。特别地，我们支持从政治视角研究作为国家治理基础和重要支柱的财政制度，鼓励对财政制度构建和现实运行背后体现出来的政治意义及历史智慧进行深度探索。这样一种研究，著名财政学家马斯格雷夫早在其经典教材《财政理论与实践》中就命名为"财政政治学"。但在当前的中国财政学界，遵循马斯格雷夫指出的这一路径，突破经济学视野而从政治学角度研究财政问题，还比较少见。由此既局限了财政学科自身的发展，又不能满足社会对运用财税工具实现公平正义的要求。因此，有必要在中国财政学界呼吁拓展研究的范围，努力构建财政政治学学科。

"财政政治学"虽然尚不是我国学术界的正式名称，但在国外的教学和研究中却有丰富的内容。要在中国构建财政政治学学科，在坚持以"我"为主研究中国问题的同时，应该大量翻译西方学者在该领域的内容，以便为国内财政学者从政治维度研究财政问题提供借鉴。呈现在大家面前的丛书，正是在上海财经大学公共政策与治理研究院资助下形成的"财政政治学译丛"。

“财政政治学译丛”中的文本，主要从美英学者著作中精心选择而来，大致分为理论基础、现实制度与历史经验等几方面。译丛第一辑推出10本译著，未来根据需要和可能，将陆续选择其他相关文本翻译出版。

推进财政政治学译丛出版是公共政策与治理研究院的一项重点工程，我们将以努力促进政策研究和深化理论基础为己任，提升和推进政策和理论研究水平，引领学科发展，服务国家治理。

胡怡建

2015年5月15日

撰稿人简介

乔凡尼·卡波西亚(Giovanni Capoccia):牛津大学比较政治学教授,目前担任莱弗尔梅信托基金资深研究员。他的研究兴趣包括制度发展理论、民主与民主化研究的历史方法和比较欧洲政治学。他的著作包括论述这些主题的很多文章,以及《捍卫民主:回应两次世界大战之间欧洲的极端主义》(*Defending Democracy:Reactions to Extremism in Interwar Europe*,2005),此书获得了美国政治学会颁发的欧洲政治学最佳图书奖。他是《民主化研究的历史转向》(*The Historical Turn in Democratization Studies*,《当代政治研究》特别合刊,2010)的联合主编[与丹尼尔·齐布拉特(Daniel Ziblatt)合编]。卡波西亚教授眼下正在编辑一本书,暂定标题是《在威权主义之后重塑民主:1945 年之后西欧的遗产、制度和对新法西斯主义的回应》(*Reshaping Democracy after Authoritarianism:Legacies, Institutions and Responses to Neo-Fascism in Western Europe after*,1945),论述西欧民主如何处理法西斯主义的遗产。

图利亚·G. 法莱蒂(Tulia G. Falleti):宾夕法尼亚大学伦纳德·戴维斯健康经济学研究所 1965 级政治学助理教授和高级研究员。她是《拉丁美洲的民主化和地区政治》(*Decentralization and Subnational Politics in Latin America*,剑桥大学出版社,2010)一书的作者,此书赢得了拉丁美洲研究协会颁发的唐纳·李·范·科特政治制度研究最佳图书奖。她论述联邦主义、民主化、威权主义和定性方法的文章发表在《美国政治学评论》《当代政治研究》《普布利乌斯:比较国际发展研究》《定性社会学》及其他很多期刊和汇编图书中。她是《历史制度主义手册》(*Handbook of Historical Institutionalism*)的联合主编[与奥尔费欧·费奥雷托斯(Orfeo Fioretos)和亚当·肖因盖特(Adam Sheingate)合编],目前在撰写一部论述拉丁美洲新分享制度的书。

简·金里奇(Jane Gingrich):牛津大学比较政治经济学助理教授和莫德林学院辅导研究员。她的研究兴趣广泛,包括比较福利国家和教育改革,特别是把市场、私人行动者和竞争引入公共服务中。她的著作包括《在福利国家打造市场:千变万化的市场改革的政治》(*Making Markets in the Welfare State:The Politics of Varying Market Reforms*,剑桥大学出版社,2014),还有论述这个主题的几篇文章。她目前正在致力于一系列研究计划,审视国家市场化对民主政治的后果。这项新工作研究的是公共服务供给和福利的结构改变如何影响公民的需求及其行为,它追踪了国家行动者、公民和组织化团体之间不断改变的关系。

雅各布·S.哈克尔(Jacob S. Hacker):耶鲁大学斯坦利·雷索尔政治学教授和社会与政策研究所所长。他是从跨国视角研究美国健康政策和社会政策的专家。他的著作包括5本书、众多杂志中的文章和范围广泛的通俗作品,论述美国的政治和公共政策,聚焦健康和经济安全。他最近的一本著作是与保罗·皮尔森(Paul Pierson)合著的《赢家通吃的政治:华盛顿如何让富人更富并掉头不管中产阶级》(*Winner-Take-All Politics:How Washington Made the Rich Richer and Turned Its Back on the Middle Class*,2011)。在洛克菲勒基金会的支持下,他指导编制经济安全指数,这是一项多年计划,审视美国的经济安全。他目前是经济表现和社会进步衡量高层专家组的成员,这个小组设在经济合作与发展组织。他最近因为2013年与菲利普·雷姆(Philipp Rehm)和马克·施莱辛格(Mark Schlesinger)合作撰写的文章《不安全的美国人》而赢得了美国政治学会的海因茨·尤劳奖。

斯蒂芬·哈格德(Stephan Haggard):加州大学圣地亚哥分校国际关系与太平洋研究学院克劳斯杰出教授。他的著作包括《走出边缘:新兴工业化国家的发展政治经济学》(*Pathways from the Periphery:The Political Economy* *of Growth in the Newly Industrializing Countries*，1990)，《亚洲金融危机的政治经济学》(*The Political Economy of the Asian Financial Crisis*，2000)，以及《发展、民主和福利国家：拉丁美洲、东亚和东欧》[*Development，Democracy and Welfare States：Latin America，East Asia and Eastern Europe*，与罗伯特·考夫曼(Robert Kaufman)合著，2008]。他还与马库斯·诺兰(Marcus Noland)合作撰写了论述朝鲜的范围广泛的作品，其中包括《朝鲜的饥荒：市场、援助和改革》(*Famine in North Korea：Markets，Aid and Reform*，2007)。他目前正在与罗伯特·考夫曼合作撰写一本书，论述第三次浪潮期间的不平等、分配冲突和体制改革，以及研究罕见事件的多方法途径。

埃文·S. 李伯曼(Evan S. Lieberman)：麻省理工学院道达尔政治学和当代非洲教授。他领导比较政治学领域的研究，聚焦撒哈拉以南非洲的发展，论述并讲授多方法研究策略。他的著作包括《传染的边界：种族政治如何塑造政府对艾滋病的回应》(*Boundaries of Contagion：How Ethnic Politics Have Shaped Government Responses to AIDS*，2009)，此书赢得了美国政治学会定性与多方法分会的乔万尼·萨托利图书奖；还有《巴西与南非税收政治中的种族与地方主义》(*Race and Regionalism in the Politics of Taxation in Brazil and South Africa*，剑桥大学出版社，2003)，此书赢得了2004年马太·杜甘比较研究最佳图书奖。李伯曼教授目前正在撰写一本论述非洲民主统治政治的书。

斯蒂文·列维茨基(Steven Levitsky)：哈佛大学政府学教授。他的研究兴趣包括政党和政党构建、威权主义和民主化、弱制度和非正式制度，聚焦拉丁美洲。他的著作包括《拉丁美洲正在转型的以劳工为基础的政党：比较视角下的阿根廷庇隆主义》(*Transforming Labor-Based Parties in Latin America：Argentine Peronism in Comparative Perspective*，剑桥大学出版社，2003)，《阿根廷的民主：制度弱势的政治》[*Argentine Democracy：The Politics of Institutional Weakness*，与维多利亚·穆里罗(Victoria Murillo)合著，2006]，《非正式制度和民主：拉丁美洲的教训》[*Informal Institutions and*

Democracy：*Lessons from Latin America*，与格雷琴·赫尔姆克（Gretchen Helmke）合著，2006］，以及《拉丁美洲左派的复苏》［*The Resurgence of the Left in Latin America*，与肯尼斯·罗伯茨（Kenneth Roberts）合著，2013］。列维茨基教授目前正在编辑一本论述当代拉丁美洲政党构建所面临的挑战的书，正在撰写一本论述革命政权持久性的书［与卢坎·A. 韦（Lucan A. Way）合著］。

詹姆斯·马汉尼（James Mahoney）：西北大学戈登·富尔切决策学教授、政治学与社会学教授。他的大量工作聚焦拉丁美洲的政治和社会经济发展，他的方法论工作关注案例研究中的描述性推理、因果推理以及小样本分析。他的著作包括《自由主义的遗产：中美洲的路径依赖和政治体制》（*The Legacies of Liberalism*：*Path Dependence and Political Regimes in Central America*，2001）和《社会科学中的比较历史分析方法》［*Comparative Historical Analysis in the Social Sciences*，与迪特里希·鲁施迈耶（Dietrich Rueschemeyer）合编，剑桥大学出版社，2003］。马汉尼教授最近的著作包括《殖民主义与发展：比较视角下的西班牙美洲》（*Colonialism and Development*：*Spanish America in Comparative Perspective*，剑桥大学出版社，2010），《解释制度变革》［*Explaining Institutional Change*，与凯瑟琳·瑟伦（Kathleen Thelen）合编，2010］，以及《两种文化的故事：社会科学中的定性研究和定量研究》［*A Tale of Two Cultures*：*Qualitative and Quantitative Research in the Social Sciences*，与加里·戈尔茨（Gary Goertz）合著，2012］。

保罗·皮尔森（Paul Pierson）：加州大学伯克利分校约翰·格罗斯政治学教授，加拿大高等研究院高级研究员。他的研究聚焦美洲国家政治和当代政治经济学。他的著作包括《时间中的政治：历史、制度和社会分析》（*Politics in Time*：*History*，*Institutions and Social Analysis*，2004）。他最近的著作包括《赢家通吃的政治：华盛顿如何让富人更富并掉头不管中产阶级》（与雅各布·S. 哈克尔合著，2011）。他的文章《路径依赖、递增回报和政治学研究》赢得美国政治学会《美国政治学评论》2000 年最佳论文奖，并在 2011 年因为它对公共政策的持久贡献而赢得美国政治学会公共政策分会的亚伦·威尔德夫斯基奖。

沃尔夫冈·斯特雷克（Wolfgang Streeck）：德国科隆马克斯·普朗克社会研究所名誉所长和教授。他是纽约社会研究新学院 2013 学年至 2014 学年的特奥多尔·豪斯讲座教授。自 1988 年至 1995 年，他是威斯康星大学麦迪逊分校的工业关系和社会学教授。他最新的出版物包括《购买时间：民主资本主义迟来的危机》（*Buying Time：The Delayed Crisis of Democratic Capitalism*，2014），《重塑资本主义：德国政治经济中的制度变革》（*Re-Forming Capitalism：Institutional Change in the German Political Economy*，2008），以及《超越连续性：先进政治经济体中的制度变革》（*Beyond Continuity：Institutional Change in Advanced Political Economies*，与凯瑟琳·瑟伦合编，2005）。他最近的研究兴趣是资本主义国家的金融危机，特别是在 2008 年全球金融危机的语境中，还有当代资本主义政治经济体中的制度变革。

凯瑟琳·瑟伦（Kathleen Thelen）：麻省理工学院福特政治学教授，德国科隆马克斯·普朗克社会研究所终身外籍研究员。她最新的一本书是《自由化的变化与社会团结的新政治》（*Varieties of Liberalization and the New Politics of Social Solidarity*，剑桥大学出版社，2014），之前的一本书《制度如何演化：德国、英国和日本的技能政治经济学》（*How Institutions Evolve：The Political Economy of Skills in Germany，Britain，the United States and Japan*，剑桥大学出版社，2004）获得了美国政治学会的伍德罗·威尔逊基金会奖和比较政治学的马太·杜甘奖。另外一些近作包括《解释政治变革》（*Explaining Institutional Change*，与詹姆斯·马汉尼合编，剑桥大学出版社，2010）和《超越连续性》（*Beyond Continuity*，与沃尔夫冈·斯特雷克合编，2005）。瑟伦最近的工作聚焦先进工业民主国家的劳工和社会政策，以及比较视角下的美国政治经济。

卢坎·A. 韦（Lucan A. Way）：多伦多大学政治学助理教授。他的研究聚焦跨国视角下的民主转型、后共产主义时期的政治和威权主义统治的演化。2006年，他在《世界政治》上发表的文章《第四次浪潮中威权主义国家构建和体制竞争力的来源》获得了美国政治学会比较民主化分会的最佳论文奖。他的著作《竞争性的威权主义：冷战之后的混合体制》(*Competitive Authoritarianism*: *Hybrid Regimes after the Cold War*，与斯蒂文·列维茨基合著)于2010年由剑桥大学出版社出版。韦教授目前正在撰写一本新书《默认的多元主义：弱势独裁者与竞争性政治的兴起》(*Pluralism by Default*: *Weak Autocrats and the Rise of Competitive Politics*)。他在书中提出，后冷战时代的民主政治常常是弱势国家和欠发展的执政党的产物，而不是强势民主制度或健壮的公民社会的产物。韦教授接受了加拿大社会科学及人文研究委员会的一笔津贴，与斯蒂文·列维茨基一起开始了一个新的项目，研究革命政权的持久性。

序

本书源于2010年的一次谈话。在那次谈话中，剑桥大学出版社的刘易斯·贝特曼(Lewis Bateman)对詹姆斯·马汉尼表示有兴趣印行《社会科学中的比较历史分析方法》(詹姆斯·马汉尼和迪特里希·鲁施迈耶，2003)的第二版。翌年，凯瑟琳·瑟伦和詹姆斯·马汉尼开始讨论这些研究路线的一个新项目。尽管一份新的关于比较历史分析方法的纲领性陈述似乎是适当的，且很有必要，但有一点很明显：任何新的研究项目都不能重复，哪怕只是更新早先的那本书。首先，迪特里希·鲁施迈耶已经退休，不再从事社会学研究，这使得早先那个项目的一位资深领导者不再可用。此外，政治学和社会学的发展也不赞同遵循上一本书同时涉及两个学科的途径。特别是，政治学中新方法和新途径的出现似乎需要一份新的关于聚焦政治学的比较历史分析方法的纲领性陈述。

本书凸显了一些原创性的贡献，它们把比较历史分析方法置于当前政治学的争论中。本书保留了早先那本书的三重结构——探索比较历史分析方法的实质性贡献、理论成就和方法论策略。此外，它与早先那本书的情况一样：它是一次集体努力，让比较历史领域一些最重要的学者走到了一起，在别的情况下，他们都是在不同的经验领域工作。然而，本书中的论文涵盖了一些全新的主题和工具，它们涉及这个领域最近的、正在发生的争论和问题。

在我们看来，这个项目眼下似乎尤其重要，因为，围绕"因果影响的革命"所引发的兴奋当前正吸引着政治学。最近这些年里，这个学科见证了对实验方法的兴趣大爆发，以及一场规模更小却很重要的运动：提倡"大数据"的使用。鉴于对数据搜集和理论检验的新技术的兴趣日益增长,我们觉得,重要的是让人们关注比较历史分析方法对理论生产以及在宏观层面上解释大的复杂结果——对于这些结果,更新的方法常常认为它们在经验上不可处理,从而退避三舍——所做出的,还在不断发展的贡献。在导论中,我们通过凸显比较历史分析方法与生俱来的比较优势,解释了这一方法在当代政治学中的持久影响力。我们还考量了那些缺少比较历史分析方法的核心特征的研究计划中缺失的是什么。本书的后记回到了一些更宽泛的主题,审视了比较历史分析方法如何依赖社会世界的特定本体论,正是这一本体论把它与政治学中的经典关联起来,并把它与当代其他很多杰出的方法区别开来。

导论后,本书的核心论文被组织为三个部分。在第一部分"议程设置工作"中,几位作者揭示了横跨几代学者的比较历史分析方法在一些特定实体领域的关键工作如何启迪了广泛的研究计划。这些文章提出,比较历史分析方法与生俱来的导向,尤其是它对基于案例的深度研究的关注,以及它对复杂构造解释的开放性使得这一研究传统能够产生一些议程设置工作,定义其他不同方法和导向的学者之后可以追寻的问题和分析路线。

本书的第二部分"时间分析工具"所包含的论文探索了一些与比较历史分析方法相关联的理论工具和概念创新。它们包括新的论述权力研究和路径依赖的工作,新的用来分析行动者和关键节点的指导方针和概念,新的研究制度变革尤其是在正式制度安排连续性的虚假外表下发生的变革的导向。

在本书的最后一部分"方法问题"中,几位作者聚焦比较历史分析方法研究中所使用的一些方法。这几篇论文总结了比较历史分析方法中为了做出历史因果过程的推理而使用的不同程序。它们探索了历史序列的比较对这些程序如何至关重要,包括跨案例的和案例内的推理方法。它们还考量了比较历史分析方法如何能和如何不能与其他方法结合起来,比如统计学方法和实验方法。

这三个主要部分互相关联。大多数论文尽管集中于一组问题,但事实上反映了所有三个重大主题——议程设置工作、时间分析工具和方法问题。在撰写这些论文的过程中，本书撰稿人在多次会议上互相对话，回应和评论其他人的文章，不断强化全书不同部分之间的关联性。这些对话和交流还起到了让我们作为一个小组而更加紧密地走到一起的作用。对我们来说，与这些有才华的撰稿人合作，见证这个神奇的合作小组的形成，是执行这个项目最大的快乐之一。

我们首先想对迪特里希·鲁施迈耶表示感谢和认可，他参与编辑了早先的那本书，贡献了毕生的工作来推动比较历史分析方法的发展。我们还要感谢刘易斯·贝特曼，他的印行《社会科学中的比较历史分析方法》第二版的建议启动了形成眼下这本书的一系列事件；还有玛格丽特·列维(Margaret Levi)，她热情地支持了早先的那项计划。就本书而言，我们最大的快乐是与剑桥大学出版社的约翰·哈斯拉姆(John Haslam)一起工作。他从一开始就大力支持本书，安排了一些让我们受益良多的审读报告，高效而专业地监督了本书的出版。将本书收入其中的"社会调查策略"丛书的联合主编科林·埃尔曼(Colin Elman)和约翰·格林(John Gerring)也是这个项目的大力支持者。

2013年3月，提交论文初稿的第一次会议在麻省理工学院举行。我们感谢迪克·塞缪尔斯(Dick Samuels)和国际研究中心赞助这次会议，感谢凯特·希尔勒(Kate Searle)以她典型的细心和效率管理后勤。我们的同事安德烈埃·坎贝尔(Andrea Campbell)、彼得·霍尔(Peter Hall)、本·施耐德(Ben Schneider)和卢卡斯·斯坦奇克(Lucas Stanczyk)的参与和评论让我们受益良多。

接下来的一次会议于2013年11月在西北大学举行。我们感谢西北大学政治学系和罗伯塔·巴菲特国际比较研究中心支持这第二次会议。在巴菲特中心，代理主任布赖恩·汉森(Brian Hanson)从一开始就鼓励这个项目，杰夫·切尔努坎(Jeff Cernucan)和黛安娜·施奈德(Diana Snyder)确保了会议各事项平稳进行。丹·加尔文(Dan Galvin)、爱德华·吉布森(Edward Gibson)和雷切尔·里德尔(Rachel Riedl)充当了这一事件杰出的讨论者和参与者。我们要特别感谢安德烈·尼科夫(Andre Nickow),他不仅帮助组织了会议的各项活动,而且在编排和编辑本书各章以便提交给剑桥大学出版社上提供了帮助。

本书中有好几章还在美国政治学会 2013 年会议期间的两个专题讨论小组提交过,几位作者从这些讨论小组的讨论者南希·贝尔梅(Nancy Bermeo)和丹尼尔·齐布拉特那里收到了卓越的评论。西达·斯科斯波尔(Theda Skocpol)也对这个项目表示鼓励,并对构思导论部分提出了一些想法。最后,我们还想感谢政治学领域规模更大的比较历史分析方法研究的共同体。这个共同体不仅继续生产本学科一些极优秀的经验工作,而且为学者们从其他分析方向和方法论方向开展工作设定了重要的理论议程。

詹姆斯·马汉尼
凯瑟琳·瑟伦

目　录

第一部分　导　论

1. 当代政治学中的比较历史分析方法/003
凯瑟琳·瑟伦　　詹姆斯·马汉尼

第二部分　议程设置工作

2. 发展型国家(地区)的兴衰/043
斯蒂芬·哈格德
3. 联合、政治和分配:埃斯平-安德森的《福利资本主义的三个世界》/072
简·金里奇
4. 不只是什么,还有何时(及如何):威权主义持久性研究的比较分析方法/102
斯蒂文·列维茨基　　卢坎·A.韦

第三部分　时间分析工具

5. 权力与路径依赖/131
保罗·皮尔森
6. 关键节点与制度变革/156
乔凡尼·卡波西亚

7. 漂移与转换:制度变革的隐藏面/189
雅各布·S.哈克尔　　保罗·皮尔森　　凯瑟琳·瑟伦

第四部分　方法问题

8. 比较序列法/221
图利亚·G.法莱蒂　　詹姆斯·马汉尼
9. 嵌套分析:走向比较历史分析方法与其他社会科学方法的整合/250
埃文·S.李伯曼
后记　比较历史分析方法:过去,现在,未来/273
沃尔夫冈·斯特雷克

译丛主编后记/298

第一部分

导　论

1. 当代政治学中的比较历史分析方法

凯瑟琳·瑟伦　詹姆斯·马汉尼

比较历史分析方法(CHA)在政治学中有着漫长而显赫的世系。在这一学科中,有一连串五花八门的思潮,鼓吹有望产生更强大理论的新途径,或更严格地检验理论的新方法,或兼而有之。比较历史分析方法经受了时间的考验,它依然是跨越各代的很多学者,包括很多使用其他分析工具和方法论工具的学者的选择途径并继续设定议程。

在作为导论的本章中,我们将探索比较历史分析方法在当代政治学中富有弹性的持续影响。我们把比较历史分析方法的持久影响归功于其定义性特征中的内在力量:它聚焦一些大规模的、常常也是复杂的、具有持久重要性的结果;它着重强调有经验依据的、基于案例的深入研究;它关注政治的过程和时间维度。这些特征不仅把比较历史分析方法同其他方法区别开来,而且赋予这一方法其他研究中没有的比较优势。

政治学内部的方法论争议并不是什么新东西,但在近几年里其势头似乎更盛。从 20 世纪 80 年代晚期开始,当理性选择理论进入学科的主流时,这个领域经历了一些重要改变。学术研究使用博弈论遭遇了相当可观的喧闹和论战,有人祝贺其模型的理论典雅,有人批评这些方法在解释现实世界的结果上似乎常常只提供有限的杠杆作用。[1] 即便这一工作路线并没有带来有人

1　想了解当时的争论,可参看 Green and Shapiro(1994)和 Friedman(1996)。

预言的变革效应，很显然，它如今也在这个学科占据重要位置。

近来，一条经验主义的工作路线带着类似的能量和力量出现了。其支持者把它吹嘘为“因果推理中的一场革命”，实验方法正在横扫很多部门。当今的实验主义者十分强调研究设计，常常招募实验对象——在实验室里，在田野里，或者在网上——参与那些试图把相关变量的影响隔离开来的实验。这一新的趋势改变了讨论的措辞，使之偏离早先关于大样本（large-*N*）和小样本（small-*N*）研究相对优点的争论。实际上，传统的回归分析和基于案例的定性研究越来越被某些人贬低，他们认为，一切形式的观察研究都被视为致命地阻碍了他们把原因与任何可靠性钉在一起的能力的发挥（例如 Gerber，Green and Kaplan，2014）。实验方法的一些有力支持者郑重建议研究生们无视这场因果推理的革命，否则后果自负。

最后，正如我们所写的，“大数据”是政治学边疆的新暗号（例如，King，2014）。尽管这个术语十分宽泛，但把大数据与传统数量研究区别开来的是它涉及庞大的数据集（常常有超过百万的观察数据），对它们的分析需要专门的计算机技术（例如，机器学习）。围绕大数据组织的研究议程部分程度上被技术进步和新的社会科学基础机构所驱动，它们使得研究者能够收集和操作数量庞大的信息。对那些作为这场运动的组成部分的学者来说，问题是这些新的数据来源和这些新技术可以用来解决什么样的问题。

在这个大漩涡中，比较历史分析方法依然是一个杰出的、生机勃勃的研究传统。事实上，在以狂热关注数据搜集和理论检验为特征的当前语境中，比较历史分析方法由于一直决心坚定地、死不悔改地聚焦理论生产，聚焦在宏观层面上解释巨大而复杂的结果（其他方法视之为在经验上不可处理而越来越避之唯恐不及），因此显得卓尔不群。比较历史分析方法一直在补充其他研究方法，同时与之竞争，并继续在源源不断的深受赞扬的当代研究工作中得到表达，这些工作常常设定后来被学者们（包括最近的“金本位”支持者）用来调度其他方法的理论议程和实质议程。[1]

1 比较历史分析方法中很多重要的作品在 Mahoney and Rueschemeyer（2003）中得到了讨论。附录 A 列出了这一传统中我们所知道的自 2000 年以来赢得重要学科奖的杰出作品（不可避免的是，我们忽略了一些作品，我们为此感到抱歉）。

在接下来的篇幅中，我们将凸显比较历史分析方法的 3 个核心定义性特征所带来的比较优势，借此探索它的持久影响。第一，比较历史分析方法的宏观构造导向把它和政治学中的经典作品关联起来，并和它们享有一样的持久关切：试图解释大规模的政治结果和政治经济结果。第二，它聚焦问题驱动型的基于案例的研究一直是一些享有广泛适用性和反响的议程设置洞见的一个关键来源。第三，比较历史分析方法致力于时间导向的分析使它能够对我们理解政治中的过程和时间做出独特的贡献。我们将勾画出比较历史分析方法从这三个方向所获得的东西，借此详细阐述它的优势。更重要的是，我们将考量那些缺少这些特征的研究程序中丢失了什么。沿着这条路，我们还将考量比较历史分析方法与其他方法之间的相互补充。我们将探索其他方法的一些方面如何被吸收或者如何可能被吸收到比较历史分析方法中。我们将审视比较历史分析方法可能以哪些方式弥补其他方法的不足。

宏观构造研究

作为第一个区别性特征，比较历史分析方法需要*宏观构造研究*。这个特征分为两个彼此相关却互相分离的组成部分——“宏观的”和“构造的”，不妨依次讨论之。

宏观导向

宏观部分需要关注大规模结果——国家构建，民主过渡，不平等的社会模式，战争与和平等。研究者常常聚焦大规模因果性要素，既包括广泛的政治经济结构（例如，殖民主义），也包括复杂的组织制度安排（例如，社会政策管理）。比较历史分析方法的宏观导向还以集合案例的分析为信号：常常是民族国家，但也包括政治运动、次国家领土、帝国，以及在少数实例中的整个文明和世界体系。尽管宏观层面的研究与比较历史分析紧密相关，但这并不是这一传统所独有的。例如，很多统计研究者在他们的工作中试图解释宏观结果并聚焦广泛的结构性制度原因。事实上，这种对宏观问题的共同关切考虑到了比较历史分析与数量分析之间相当可观的协同合作。这样的协作支撑了一些产量很高的研究共同体，在这些共同体中，使用不同方法的学者之间的竞争与合作促进了我们对范围广泛的结果的理解：从革命到福利制度，再到民主化（Amenta，2003；Goldstone，2003；Mahoney，2003；Pierson，2000）。

过去，有些学者把比较历史分析方法强调宏观结果和宏观原因与另外一些致力于“方法论个人主义”——政治结果必须追溯到个体行为人的行动和动机——的路径相比照。[1] 然而，这个区别在比较历史分析的实践中消失不见了。事实上，宏观理论常常让我们的注意力集中于这样一个问题：哪些特定的宏观层面的过程或行为很可能是最重要的，以及何时是最重要的？例如，卡波西亚对关键节点的分析恰好依赖识别结构权变（structural contingency）的瞬间，在这些瞬间，行动者的选择和代理可能承载着特殊的分量（Capoccia，本书第 6 章）。同样，宏观理论常常暗示，如果宏观理论是正确的，则某些特定的宏观层面的事件就应该（或不应该）出现在特定案例中。作为检验其理论的组成部分，有兴趣识别跨越几个世纪的大模式的比较历史分析学者常常依靠原始档案材料，近距离地放大来审视特定的关键片段或模式，在某些情况下深入研究特定历史行为人的动机和行动（例如，Skocpol，1992；Swenson，2002；Ziblatt，2009）。

比较历史分析方法没有执着于方法论个人主义，而是采取这样一个立场：它既反映实用主义的考量，也反映特定的本体论承诺。实用主义立场——丹尼尔·利特尔（Daniel Little，2012）有过清晰的阐述——是：“对于宏观-宏观和宏观-微观因果关系做出仔细的陈述而并不依据科勒曼之船的逻辑——上下枝干——来进行”是完全可能的。[2] 尽管宏观层面的论证不可能与微观描述相抵触，但它们的有效性并不要求把它们分解为个体层面的行为；事实上，要求把所有过程分解为个体层面的选择和行动使得更宏观的研究变得不可行或不可能。

1　乔恩·埃尔斯特（Jon Elster，1982）是方法论个人主义的一位重要支持者，他把这个术语的意思表述为这样一种学说：“一切社会现象（它们的结构和它们的改变）原则上只能从个人的角度——他们的财产、目标和信仰——来解释”（453）。关于这个术语的起源及其用法的歧义，参看 Hodgson（2007）。

2　利特尔提到了科勒曼（Coleman，1990）的宏观-微观-宏观解释模式。他给出的例证是博帕尔（Bhopal），在那里，他建议大可不必“把诸如博帕尔化学工厂的组织缺陷导致灾难性的化学品泄漏这样的主张分解到具体的个体层面的活动”（Little，2012：8—9）。

然而，更根本性的要点是，凡是在结构特征起关键性因果作用的地方，坚持把每一个结果追溯到个体行为人的行动和策略都将一无所获，失去的却有很多。采用完全宏观导向的方法将意味着无视那些只能在更高分析层面上理解的重要因果过程(Gaventa，1980；Lukes，1968)。比较政治学中很多有影响力的作品指向一些系统特征，在这些特征中，结构变量、大规模过程或组织特征都通过塑造个体行为人的兴趣而起至关重要的因果性作用。如果不认识行为人置身其中的宏观结构环境，你就不可能理解关键行为人的兴趣和行动。在本书中，保罗·皮尔森以一种尖锐的批评强调了这一点，他指出，在政治学中，有不少作品把政治简化为个体之间明显易变的相互作用，从而基本上漏掉了权力的影响。

因果构造和语境

比较历史分析方法的构造成分指的是研究者以何种方式考虑如何将多重因素结合起来，组成一致的更大联合体、复合体和因果包。这种构造分析的作用之所以如此显著，一个理由是比较历史分析中研究的大规模结果本身经常是多重事件和过程聚合而成的联合体。例如，如果不分析各种不同的事件及其表面下的过程如何构成相关的现象，你就不可能研究革命、民主过渡和发展型国家。

然而，除此之外，构造分析也是比较历史分析中所使用的特定解释模式的典型特征。在这个领域，经常通过审视多个变量在组合体或“因果包”中如何一起发挥作用来解释宏观结果(Ragin，1987)。这个追踪因果关系的组合方法在下面这个特殊意义上呈现复杂性：由于互相作用效应——包括两个以上变量之间的互相作用——被认为是常见的，因此个别因果要素必须作为更大组合体的组成部分来分析。即便比较历史分析学者对研究单个因素对结果的影响感兴趣，他们也要考量该变量的影响可能以何种方式跨越不同的场景。在比较历史分析中，具体说明 X 对 Y 的影响几乎总是涉及把 X 赖以运作的“语境”纳入考量，这意味着详细说明与 X 相互作用并塑造其影响的性质的其他变量(尤其参见 Falleti and Lynch,2009)。[1]

不妨援引一个众所周知的实例,考量奥唐奈(O'Donnell,1973)如何回答下面这个经典问题:经济发展导致民主吗?他的回答是“这要看情况”,然后他开始详细说明这取决于什么样的情况。传统智慧是:经济发展肯定对民主有贡献,相比之下,奥唐奈发现,在20世纪60年代和20世纪70年代的南美,经济发展事实上有助于给严厉的威权主义添加燃料。他认为,这是因为经济增长是在这样一种语境中展开的:它以动员起来的民众部门和技术专家在社会中日益突出的作用为特征。在这些特殊条件下,经济发展是创造压制性军事政权的一个发动机。

比较历史分析学者之所以采用构造的解释方法,并不是因为他们为了其本身而看重因果复杂性或者看不起而惜墨如金。实际上,比较历史分析研究者相信,除了根据其赖以发生的语境来分析原因的影响外,别无他法。这个学派的大多数学者明显同意安德鲁·阿博特(Andrew Abbott,1997)的观点,他指出,为了惜墨如金而把一个案例从其语境中抽离,可能导致极具误导性的结果。正如他所写的,如果这样一种“去语境化仅仅是消除过多的细节,那么从科学上讲它是一件好事”。但是,如果它消除的是至关重要的变量和相互作用,那么“它就是一场科学的灾难”(1171)。

补充与权衡

并非所有方法都同等适合处理处于比较历史分析核心的宏观现象。不同的方法被设计用来解决不同种类的问题,我们应当评估为我们提出和回答的问题选择一个给定方法的成本和收益。可以说,因果推理中“革命”的主要因果关系之一——越来越被抱有同情的观察者所承认——是学者们可能承担的研究类型戏剧性地变得越来越少(Huber,2013)。我们想要提出的关于原因和结果的很多问题在宏观层面上并不服从于实验设计。强制与合作对威权主义政权持久性的相关影响是什么?组织化企业在美国政治中所起的作用是什么?跨国公司如何影响发展?出于技术的、逻辑的、种族的或财务

1 关于定量研究中建模与解释的互动效应的潜力和挑战,参看 Kam and Franzese(2007)。

的理由，这些问题不可能用一个实验来回答。[1]

转向实验研究不仅对我们提出的问题产生偏见，而且常常把对答案的寻找引导到特定路径，朝向那些特殊种类的关于哪些因素可以被认为在因果关系上很重要的答案。[2] 研究者几乎不可能以任何有意义的方式处理很多我们知道在政治中极为重要的宏观因素——权力、资源、制度和意识形态。[3] 实验研究不可能轻而易举地发现这些在因果关系上很重要的因素，因为它们并不屈从于这些技术。相比之下，"信息"被证明是一个处理起来特别容易控制的变量，无论是在实验室里还是在田野里。[4] 变动信息（例如，数量、内容、"框架"）的实验设计起来相对容易，执行起来也比较便宜。结果，大部分实验工作是探索基于信息的变量的影响，从而得出的发现常常报告以这样或那样的方式处理信息所带来的影响（或没有影响）。更不消说这样一个问题：作为结果的实验究竟是不是靠它们自身取得成功（例如，避免"装填"的难题及其他陷阱），信息（或服从于基于信息操作的变量）实际上可能是具有终极重要性的结果的一个次要决定因素。

因此，从那种赋予比较历史分析生命的宏观层面的关切的角度看，这一学科中一个更令人遗憾的趋势是基于方法和数据来选择问题（Shapiro，2004，2014）。我们大家都知道醉汉在路灯下找钥匙的故事，"因为那是最亮堂的地方"。过去，这个故事被援引为一个告诫：要追寻重要现象的原因，而不管这种寻找可能把你领向何方。但在今天，有些学者建议，我们应当找出那些服从于"现代"方法的问题，并到数据最丰富的地方寻找答案。他们建议我们把那些在实验上难以处理的，尽管或许是重要的问题——包括可能的答案——束之高阁。换句话说，有些学者明显是指引我们去路灯下看看，并警告：在暗

---

1 利普哈特（Lijphart，1971）在很久之前就指出，实验方法"因为实际的和伦理的障碍，在政治学中只能很少使用"（684）。

2 关于对政治学中实验的力量和弱点的评估，参看 Morton and Williams（2010）和 Druckman et al.（2011）。

3 对于一项实验，你可以尝试用模拟宏观结构的方式操作处理。例如，一项研究试图确定一个领导者的身份是不是影响其诱发合作的能力，这种合作通过参与者在琐事博弈中的表现来确定其"身份"（Eckel，Fatas and Wilson，2010）。然而，一个人通常不可能实际上操作宏观结构因素本身。有一个罕见的例外，参见 Beath，Christia and Enikolopov（2013）。

4 关于这一点，我们要感谢本·施奈德（Ben Schneider）。

处瞎摸毫无意义。[1]

然而，这种把问题严重变窄的做法代价太大。我们已经看到，经济发展研究在某些地方已经简化为程序评估的连续运用(Deaton，2014)，以及对美国政治的研究如何变得越来越聚焦公共舆论和选举行为(Pierson，2007)。这些发展与对观察研究的怀疑态度携手并行，观察研究导致某些学者摒弃宏观层面的结果和复杂的制度构造，认为这些混乱得不可救药，并坚持瞄准更狭窄的问题，为它们构想实验或搜集大样本数据集。然而，你很想知道，到光线最亮的地方寻找答案事实上是不是抓住了最重要的解释。例如，公共舆论数据(越来越多地与调查实验相结合)现成的可用性推动了集中于个体公民畅所欲言的行为研究的一次复兴。尽管作为结果，我们对公民的所思所想知之甚详，但公民的偏好未必是我们想要解释的很多结果的主要驱动者。正如美国高端不平等(high-end inequality)的大规模增长很难追溯到选民的偏好，某些结果也是如此，比如中国政治经济的急剧转变，或者世界上很多地区威权主义政权令人厌烦的持久性，都很难与普通公民的微观态度和偏好联系起来。

现在转向比较历史分析的构造方面。前面我们已经指出，比较历史分析研究评估了这样一些理论：它们呈现了复杂的因果交互，实际上常常把这样的构造置于分析的核心。一方面，对构造的关注来源于具体的案例，至少是部分地把比较历史分析与统计学研究区别开来，后者常常更多地关注消除特定变量的平均效应或者案例中庞大人口之间的简单互动。另一方面，比较历史分析可以做到而且确实做到了强有力地与统计分析合作，后者同样聚焦宏观层面的结果和变量。正如李伯曼在本书中所指出的，通过把传统的回归分析与对系统选择的案例的周密分析结合起来，所获颇多。统计学研究在识别关于个别变量的宽泛模式上常常颇有帮助，而比较历史分析则识别这些变量在构造中如何一起发挥作用，在具体案例中产生结果。比较历史分析关于特定案例集中因果构造的发现可以刺激统计假说的检验，目标在于识别这些构造中诸多变量的一般性影响。

相比之下，在聚焦宏观的(常常是宏观历史的)结果的合作程序中，实验

1　这一点我们要感谢保罗·皮尔森，基于一位研究美国政治的杰出学者所做的评论，他恰好是以这种方式援引路灯的实例。

研究不可能那么容易地与比较历史分析形成合力。李伯曼的那一章证明，这两个传统无疑可以互相影响，尽管他也清楚地表明，比较历史分析和实验工作占据着经验社会科学关键维度上相对的两端(参见图 9. 1 中的立方体)。在基本层面上，实验研究的目标——在控制其他因素的同时把个别处理变量的影响孤立起来——与大多数比较历史分析更具构造性的方法相冲突。通过设计，实验方法往往产生分离的发现，不可能以任何直截了当的方式简单地“加在一起”来说明更复杂的因果互动。[1] 所以，尽管不可能在微观层面应用来自比较历史分析宏观工作的洞见——例如，用实验来检验比较历史分析构造的解释范围内的某一个方面或模型——但不可能把个别实验分离的微观结果“加到一起”来解释比较历史分析学者所聚焦的宏观结果。

聚合个别实验的结果所遇到的这些困难，部分关系到众所周知的语境和外部效力的问题。尽管实验研究是为了经由随机分配处理来控制多个因素的影响而设计的，但它的发现依然处在执行研究的具体场景中。这些发现在这个语境外是否可以一般化及如何一般化的问题在当代政治学中常常是很成问题的。在一个跨国回归研究常常遭到诋毁的时代，重要的是要认识到，回归研究通常避开针对不适宜的语境一般化其结果的难题，或者避免提出一个大的问题，然后——一旦它被转化并被分解为一个切实可行的实验或“博弈”——产生适用于一个不同的、常常是更小的问题的结果。

最后，实验研究可能补充，但不可能取代比较历史分析中所进行的那种宏观构造研究。实际上，根据定义，实验研究很可能遗漏很多宽泛的系统特征，我们知道这些特征是政治生活的重要组成部分，包括跨越不同制度领域的关联。这样的工作还会系统地遗漏一些复杂的反身过程和互为因果的动态，在这些过程和动态中，“因”和“果”随着时间的推移、跨越不同的制度场域而互为构造。正如金里奇的那一章所显示的，埃斯平-安德森(Esping-Andersen)对福利制度的研究的精彩之处恰好在于它如何识别复杂的因果

1　在一次激动人心的向阿尔伯特·O. 赫希曼(Albert O. Hirschman)的致敬中，弗朗西斯·福山(Francis Fukuyama，2013)指出了实验工作即使在它特别盛行的发展经济学领域也存在一些限制。他指出，实验对于窄化计划评估的目的可能有用，但对于理论发展并非如此，因为结果“向上聚合为对更广泛的发展现象的理解。很难想象，以这种方法做成的所有工作能够留下 50 年之后人们还会记住的任何概念性质的东西”(93)。

“综合症”、反馈效应，以及跨越不同领域和不同时间的一致性。很难想象，当我们把任何东西都简化为简单的二元关系，或者每次审视一个具体的独立变量时，福利国家研究将会多么贫瘠。[1]

在实验传统中，比较历史分析与自然实验之间有更多互补。[2] 两者都使用基于精心匹配案例的类似逻辑。此外，基于自然实验的研究——像比较历史分析的很多研究——典型地试图理解特定案例中一个变量对宏观结果的影响，而不是一般化广泛人口的平均效应。然而，政治学中很少有自然实验满足真正自然实验的苛刻标准(Dunning，2012；Sekhon and Titiunik，2012)。实际上，学者们审视那些在关键维度上匹配的案例，但它们常常并不完全满足“仿佛”随机分配处理这个假设。正是出于这些原因，自然实验的工作可以极大地受益于比较历史分析的工具，这些工具恰好是为了对那些不可能作为真正自然实验而构建的案例做出推理而设计的。

基于案例的研究

比较历史分析方法的第二个定义性特征是*基于案例的研究*。这个特征凸显了下面这个事实：比较历史分析方法典型地聚焦于解释那些常常在特定时间和地点观察到的结果，并通过制定解释来识别能够产生这些结果的因果机制。这个导向可以再次分解为两个单独的成分：(1)聚焦现实世界的不解之谜，(2)使用基于机制的解释。

现实世界的不解之谜

比较历史分析研究在下面这个意义上是*难题驱动的*：现实世界的问题赋予它生命，这就是比较历史分析学者被那些锚定在特定时间和地点的经验难题所吸引的原因(Pierson and Skocpol，2002；Shapiro，2004)。他们可能会问，

1　同样，资本主义框架的千变万化(Hall and Soskice，2001)——曾启发过如此庞大而成果丰富的研究——也是专门围绕政治经济学复杂的系统特征而组织起来的(例如，Iversen and Soskice，2001，2006)。

2　正如李伯曼(本书第9章)所指出的，同样的观点也适用于准实验设计，如匹配技术和断点回归分析。

在很多关键维度上类似的案例，为什么由于一个重要的因变量而呈现完全不同的结果。这正是玛雅·都铎(Maya Tudor，2013)在分析印度和巴基斯坦分叉的政治轨道时所采用的方法。此外，比较历史分析学者可能会问，为什么看上去完全不同的案例有相同的结果。这就是列维茨基和韦(2010，及本书第4章)在分析竞争威权主义时所遵循的主要策略。当特定案例不符合现有理论或大样本研究的预期时，也可以构想出现实世界的难题。例如，阿图尔·库利(Atul Kohli，2001)和同事们探索了印度为什么是一个长期持续的民主国家，尽管它贫穷、种族多样，而且地区四分五裂。

大多数比较历史分析研究因此被某些描述这一理论所适用案例范围的范围条件所界定。识别这些范围条件是详细说明特定语境中的那个过程的组成部分(即具体的变量构造)。在这个语境中，研究者相信他的论证是有效的。因此，比较历史分析研究者不是在问平均起来战争是不是在所有时间和地点都导致国家构建，而是更典型地在问，对于处在特定语境中的特定案例集，战争是不是对国家构建做出了贡献(例如，Centeno，2003)。

然而，不管范围条件是从狭窄的还是从宽泛的角度来界定，高质量的比较历史分析研究都十分强调*弄清案例*，也就是说，应当足够深入地理解案例(常常是基于不同类型的主要证据)，并足以在互相竞争的假说之间做出裁决。相比为了说明性的或启发性的目的而援引的李伯曼(本书第9章)所说的“微型案例”，在比较历史分析研究中，一个好答案应该是这样的：当你把手头案例的更多细节应用于这个答案时，其必须经得住仔细审视。对特定经验难题的解释，当你再次审视或者其他学者(包括专家)近距离审视这些案例时，它不应当分崩离析。这个要求需要比较历史分析学者成为其案例中那些与正在研究的问题相关的方面的专家。

在比较历史分析研究中，弄清案例对于有效解释是必不可少的。不仅如此，深刻理解实际的而不是程式化的案例是把新奇的解释带向前台的那个东西。近距离工作使得学者能够识别新的解释命题，而在微型案例中，或者在围绕依据预先设定的重要独立变量进行案例编码而组织的研究中，这些命题不会显露出来。作为一个实例，不妨考量一下彼得·斯温森(Peter Swenson，1991)对民主社团主义在先进工业世界的起源的研究的冲击。在20世纪70

年代和20世纪80年代,有大量文献记载组织化劳工运动的力量与关乎工资平等及其他结果的全国性三方谈判的发展之间的强相关性。一些重要的劳工学者推断,这些结果大概是劳工力量超过资本。在仔细分析这些争论中两个最重要案例(丹麦和瑞典的案例)的基础上,斯温森颠覆了传统智慧,他揭示,一些特殊的商业部门是推行集中化的主要推手。这项工作激发了成果丰硕的新一轮进一步的研究——既有定性研究,也有定量研究,并且产生了一些关于雇主在制度安排的起源上所扮演角色的关键洞见,传统上,这些安排被归功于劳工的力量。不管学者们是不是同意他的发现,斯温森基于案例的仔细研究启发了一项更广泛的研究计划,让我们对发达民主国家政治经济制度的创始及生产背后的雇主偏好和政治有了更多了解(例如,Broockman,2012;Iversen,Pontusson and Soskice,2000;Mares,2003;Martin and Swank,2004)。

除了它在产生新奇因果断言上所起的作用外,比较历史分析研究还产生具有广泛适用性的概念创新。最近,对不同制度变革模式的研究,比如希克勒(Schickler,2001)对层级化的研究,哈克尔(2005)对漂移的研究,以及瑟伦(2004)对转换的分析,提供了一个很好的说明。这些概念的发现和阐述发生在详细分析特定经验难题的语境中。例如,就漂移而言,哈克尔对美国社会政策的精密分析挑战了这一传统智慧:大众性的社会计划抵制节省。特别是,他证明,面对作为结果而发生的社会语境或市场语境的改变,没能更新一项政策可能从根本上改变它的影响。在这样的实例中,"什么都不做实际上意味着在做什么事,因为稳定的政策规则产生不断改变的政治结果"(Hacker and Pierson,2010,2)。像转换和层级化一样,漂移的概念——来源于一个具体案例,最初也是在这个案例中被观察到的——被广泛地采纳和应用。对漂移的研究不仅启发了新一轮的社会政策研究,而且被用来解释各种不同的结果,范围从欧洲的公司治理改革(Cioffi,2010)到日本的企业-政府关系的重构(Vogel,2006)。[1]

简言之,在致力于解决现实世界难题上,比较历史分析研究常常产生新

1 此外,一些杰出的博弈论学家把哈克尔的漂移概念形式化了。参见 Callander and Krehbiel (2013)。

的洞见，并因此创造新的理论。当这些洞见被各种不同方法论导向的学者们接受时，就可以刺激更广泛的研究议程。另一些比较历史分析研究者或许试图使用新的历史材料或新案例来评估最初的论证。统计学研究者或许试图使用大样本数据集来检验这个论证或论证的某些方面的一般性。理性选择派学者或许试图使用他们的分析工具和方法论工具来说明新理论的微观基础。所有方法论导向的学者都致力于范围广泛的经验问题，并且可能通过应用比较历史分析研究中出现的便捷的概念和机制，对他们自己的案例获得新的洞见。要强调的关键点是局部解释在产生那些为范围广泛的学者设置研究议程的新理论上的力量和效用。

经验机制

在比较历史分析研究中对现实世界难题产生了这样一些解释：大量注意力集中于阐述特定案例产生的原因和因果构造赖以发挥作用的机制。在比较历史分析研究中，学者们把偶然的相关性与因果关联区分开来，部分基于是否能识别用来解释因果关联的机制。如果找不到机制，研究者可能会把潜在的解释作为假的从而消除掉。因此，在比较历史分析中，证明假设的原因跨越多个案例与结果共变是不够的。相反，研究者必须提供为什么这样的理由，通过打开“黑匣子”，识别那些把观察到的原因与观察到的结果联系起来的步骤。

遵照基于案例的研究，比较历史分析学者通过在个案层面上观察机制来研究它们：从经验上识别机制，而不是简单地假设它们貌似有理。研究者也许可能，也许不可能预见特定的机制并积极地寻觅它们，事实上，前面提到的一些理论创新是在一些并不符合现有理论的解释案例的过程中发现的。真正的必要条件是，比较历史分析研究者成功地识别连接进程，足够具体和详细，能够说服别人（包括案例专家）相信：最初假设的因果要素集实际上对结果做出了贡献。由于这种以经验为根据的基于机制的解释需要深入研究细节，因此要求深刻理解所分析的原因。

作为这种解释的一个实例，不妨考量鲁施迈耶、史蒂芬斯（Stephens）和史蒂芬斯的《资本主义发展与民主》（*Capitalist Development and Democracy*，

1992)。这些作者在注意资本主义发展与民主之间的关联上遵循的是一条很长的研究路线。然而,在精细分析个别国家的基础上,他们发现了发展对民主的影响介入机制。例如,在历史上的欧洲的很多情况下,发展对民主有贡献,因为它增强了亲民主的工人阶级,削弱了反民主的土地精英。然而,在当代拉丁美洲,工人阶级未必是民主导向的,结果是,发展常常并不产生民主。因此,通过对案例的经验分析,鲁施迈耶、史蒂芬斯和史蒂芬斯不仅提供了关于在某些历史背景下发展通过什么样的机制对民主做出贡献的证据,而且得出了关于发展在哪些具体环境下对民主做出贡献的新假说。

对案例中经验机制的关切与比较历史分析研究对过程追踪的使用有着密切的关联。这一领域的学者在部分程度上是通过在个案层面上追踪那些把初始时间与继发结果关联起来的过程,发展和检验可选的解释(Bennett,2008;Hall,2006;Mahoney,2012)。为了证明那些共变的因素实际上是不是因果相关,比较历史分析学者进行过程追踪测试,在这样的检验中,具体的案例内观察——典型地关注经验机制——可能有力地支持或反对因果假说。为了识别这些案例内观察,深入了解案例的历史常常是必不可少的。精通案例的学者在定位某些观察材料上有巨大的优势,这些材料对于解释两个变量之间的关联就性质而言是不是具有因果性被证明十分有用。

对关于机制的案例内观察材料的过程追踪所得到的发现使得比较历史分析研究者能够对特定案例假说的有效性得出强有力的结论。与此同时,在个案中对机制进行过程追踪为比较历史分析的理论构建做出了贡献。例如,斯拉特尔、史密斯和奈尔(Slater,Smith and Nair,2014)拒绝接受艾斯莫格鲁和鲁滨逊(Acemoglu and Robinson,2006)的发现:经济不平等对军事政变有贡献(还可参看 Haggard and Kaufman,2012)。他们这样做是因为,与艾斯莫格鲁和鲁滨逊的意图相反,他们对案例的过程追踪显示,军人既不代表经济精英,也不和他们一起行动。实际上,他们发现,在他们的案例中,发挥作用的机制与软弱的国家制度有关:当经济不平等和经济衰退削弱一个原本已经脆弱的国家并激怒不幸的军官们时,便会产生政变。简言之,使用过程追踪来评估解释常常和个案层面上因果机制的分析携手并行。对这些机制的分析既有助于检验关于这些案例的理论,又有助于构建新的理论,包括那些常常超越所研究案例或对之进行一般化的理论。

补充与权衡

把比较历史分析处理经验案例的方法与其他分析模式进行对比是很有用的。很多形式的建模研究援引经验案例来说明或证明一个源于演绎推理的理论貌似有理。例如,在艾斯莫格鲁和鲁滨逊(2006)论述民主的作品中,经验案例服务于说明性的功能。它们以高度程式化的形式呈现,作为小插曲,其目的是提供更宽泛的("一般性的",因此常常是十分抽象的)命题——在这个案例中是围绕"精英"与"公民"的互相作用。实际上,通过设计,那些打算说明一个理论的经验概述不可能把该命题置于风险中,它们也不可能产生可以用来提炼或改善这一理论的额外洞见。因为它们在分析中没有做真正的"工作",作为说明而援引的程式化案例往往不够深入,不足以说明理论背后的因果机制,从而产生供其他人继续研究的准确的、可检验的假说的方式。

把这个方法与斯温森基于案例的分析相对比,后者提供了具体的命题——例如这样一个假说:是经济中受保护部门和暴露部门雇主之间的利益冲突,而不是阶级冲突,推动了社团主义的发展——以清楚地邀请或激发其他人做进一步探索。我们这里强调的这个要点看上去可能违背直觉。下面这个假设似乎是合乎逻辑的:理论越是"一般化",它所启发的研究就越多,随之而来的研究计划的成果也就越丰富。但我们所暗示的好像刚好相反:比较历史分析传统中杰出的基于案例的研究刺激了进一步的研究和应用,因为它提供了特别清晰的、以经验为依据的因果断言。正是这种具体性(而不是断言的"宽度")邀请其他研究者接受、检验、提炼、扩展,最终证实或否定最初的发现。

不要认为这个解释导向的优势是理所当然的。例如,有相当一部分实验研究采用了非常不同的方法,把解释的目标还原为识别平均处理效应。正如其他观察者曾指出的,尽管实验研究在衡量一个处理效应的存在或规模上可能很好,但它常常没有打开"黑匣子"并且显示为什么会有这个效应。然而,在一篇《关于"黑匣子"实验已经足够了》的文章中,唐纳德·格林(Donald

Green)和合作者们拒绝接受对他们的一些研究的批评，这些研究并没有说明把一个特定处理与一个特定效果关联起来的机制(Green，Ha and Bullock，2010)。在他们及其他人看来，确定 X 是不是对 Y 发挥某种影响是运用的要点，而 X 为什么影响 Y 的问题是一个二阶关切，到一定时候总会解决，但不是作为一个一阶优先项。[1]

实验主义者常常惦记的模型是医学研究中使用的那种类型的科学。在医学研究中，按理常常不需要知道 X 为什么影响 Y。例如，一种药物在足够多的临床试验中有助于消除某些症状，那么，它为什么有这个效果就完全可能是一个次要关切。然而，在政治的世界里，我们不可能在数量庞大的案例中如此操作处理，我们不知道一个特定原因为什么产生一个特定效果就是一个十分严重的问题了。[2] 不能说明 X 通过什么机制影响 Y 意味着我们不能预见当其他条件(例如，"语境")改变时这个关系会如何。如果不理解 X 为什么影响 Y，那么接下来在不同的语境中，当 X 没有影响 Y 甚或没有产生某个不曾预料的 Z 时，我们常常会陷入困惑(还可参看 Woolcock，2013)。因此，我们同意斯托克斯(Stokes，2014)的观点，他认为，"一个不能被解释的因果效应，在任何重要意义上都是不可能被识别的"(51)。[3]

当代政治学的一个显著特征是热衷于理论检验。新的洞见出自何处——新理论的种子在何处培养——这个问题常常迷失在这一热情中。在政治学家们检验现有理论的装备越来越好、方法越来越严谨的同时，当他们的研究出现异常或意料之外的无效结果时，他们常常束手无策。在这个节骨眼上，寻找解释常常变得临时抱佛脚，研究者只能想方设法构想出某个符合数据的故事。

---

1 关于用实验方法研究中间变量所遇到的挑战(有时候还有这个方法所要求的大胆假设)，可参看 Imai et al.(2011)。

2 这是迪顿(Deaton，2010)对于发展研究中使用随机控制测试实验提出批评的核心(还可参看 Deaton，2014)。他坚持认为，尽管随机控制处理可以帮助确定一个特定项目是不是有用，但它不可能解释其为什么有用。他因此倡议把研究焦点转移到探究(可一般化的)机制上来，这些机制解释了为什么可以，以及在什么语境中可以期望一些项目促进发展(2010，6)。

3 斯托克斯(2014)认为，在实验研究中，总有一些没有被观察到的互动效应；平均处理效应遮蔽了那些随人口群体的不同而千变万化的、可能高度相关的东西。因此，从一个怀疑的起点开始，"观察不到的相互作用始终威胁基于实验数据的因果推理的意义"(47)。

这种倾向于大数据的趋势，如果有什么作用的话，很可能会恶化当代政治学中理论生产的问题。理性选择分析因问一些“理论驱动型”的问题，提出一些——正如夏皮罗(Shapiro，2004)所说的——常常是“研究者理论先行的怪异产品”的问题而受到批评。实验研究因提出那些产生寻常发现的“方法驱动型”问题而受到批评(Huber，2013)。尽管大数据运动或许避免了大量审前调查(fishing expedition)所带来的最坏情况的剧情，但很难想象它如何避免“数据驱动型”研究计划。大力投入获取操作大数据集所需要的技术后，不难理解，学者们的注意力很可能转向那些可以把这些来之不易的技术、技巧付诸应用的问题。

比较历史分析研究主要不是从一个单一的元理论、一个具体的方法或一种特定类型的数据的角度来定义自身。在这些方面，这个阵营里的学者典型地完全是实用主义的，甚至是机会主义的。实际上，比较历史分析方法从周围世界呈现的经验难题中拿来问题，学者们经常被那些并不适合主流理论解释的案例所吸引。我们认为，这个导向解释了比较历史分析方法为什么长期在产生新的理论洞见上起到了一种核心作用，围绕这些洞见，更广泛的研究共同体得以形成。哈格德的那一章提供了一个例证。他记录了一项庞大的、成果丰硕的研究计划的出现，研究的是“发展型国家”，学者们抓住的是这样一些案例：它们对一个长期存在的正统观念投下了怀疑的阴影——国家“有害于”发展。凭着对特定政治经济体，比如日本和韩国的运转的深刻理解，他们产生了新的理论洞见，引入了新的概念，提出了一些新的理论，这些理论随后刺激了一项庞大的跨越代际和方法的研究议程。诸如此类的发展证明，你只有通过审视它所启发的研究——当然包括那些调动完全不同的方法的学者——才能充分认识比较历史分析方法的价值。

时间导向的研究

比较历史分析方法的第三个，也是最后一个特征，是时间导向的研究。比较历史分析学者假设，时间过程研究对于有效理解和解释现实世界的政治结果来说是必不可少的。其理由有好几个，而且超越了这样一个显而易见的要点:建立因果性必定涉及证实那个假设的原因先于它的结果。比较历史分析的时间分析方法反映了一个本体论,在这个本体论中,(1)时间定位塑造了个体变量的影响,(2)原因和结果的时间结构对于解释及分析很重要。让我们再次依次审视这些要点。

时间定位

在比较历史分析中,一个变量的影响可能依赖于它的时间定位(例如,Pierson,2004)。同样的变量依据它相对其他过程和事件出现在何时可能有不同的影响。因此,比较历史分析研究者密切关注变量出现的顺序,以及它们互相之间相对的时序。事实上,把一个解释置于"语境"中常常意味着把变量置于一个特定的时间设定中。在这个意义上,比较历史分析中的解释是构造性的,不仅仅因为它们要考量在一个给定时间运转的不同原因的组合,而且因为它们要考量那些定位于不同时间点上的原因的组合(参见 Falleti and Mahoney,本书第 8 章)。

这个关于把原因置于时间中的洞见对于一部论述政治中的路径依赖的重要著作十分重要。不同的学者有时候抱持略微不同的定义,但在这项工作中,几乎贯穿始终的核心主张是这样一个观念:在一个路径依赖序列中,早期事件比后来的事件对结果产生的因果影响更大。[1] 随着一个递增的返回过程,当行为人围绕路径组织其策略时,早期可用的选项逐步减少,因为"采取"这条路径的方式使得回到原状随着时间的推移变得更加困难(Pierson,2000)。权力动力学遵循类似的逻辑:早先的赢家可以获得一些资源和其他优势,使得输家东山再起变得更加困难(Mahoney,2000;Pierson,本书第 5 章)。从长远来看,这些类型的路径依赖序列可能锁定结果,包括并不服务于重要的人类利益或目标的次优结果。考虑到路径依赖的可能性,比较历史分析中的很多工作聚焦于识别历史转折点,或称关键节点,在这些节点上,最初的决定或事件启动这些序列。这些历史时期包含一些选择过程和原因,可以解释长期模式是如何开始的。

1　关于路径依赖作为制度变革的一个形式分类的组成部分,对于赋予它的不同意义的讨论,参看 Rixen and Viola(2014)。

比较历史分析的另外一些论证则分析多重过程在相互关系中的展开。这些论证让人们关注时机选择和顺序安排对重要结果的影响(Grzymala-Busse,2011)。例如,不妨考量一下图利亚·G. 法莱蒂(2010)对拉丁美洲分权改革的研究。行政分权改革究竟是给州长和市长授权还是削弱他们的权力,取决于他们在整体的分权改革序列中所处的位置。同样,不妨考量斯科罗内克(Skowronek,1982)对"补丁"美国的里程碑式研究。斯科罗内克证明,美国在工业化和官僚体制形成之前就已经有了强大的民主政治,政治党派能够对自然出现的现代国家的形式运用相当可观的控制权。美国的发展不是作为一个高效而理性的官僚体制,而是作为一个由互相竞争的控制权组成的复杂混合物,这些控制权是党徒们随着时间的推移零零碎碎地引入的。

顺序论证的另一个变种涉及对接合的分析,在这些接合中,两个或两个以上原因走到了一起。对这个交叉的准确时机的选择对节点的影响可能关系重大。例如,林登·B. 约翰逊(Lyndon B. Johnson)对贫困发动的战争与20世纪60年代中期城市骚乱的历史性"碰撞"强有力地塑造了社会政策在美国的政治命运。新近引入的社会计划重新定向,致力于解决贫困城市中心的非裔美国人问题,这一重新定向"强化了劳动市场政策的补救焦点,并……鼓励创造单独的、以种族为焦点的计划"——这些发展让这样的政策从长远来看在政治上易受攻击(Weir,1992)。

比较历史分析研究者对时间定位的效应很敏感,因为他们历史地看待他们的案例,并让它们契合正在展开的事件序列的语境。这一导向事实上对这一领域的有效解释是必不可少的。比较历史分析学者主导并发展了时间定位研究的很多有力的分析工具:关键节点(Capoccia and Keleman,2007;Collier and Collier,1991;Slater and Simmons,2010;Soifer,2012),路径依赖(Alexander,2001;Boas,2007;Mahoney,2000;Pierson,2000),以及时机选择、顺序安排与接合(Abbott,2001;Aminzade,1992;Buthe,2002;Grzymala-Busse,2011;Pierson,2004;Rueschemeyer and Stephens,1997)。这些工具为比较历史分析方法中的框架和结构解释提供了概念,还为比较历史分析工作的比较提供了基础。例如,你可以根据是采用关键节点方法还是采用路径依赖过程把不同的比较历史分析研究区分开来。有着完全的实质性内容的工作可以对话，因为它们在阐述时使用同样的时间结构，或者采用同样的时间分析框架。

时间结构

比较历史分析研究清楚地认识到，变量和过程本身就有时间结构。一个给定的因果性要素，或一个给定的改变过程，就其持续时间或快慢来说可能千变万化，但这些变化可能是非常重要的。[1] 因此，你不仅要问某个过程或事件是不是以给定的强度发生，而且要探究其发生的时间维度。一个给定的过程展开得多快或多慢？一个因果性的过程的步幅是多少？这些问题都要解决，这既是因为时间结构可能塑造因果效应的形式和性质，也是因为事件和过程的时间结构可能是重要的结果，其本身就值得解释。

比较历史分析关注时间结构意味着这一传统中的工作注意到了那些逐步的、缓慢移动的、不易觉察的因果过程。皮尔森的那一章（本书）提供了权力动力学运转的多重例证，通过这个过程，一些选项、议题或观点“从政治中组织起来”。这些“隐藏的”权力维度，只有当它们随着时间而逐步展开时通过审视过程才能看见。很多比较历史分析工作的更宽广的时间范围使得分析者能够揭示末梢因果过程的影响，对这些过程，其他的方法同样不适合去捕捉。例如，在亚沙尔（Yashar，2005）的作品中，因果过程在几十年的一段时间内一直驱动着拉丁美洲土著抗议的展开。亚沙尔认为，原本为了把印第安人转变为国家公民而创造的社团主义结构事实上适得其反：通过庇护土著社群，它们使种族分裂去政治化了。结果，当新自由主义改革缓慢地终结这些保护时，身份被重新政治化，在一波土著组织和抗议中达到高峰。因此，那些看似突然出现的叛乱，事实上最好被设想为缓慢发展的因果过程的产物，其过程始于社团主义时期之末。

比较历史分析传统中的另一项工作显示，如果一个给定的事件或过程持续很长一段时间，它就有可能触发一个引爆点，或者启动一个扩散或累积的

1　这一洞见——对于皮尔森（2004）研究时间性的开拓性的工作至关重要——在此期间被一些定量研究者所接受，他们批评，皮尔森所说的“快照式”因果推理方法不适合分析动态的政治过程（例如，Blackwell，2013）。

过程(Grzymala-Busse,2011)。一个具体实例是休伯和史蒂芬斯(Huber and Stephens,2001)研究政府的长期社会民主控制对福利国家结果的影响。尽管一次选举结果不会打造制度模式,但从长远来看,选举胜利会产生一种“棘轮效应”,在这个效应中,原本有争议的福利政策变得牢固,并构成后继争论的起始点。

正如“原因”有时间维度可能影响最终结果,“后果”有时间结构,对政治分析很重要。论述反馈效应的文献有一个重大教训:对政治学家来说很重要的现象或许只是缓慢地随着时间的推移而出现(Pierson,2004)。诸如引入追加(私人)退休账户之类的政策,其政治影响只是当参加人数增加、投入(在财务上和政治上)这些计划的公民人数不断增长时,才逐步显现(Hacker,2005;Jacobs,2012)。

在本书中,哈克尔、皮尔森和瑟伦审视了两种形式的渐进变革的关键属性,在大多数政治学分析中,它们躲过了监测。它们把漂移和转换描述为策略,通过这样的策略,行为人可以静悄悄地促进政治结果的重大改变,其效应只是在表面上制度稳定的掩饰下缓慢地出现。漂移发生在政策或制度被故意保持原状的时候,这个时候漂移在更广泛的政治或经济语境中改变政策或制度的效应,例如,当人口统计的或技术的改变使得现有监管制度变得低效时。实际上,按照定义,这些过程的政治后果只有当你采用长时段的视野时才能看见。类似地,现有制度和政策的转换所促进的目标常常截然不同于它们为之而创立的目标,而这些转换常常只是逐步进行的,例如,通过对现有规则的新的法律解释的积累,或者把老规则应用于新问题。

通过聚焦因果过程和效应的时间结构,比较历史分析学者们开启了关于制度变革典型模式的广泛对话。一些论述路径依赖的著作让人们关注到一种不连续改变的模式,在这种模式中,一段短暂的迅速变化后,紧接着是一段长期的稳定。比较历史分析方法很适合用来研究这种发展,因为它关注关键节点和长期因果模式的分析。但与此同时,其他的比较历史分析研究强调各种不同的缓慢移动过程,却没有产生这种断续平衡的变革概念(例如,Pierson,2004)。这些作品显示了渐进变革在政治世界中如何是一种十分常见的制度演化模式(Thelen,1999,2003,2004),作为结果,学者们如今常常会考量长期过程在哪些方面以路径依赖约束内的增量改变为标志。

最近对渐进制度变革过程的关注刺激了一些重要的新的理论和经验文献(Mahoney and Thelen,2010a;Streeck and Thelen,2005)。这些文献从识别渐进变革的典型模式(例如,层级化、漂移和转换)向发展关于特定变革类型的原因演进。新的工作提供了构造解释,在这样的解释中,结构语境与特定种类的行为人结合起来,产生了特定的渐进变革模式(Hacker,Pierson and Thelen,本书第7章;Mahoney and Thelen,2010b)。并非巧合的是,比较历史分析走在探索渐进变革的前列,甚至能够"看到"增量改变如何累积成重大变革,这需要一个人采用比较历史分析方法特有的长时段视野。那些仅仅聚焦短期效应的方法则看不到制度变革的这种逐渐展开的模式。

补充与权衡

比较历史分析把注意力聚焦时间问题并非独一无二。从20世纪90年代开始,作为整体的政治学见证了一场被认为是"时间革命"的运动,在这场运动中,比较历史分析本身是一个核心发起者。政治学中的时间革命反映了一个广泛的共同呼声:要对以横截面的、一次性的、快照的方式看待政治的缺点做出反应(例如,参见Hall,2003;Pierson,2004)。这场运动的后果是很明显的:它把时间分析推入了政治学的主流,出自一连串不同方法论路径的学者把"时间"更集中地带入了政治分析中。[1]

从这种更多地聚焦时间性中发展出来的创新,因可选路径的不同而千变万化,但它们常常互为补充,汇聚于下面这个观念:时间和历史对政治研究很重要。正如我们已经看到的,在比较历史分析中,学者们强化了他们对长期主题的聚焦,引入了新的工具,用于对时机选择、顺序安排和时间结构的研究。统计学研究者对这场革命做出了贡献,他们发展了新的纵向技术,使得诸如时间序列横截面分析这样的工具成为标准,并且推进了源于贝叶斯统计

1　一些社会学家参与了这些发展并做出了贡献。相比之下,这一趋势并没有延伸到经济学领域,尽管有一些例外。托马斯·皮克蒂(Thomas Piketty)的名作《21世纪的资本》(*Capital in the Twenty-First Century*,2014)中出现的一些引人注目的发现源自他简单地把当前时期置于一个更长的时间框架中。这本书因此证明,如果你跳出作为大多数主流经济学典型特征的微观焦点,追踪随时间而展开的宏观过程,非常不同的模式就会进入你的视野。

学的新工具(例如,Beck,2008;Blackwell,2013)。连同这些变革,统计学研究者越来越多地提出关于“历史原因”的后果的问题,比如殖民主义、早期国家的形成,以及过去的民主经验。为了进行检验,这些研究者依靠新的数据集,常常把案例编码成过去。对他们来说,博弈论阐述了新的迭代进化方法,为的是严格地考量策略选择序列,在这样的序列中,顺序安排和时机选择都很重要(例如,Smith and Price,1973;Weibull,1997)。有些博弈论学者还对提出历史导向问题并在他们的工作中使用历史材料产生了兴趣。在这些发展成果中,“分析叙事”方法(Bates et al.,2000),以及诸如格雷夫(Greif,2006)这些经济学家的历史分析,与比较历史分析的工作有某些相似处。

然而,当前的学科趋势威胁到了革命的成就。我们知道对政治至关重要的很多长期过程很难用主要聚焦短期过程的方法来处理。遗憾的是,大多数实验性的工作把我们拉回对那些完全是在很短的时间周期内展开的因果过程和结果的分析。在这样的研究中,时间停滞了,因为只有在下面这样的情况下它才是可能的:因果之间的时间间隔近到足以把其他介入期间的可能变量排除掉。结果是再次窄化我们的视域,因为学者们聚焦一个特定介入因素的直接影响而看不到大规模制度的、人口统计学的和经济的趋势。[1]

同样重要的是,一次性处理所得到的发现常常系统性地忽略那些随着时间而逐渐展开的因果过程,并影响这些实验原本打算探索的那些结果。这个问题在下面这样的实验中特别容易出现,它们试图在某些语境中确定“参与”或“民主”的影响,而这些语境并非以本土性的参与制度或民主制度为特征(例如,Grossman and Baldassarri,2012;Gugerty and Kremer,2008;Khwaga,2009)。很多这样的实验(通过处理)引入民主的或参与型的实践,为的是检验它们对本地政治动态的影响。其效果有时候具有统计学的意义,但它们的持久性实际上很弱,而且几乎始终是有疑问的。即便是最严肃的处理性介入,也经常产生同样适中的和混合的结果。例如,不妨考量一下最近在那些传统上宗教保守的场景中对民主参与和性别关系的研究,这些研究是在阿富

1 尽管他们并没有典型地关注可能的长期原因,但实验主义者们还是很惦记其结果的持久性——有很好的理由这样做,因为事实证明,很多处理的效果相对较快地消失了(例如,Druckman and Leeper,2012)。所以,对很多实验工作来说,几周或几个月似乎就构成了新的长时段。

汗的发展倡议的语境中进行的。处理办法是授予女性参与乡村理事会的权力，看看这种形式的介入是否能导致对女性更大的赋权。尽管这些倡议在自我报告的对女性参与的态度上产生了适度的改进，但它们在“更牢固的女性角色上……或者说在对女性在社会上的性别角色的态度上”并没有产生任何改变(Beath，Christia and Enikolopov，2013)。

这样的研究对于计划评估很有价值，在这种情况下，例如，在面对第三方介入时强调本地制度的弹性。然而，从对过程更敏感的视角看，观察到的结果是可以预见的。当制度被引入(处理方式)一种新的语境时，它们之所以不大可能产生影响，恰恰是因为这些制度本身赖以出现的过程也很重要。民主制度赖以实现的内生性政治过程(从历史上来讲，常常涉及旷日持久的冲突和斗争)就像制度本身，也是产生最终效应的东西——通过这种方式，这些过程改变公民预期，并重构社会和政治动态(例如，参见 Baiocchi，Heller and Silva，2011)。

围绕理解短期过程和结果而组织的研究在这个学科中有它的一席之地。然而，信奉那些忽视长期过程和因果关系的研究政治学的方法，其代价是巨大的。正如皮尔森(2004)指出的，没有理由认为通过那些与一个短期时间结构相结合的解释可以捕捉最重要的或最有趣的政治动态。我们视野的急剧变窄造成了严重损害，因为那些只是在很长时间内逐步展开的原因和结果离开了我们的视野，注意力更狭窄地聚焦那些尽管在时间上靠近重要结果，但实际上在解释这个结果上可能扮演了一个相对次要角色的变量(Pierson，2004)。

结 论

这篇导论把比较历史分析方法的弹性和活力追溯到定义这一方法的几个核心特征。在正在进行的方法论骚动(它描绘了政治学的典型特征)这个背景下，比较历史分析研究的力量之一是它的适应性——产生于它的开放性，能够在一些实质性的问题上与其他方法紧密结合，从而把互补变成一种共同的优势。比较历史分析研究和大样本研究在某些方面是最具互补性的。

比较历史分析研究的力量(内部效度)是大样本研究力量(外部效度)的镜像,所以,这两股研究潮流尤其能够以成果丰富的方式互相构建在对方发现的基础上。[1] 总的来说,我们与实验工作的互补性更少,部分是因为这条研究路线的力量(内部效度)和它的弱项(外部效度)在很大程度上与比较历史分析研究的力量和弱项是一样的。尽管我们担心实验研究让我们的研究计划和时间视域有变得狭窄的趋势,但我们也看到了与准实验设计(自然实验、匹配、断点回归)之间潜在的协同合作,并能够想象实验工作对于检验比较历史分析理论中的特定模型可能有用。大数据对比较历史分析方法也可能是一个有用的补充,例如,一些学者利用新的可能性来扫描和分析历史档案及其他文献。比较历史分析之所以蓬勃发展,部分原因是它是实用主义的,而且这一领域无疑是开放的,可以吸收来自其他研究路线的对于回答宏观层面问题有帮助的任何洞见。

但与此同时,比较历史分析是强健的,因为这一传统中最好的工作依然忠实于那些核心特征,正是这些特征把它和经典作品联系起来,并继续定义作为一种方法的比较历史分析——它聚焦宏观构造解释,强调基于案例的深度研究,并关注政治的展开过程和时间维度。尽管我们为了阐述的目的而把这三个维度分开,但事实上,它们显示了强大的互补性,因此它们在比较历史分析研究的实际执行中密切相关。宏观构造解释常常有一个很强的时间维度,因为对相关事件的时机选择和顺序安排构成了产生重要结果的语境的组成部分。同样,基于案例的深度研究使识别因果机制及随着时间而展开的不同变量之间的相互作用更加便利。我们认为,比较历史分析的这些定义性核心特征,无论是单独来看还是结合起来看,都赋予了这一方法真正的相对其他视角的优势。我们认为,从这一研究潮流中浮现的与众不同的洞见对于比较历史分析方法持续不断的知识吸引力和更大的学科影响力做出了重大贡献,正如其他人用不同的工具着手进行比较历史分析学者所启动的议程。

总之,我们的观点是,成果最丰富的研究共同体并不是那些被一项特定

1 但有一个略微不同的观点,可参看 Slater and Ziblatt(2013)。他们把那种我们认为与比较历史分析相关的"受控案例比较"看作既有很强的内部效度,也有很强的外部效度,他们指出,在多重方法研究中,案例比较常常被用来确立外部效度而不是内部效度。

技术所界定的群体，而是这样一些学者，他们——可能装备了完全不同的方法——因一个共同的愿望而联合起来，这个愿望就是想要实质性地理解重要的大问题。来自不同研究传统的学者当然不必彼此一致，然而，在某种程度上，他们对于解决具有持久重要性的问题有着共同的关切，并且既考量微观过程，也考量更广泛的结构性因素，他们能够互相关注彼此的发现，并在自己的工作中利用这些发现。

附录 A. 政治学中获奖的比较历史分析作品(2000—2014 年)

Beissinger, Mark. 2002. *Nationalist Mobilization and the Collapse of the Soviet State*. Cambridge: Cambridge University Press.

Capoccia, Giovanni. 2005. *Defending Democracy: Reactions to Extremism in Interwar Europe*. Baltimore: Johns Hopkins University Press.

Carpenter, Daniel P.. 2001. *The Forging of Bureaucratic Autonomy: Reputations, Networks and Policy Innovation in Executive Agencies*, 1862－1928. Princeton, NJ: Princeton University Press.

Carpenter, Daniel P.. 2010. *Reputation and Power: Organizational Image and Pharmaceutical Regulation at the FDA*. Princeton, NJ: Princeton University Press.

Christia, Fotini. 2012. *Alliance Formation in Civil Wars*. New York: Cambridge University Press.

Clemens, Elisabeth S. and Doug Guthrie, eds. 2010. *Politics and Partnerships: The Role of Voluntary Associations in America's Political Past and Present*. Chicago: University of Chicago Press.

Culpepper, Pepper D.. 2010. *Quiet Politics and Business Power: Corporate Control in Europe and Japan*. New York: Cambridge University Press.

Falleti, Tulia G.. 2010. *Decentralization and Subnational Politics in Latin America*. Cambridge: Cambridge University Press.

Gottschalk, Marie. 2006. *The Prison and the Gallows: The Politics of Mass Incarceration in America*. New York: Cambridge University Press.

Grzymala-Busse, Anna Maria. 2007. *Rebuilding Leviathan: Party Competition and State Exploitation in Post-Communist Democracies*. New York: Cambridge University Press.

Herbst, Jeffrey. 2000. *Statesand Power in Africa: Comparative Lessonsin Authority and*

Control. Princeton, NJ: Princeton University Press.

Huber, Evelyne and John D. Stephens. 2001. *Development and Crisis of the Welfare State: Parties and Policies in Global Markets*. Chicago: University of Chicago Press.

Jacobs, Alan M.. 2011. *Governing for the Long Term: Democracy and the Politics of Investment*. New York: Cambridge University Press.

Katznelson, Ira. 2013. *Fear Itself: The New Deal and the Origins of Our Time*. New York: W. W. Norton.

Kohli, Atul. 2004. *State-Directed Development: Political Power and Industrialization in the Global Periphery*. New York: Cambridge University Press.

Krippner, Greta R.. 2011. *Capitalizing on Crisis: The Political Origins of the Rise of Finance*. Cambridge, MA: Harvard University Press.

Levitsky, Steven and Lucan A. Way. 2010. *Competitive Authoritarianism: Hybrid Regimes After the Cold War*. Cambridge: Cambridge University Press.

Lieberman, Evan. 2003. *Race and Regionalism in the Politics of Taxation in Brazil and South Africa*. New York: Cambridge University Press.

Lieberman, Evan. 2009. *Boundaries of Contagion: How Ethnic Politics Have Shaped Government Responses to AIDS*. Princeton, NJ: Princeton University Press.

Lynch, Julia. 2006. *Age in the Welfare State: The Origins of Social Spending on Pensioners, Workers and Children*. New York: Cambridge University Press.

Mahoney, James. 2001. *The Legacies of Liberalism: Path Dependence and Political Regimes in Central America*. Baltimore: Johns Hopkins University Press.

Mahoney, James. 2010. *Colonialism and Postcolonial Development Spanish America in Comparative Perspective*. New York: Cambridge University Press.

Mann, Michael. 2005. *The Dark Side of Democracy: Explaining Ethnic Cleansing*. New York: Cambridge University Press.

Martin, Cathie Jo and Duane Swank. 2012. *The Political Construction of Business Interests: Coordination, Growth and Equality*. New York: Cambridge University Press.

Meierhenrich, Jens. 2008. *The Legacies of Law: Long-Run Consequences of Legal Development in South Africa*, 1652—2000. New York: Cambridge University Press.

Mettler, Suzanne. 2005. Soldiers to Citizens: *The G. I. Bill and the Making of the Greatest Generation*. New York: Oxford University Press.

Mettler, Suzanne. 2011. *The Submerged State: How Invisible Government Policies*

Undermine American Democracy. Chicago: University of Chicago Press.

Murillo, Maria Victoria. 2001. *Labor Unions, Partisan Coalitions and Market Reforms in Latin America*. New York: Cambridge University Press.

Pierson, Paul. 2004 . *Politics in Time*. *Princeton*, NJ: Princeton University Press.

Prasad, Monica. 2006. *Politics of the Free Market: The Rise of Neoliberal Economic Policies in Britain, France, Germany and the United States*. Chicago: University of Chicago Press.

Prasad, Monica. 2013. *The Land of Too Much: American Abundance and the Paradox of Poverty*. Cambridge, MA: Harvard University Press.

Sheingate, Adam. 2001. *The Rise of the Agricultural Welfare State: Institutions and Interest Group Power in the United States, France and Japan*. Princeton, NJ: Princeton University Press.

Skocpol, Theda. 2003. *Diminished Democracy: From Membership to Management in American Civic Life*. Tulsa: University of Oklahoma Press.

Skocpol, Theda, Ariane Liazos and Marshall Ganz. 2006. *What a Mighty Power We Can Be: African American Fraternal Groups and the Struggle for Racial Equality*. Princeton, NJ: Princeton University Press.

Slater, Dan. 2010. *Ordering Power: Contentious Politics and Authoritarian Leviathans in Southeast Asia*. New York: Cambridge University Press.

Spruyt, Hendrik. 2005. *Ending Empire: Contested Sovereignty and Territorial Partition*. Ithaca, NY: Cornell University Press.

Steinmo, Sven. 2010. *The Evolution of Modern States: Sweden, Japan and the United States*. New York: Cambridge University Press.

Streeck, Wolfgang. 2014. *Buying Time: The Delayed Crisis of Democratic Capitalism*. New York: Verso.

Swenson, Peter. 2002 . *Capitalists against Markets: The Making of Labor Markets and Welfare States in the United States and Sweden*. New York: Oxford University Press.

Thelen, Kathleen. 2004. *How Institutions Evolve: The Political Economy of Skills in Germany, Britain, the United States and Japan*. New York: Cambridge University Press.

Tsai, Lily. 2007. *Accountability without Democracy: Solidarity Groups and Public Goods Provision in Rural China*. New York: Cambridge University Press.

van de Walle, Nicolas. 2001. *African Economies and the Politics of Permanent Crisis, 1979—1999*. Cambridge: Cambridge University Press.

Varshney, Ashutosh. 2001. *Ethnic Conflict and Civic Life: Hindus and Muslims in India*. New Haven, CT: Yale University Press.

Winters, Jeffrey A. 2011. *Oligarchy*. New York: Cambridge University Press.

Wood, Elisabeth Jean. 2003. *Insurgent Collective Action and Civil War in El Salvador*. New York: Cambridge University Press.

Yashar, Deborah J. 2005. *Contesting Citizenship in Latin America: The Rise of Indigenous Movements and the Postliberal Challenge*. New York: Cambridge University Press.

Ziblatt, Daniel. 2006. *Structuring the State: The Formation of Italy and Germany and the Puzzle of Federalism*. Princeton, NJ: Princeton University Press.

参考资料

Abbott, Andrew. 1997. "Of Time and Space." *Social Forces* 75(4): 1149—1182. 2001. *Time Matters: On Theory and Method*. Chicago: University of Chicago Press.

Acemoglu, Daron and James A. Robinson. 2006. *Economic Origins of Dictatorship and Democracy*. New York: Cambridge University Press.

Alexander, Gerard. 2001. "Institutions, Path Dependence and Democratic Consolidation." *Journal of Theoretical Politics* 13(3): 249—270.

Amenta, Edwin. 2003. "What We Know about the Development of Social Policy: Comparative and Historical Research in Comparative and Historical Perspective." In *Comparative Historical Analysis in the Social Sciences*, edited by James Mahoney and Dietrich Rueschemeyer, 91—130. New York: Cambridge University Press.

Aminzade, Ronald. 1992. "Historical Sociology and Time." *Sociological Methods and Research* 20: 456—480.

Baiocchi, Gianpaolo, Patrick Heller and Marcelo K. Silva. 2011. *Bootstrapping Democracy: Transforming Local Governance and Civil Society in Brazil*. Stanford, CA: Stanford University Press.

Bates, Robert H., Avner Greif, Margaret Levi, Jean-Laurent Rosenthal and Barry Weingast. 2000. "The Analytic Narrative Project." *American Political Science Review*

94(3):696—702.

Beath, Andrew, Fotini Christia and Ruben Enikolopov. 2013. "Empowering Women through Development Aid: Evidence from a Field Experiment in Afghanistan." *American Political Science Review* 107(3):540—557.

Beck, Nathaniel. 2008. "Time-Series Cross-Sectional Analysis." In *Oxford Handbook of Political Methodology*, edited by Janet Box-Steffensmeier, Henry E. Brady and David Collier, 475—493. Oxford: Oxford University Press.

Beissinger, Mark R. 2009. "Nationalism and the Collapse of Soviet Communism." *Contemporary European History* 18(3):331—347.

Bennett, Andrew. 2008. "Process Tracing: A Bayesian Perspective." In *The Oxford Handbook of Political Methodology*, edited by Janet Box-Steffensmeier, Henry E. Brady and David Collier, 217—270. Oxford: Oxford University Press.

Blackwell, Matthew. 2013. "A Framework for Dynamic Causal Inference in Political Science." *American Journal of Political Science* 57(2):504—520.

Boas, Taylor. 2007. "Conceptualizing Continuity and Change: The Composite-Standard Model of Path Dependence." *Journal of Theoretical Politics* 19(1):33—54.

Broockman, David. 2012. "The Problem of Preferences: Medicare and Business Support for the Welfare State." *Studies in American Political Development* 26(2):83—106.

Büthe, Tim. 2002. "Taking Temporality Seriously: Modeling History and the Use of Narratives as Evidence." *American Political Science Review* 96(3):481—494.

Callander, Steven and Keith Krehbiel. 2013. "Gridlock and Delegation in a Changing World." Unpublished manuscript, March 1. Stanford Business School.

Capoccia, Giovanni and Daniel Keleman. 2007. "The Study of Critical Junctures: Theory, Narrative and Counterfactuals in Historical Institutionalism." *World Politics* 59(3): 341—369.

Centeno, Miguel Angel. 2003. *Blood and Debt: War and the Nation-State in Latin America*. University Park: Penn State University Press.

Cioffi, John W. 2010. *Public Law and Private Power: The Comparative Political Economy of Corporate Governance Reform in the Age of Finance Capitalism*. Ithaca, NY: Cornell University Press.

Coleman, James S. 1990. *Foundations of Social Theory*. Cambridge, MA: Belknap Press of Harvard University Press.

Collier, Ruth Berins and David Collier. 1991. *Shaping the Political Arena: Critical Junctures, the Labor Movement, and Regime Dynamics in Latin America*. Princeton, NJ: Princeton University Press.

Deaton, Angus. 2010. "Instruments, Randomization, and Learning about Development." *Journal of Economic Literature* 48(2):424—455.

Deaton Argus. 2014. "Instruments, Randomization and Learning about Development." In *Field Experiments and Their Critics: Essays on the Uses and Abuses of Experimentation in the Social Sciences*, edited by Dawn Langan Teele, 141—184. New Haven, CT: Yale University Press.

Druckman, James, Donald P. Green, James H. Kuklinski and Arthur Lupia, eds. 2011. *Cambridge Handbook of Experimental Political Science*. New York: Cambridge University Press.

Druckman, James N. and Thomas Leeper. 2012. "Learning More from Political Communication Experiments: Pretreatment and Its Effects." *American Journal of Political Science* 56(4):875—896.

Dunning, Thad. 2012. *Natural Experiments in the Social Sciences*. New York: Cambridge University Press.

Eckel, Catherine D., Enrique Fatas and Rick Wilson. 2010. "Cooperation and Status in Organizations." *Journal of Public Economic Theory* 12(4):737—762.

Elster, Jon. 1982. "The Case for Methodological Individualism." *Theory and Society* 11(4):453—482.

Falleti, Tulia G. 2010. *Decentralization and Subnational Politics in Latin America*. New York: Cambridge University Press.

Falleti, Tulia G. and Julia F. Lynch. 2009. "Context and Causal Mechanisms in Political Analysis." *Comparative Political Studies* 42(9):1143—1166.

Friedman, Jeffrey. 1996. *The Rational Choice Controversy*. New Haven, CT: Yale University Press.

Fukuyama, Francis. 2013. "Albert O. Hirschman, 1915—2012." *The American Interest* (March/April):93—95.

Gerber, Alan S., Donald P. Green and Edward H. Kaplan. 2014. "The Illusion of Learning from Observational Research." In *Field Experiments and Their Critics: Essays on the Uses and Abuses of Experimentation in the Social Sciences*, edited by

Dawn Langan Teele, 9—32. New Haven, CT: Yale University Press.

Goldstone, Jack A. 2003. "Comparative Historical Analysis and Knowledge Accumulation in the Study of Revolutions." In *Comparative Historical Analysis in the Social Sciences*, edited by James Mahoney and Dietrich Rueschemeyer, 41—90. New York: Cambridge University Press.

Green, Donald P., Shang E. Ha and John G. Bullock. 2010. "Enough Already about 'Black Box' Experiments: Studying Mediation Is More Difficult Than Most Scholars Suppose." *Annals of the American Academy of Political and Social Science* 628: 200—208.

Green, Donald and Ian Shapiro. 1994. *Pathologies of Rational Choice Theory: A Critique of Applications in Political Science*. New Haven, CT: Yale University Press.

Greif, Avner. 2006. *Institutions and the Path to the Modern Economy: Lessons from Medieval Trade*. New York: Cambridge University Press.

Grossman, Guy and Delia Baldassarri. 2012. "The Impact of Elections on Cooperation: Evidence from a Lab-in-the-Field Experiment in Uganda." *American Journal of Political Science* 56(4): 964—985.

Grzymala-Busse, Anna. 2011. "Time Will Tell? Temporality and the Analysis of Causal Mechanisms and Processes." *Comparative Political Studies* 44: 1267—1297.

Gugerty, M. K. and M. Kremer. 2008. "Outside Funding and the Dynamics of Participation in Community Associations." *American Journal of Political Science* 52: 585—602.

Hacker, Jacob. 2005. "Policy Drift: The Hidden Politics of US Welfare State Retrenchment." In *Beyond Continuity: Institutional Change in Advanced Political Economies*, edited by Wolfgang Streeck and Kathleen Thelen, 40—82. Oxford: Oxford University Press.

Hacker, Jacob and Paul Pierson. 2010. "Drift and Democracy: The Neglected Politics of Policy Inaction." Paper presented at the Annual Meeting of the American Political Science Association, Washington, DC, September 2—5.

Haggard, Stephan and Robert R. Kaufman. 2012. "Inequality and Regime Change: Democratic Transitions and the Stability of Democratic Rule." American Political Science Review 106(3): 495—516.

Hall, Peter. 2003. "Aligning Ontology and Methodology in Comparative Research." In

Comparative Historical Analysis in the Social Sciences, edited by James Mahoney and Dietrich Rueschemeyer, 373—404. New York: Cambridge University Press.

Hall, Peter. 2006. "Systematic Process Analysis: When and How to Use It." *European Management Review* 3:24—31.

Hall, Peter and David Soskice. 2001. *Varieties of Capitalism: The Institutional Foundations of Comparative Advantage*. Oxford: Oxford University Press.

Hodgson, Geoffrey M.. 2007. "Meanings of Methodological Individualism." *Journal of Economic Methodology* 14(2):211—226.

Huber, Evelyne and John D. Stephens. 2001. *Development and Crisis of the Welfare State: Parties and Policies in Global Markets*. Chicago: University of Chicago Press.

Huber, John. 2013. "Is Theory Getting Lost in the 'Identification Revolution?'" *The Political Economist: Newsletter of the Section on Political Economy* 10(1):1—3.

Imai, Kosuke, Luke Keele, Dustin Tingley and Teppei Yamamoto. 2011. "Unpacking the Black Box of Causality: Learning about Causal Mechanisms from Experimental and Observational Studies." *American Political Science Review* 105(4):765—789.

Iversen, Torben, Jonas Pontusson, and David Soskice. 2000. *Unions, Employers and Central Banks: Wage Bargaining and Macroeconomic Regimes in an Integrating Europe*. New York: Cambridge University Press.

Iversen, Torben and David Soskice. 2001. "An Asset Theory of Social Policy Preferences." *American Political Science Review* 95(4):875—893.

Iversen, Torben and David Soskice. 2006. "Electoral Institutions and the Politics of Coalitions." *Ameri can Political Science Review* 100(2):165—181.

Jacobs, Alan M. 2012. *Governing for the Long Term: Democracy and the Politics of Investment*. New York: Cambridge University Press.

Kam, Cindy D. and Robert J. Franzese Jr. 2007. *Modeling and Interpreting Interactive Hypotheses in Regression Analysis*. Ann Arbor: University of Michigan Press.

Khwaga, A. I.. 2009. "Can Good Projects Succeed in Bad Communities?" *Journal of Public Economics* 93(7—8):899—916.

King, Gary. 2014. "Restructuring the Social Sciences: Reflections from Harvard's Institute for Quantitative Social Science." PS: *Political Science and Politics* 47(1):165—176.

Kohli, Atul, ed.. 2001. *The Success of India's Democracy*. New York: Cambridge University Press.

Levitsky, Steven and Lucan A. Way. 2010. *Competitive Authoritarianism: Hybrid Regimes After the Cold War*. New York: Cambridge University Press.

Lijphart, Arend. 1971. "Comparative Politics and the Comparative Method." *American Political Science Review* 65(3):682—693.

Little, Daniel. 2012. "Explanatory Autonomy and Coleman's Boat." *Theoria* 74: 137—151.

Lukes, Steven. 1968. "Methodological Individualism Reconsidered." *British Journal of Sociology* 19(2):119—129.

Mahoney, James. 2000. "Path Dependence in Historical Sociology." *Theory and Society* 29:507—548.

Mahoney, James. 2001. *The Legacies of Liberalism: Path Dependence and Political Regimes in Central America*. Baltimore: Johns Hopkins University Press.

Mahoney, James. 2003. "Knowledge Accumulation in Comparative Historical Research: The Case of Democracy and Authoritarianism." In *Comparative Historical Analysis in the Social Sciences*, edited by James Mahoney and Dietrich Rueschemeyer, 131—175. New York: Cambridge University Press.

Mahoney, James. 2012. "The Logic of Process Tracing Tests in the Social Sciences." *Sociological Methods and Research* 41:566—590.

Mahoney, James and Dietrich Rueschemeyer, eds.. 2003. *Comparative Historical Analysis in the Social Sciences*. New York: Cambridge University Press.

Mahoney, James and Kathleen Thelen, eds.. 2010a. *Explaining Institutional Change: Ambiguity, Agency and Power*. New York: Cambridge University Press.

Mahoney, James and Kathleen Thelen. 2010b. "A Theory of Gradual Institutional Change." In *Explaining Institutional Change: Ambiguity, Agency and Power*, edited by James Mahoney and Kathleen Thelen, 1—37. Cambridge: Cambridge University Press.

Mares, Isabela. 2003. *The Politics of Social Risk: Business and Welfare State Development*. New York: Cambridge University Press.

Martin, Cathie Jo and Duane Swank. 2004. "Does the Organization of Capital Matter? Employers and the Active Labor Market Policy at the National and Firms Levels." *American Political Science Review* 98(4):593—611.

Morton, Rebecca B. and Kenneth C. Williams. 2010. *Experimental Political Science and the Study of Causality*: *From Nature to the Lab*. Cambridge: Cambridge University Press.

O'Donnell, Guillermo. 1973. *Modernization and Bureaucratic-Authoritarianism*: *Studies in South American Politics*. Berkeley: Institute of International Studies, University of California.

Pierson, Paul. 2000. "Increasing Returns, Path Dependence and the Study of Politics." *American Political Science Review* 94:251—267.

Pierson, Paul. 2004. *Politics in Time*: *History*, *Institutions and Social Analysis*. Princeton, NJ: Princeton University Press.

Pierson, Paul. 2007. "The Costs of Marginalization: Qualitative Methods in the Study of American Politics." *Comparative Political Studies* 40(2):146—169.

Pierson, Paul and Theda Skocpol. 2002. "Historical Institutionalism in Contemporary Political Science." In *Political Science*: *The State of the Discipline*, edited by Ira Katznelson and Helen Milner, 693—721. New York: W. W. Norton.

Piketty, Thomas. 2014. *Capital in the Twenty-First Century*. Cambridge, MA: Belknap Press of Harvard University Press.

Ragin, Charles C. 1987. *The Comparative Method*: *Moving Beyond Qualitative and Quantitative Strategies*. Berkeley: University of California Press.

Rixen, Thomas and Lora Anne Viola. 2014. "Putting Path Dependence in Its Place: Toward a Taxonomy of Institutional Change." *Journal of Theoretical Politics* 26(3): 1—23.

Rueschemeyer, Dietrich and John D. Stephens. 1997. "Comparing Historical Sequences — A Powerful Tool for Causal Analysis." *Comparative Social Research* 17:55—72.

Rueschemeyer, Dietrich, Evelyne H. Stephens and John D. Stephens. 1992. *Capitalist Development and Democracy*. Chicago: University of Chicago Press.

Schickler, Eric. 2001. *Disjointed Pluralism*: *Institutional Innovation and the Development of the U. S . Congress*. Princeton, NJ: Princeton University Press.

Sekhon, Jasjeet S. and Rocio Titiunik. 2012 . "When Natural Experiments Are Neither Natural Nor Experiments." *American Political Science Review* 106(1):35—57.

Shapiro, Ian. 2004. "Problems, Methods and Theories in the Study of Politics, or : What's Wrong with Political Science and What to Do about It." In *Problems and Methods in the Study of Politics*, edited by Ian Shapiro, Rogers Smith and Tarek Masoud, 588—611.

New York: Cambridge University Press.

Shapiro, Ian. 2014. "Methods Are Like People: If You Focus Only on What They Can't Do, You Will Always Be Disappointed." In *Field Experiments and Their Critics: Essays on the Uses and Abuses of Experimentation in the Social Sciences*, edited by Dawn Langan Teele, 228—242. New Haven, CT: Yale University Press.

Skocpol, Theda. 1992. *Protecting Soldiers and Mothers: The Political Origins of Social Policy in the United States*. Cambridge, MA: Har vard University Press.

Skowronek, Stephen. 1982. *Building a New American State: The Expansion of National Administrative Capacities, 1877—1920*. New York: Cambridge University Press.

Slater, Dan and Erica Simmons. 2010. "Informative Regress: Critical Antecedents in Compar ative Politics." *Comparative Political Studies* 43: 886—917.

Slater, Dan, Benjamin Smith and Gautam Nair. 2014. "Economic Origins of Democratic Breakdown? The Redistributive Model and the Postcolonial State." *Perspectives on Politics* 12: 353—372.

Slater, Dan and Daniel Ziblatt. 2013. "The Enduring Indispensability of the Controlled Comparison." *Comparative Political Studies* 46(10): 1301—1327.

Smith, J. Maynard and G. R. Price. 1973. "The Logic of Animal Conflict." *Nature* 246 (5427): 15—18.

Soifer, Hillel David. 2012. "The Causal Logic of Critical Junctures." *Comparative Political Studies* 45(12): 1572—1597.

Stokes, Susan. 2014. "A Defense of Observational Research." In *Field Experiments and Their Critics: Essays on the Uses and Abuses of Experimentation in the Social Sciences*, edited by Dawn Langan Teele, 33—57. New Haven, CT: Yale University Press.

Streeck, Wolfgang and Kathleen Thelen. 2005. "Introduction: Institutional Change in Advanced Political Economies." In *Beyond Continuity: Institutional Change in Advanced Political Economies*, edited by Wolfgang Streeck and Kathleen Thelen, 1—39. Oxford: Oxford University Press.

Swenson, Peter. 1991. "Bringing Capital Back In or Social Democracy Reconsidered: Employer Power, Cross-Class Alliances and the Centralization of Industrial Relations in Denmark and Sweden." *World Politics* 43(4): 513—544.

Swenson, Peter. 2002. *Capitalists Against Markets*. New York: Oxford University Press.

Thelen, Kathleen. 1999. "Historical Institutionalism in Comparative Politics." *Annual*

Review of Political Science 2:369—404.

Swenson, Peter. 2003. "How Institutions Evolve: Insights from Comparative-Historical Analysis." In *Comparative-Historical Analysis in the Social Sciences*, edited by James Mahoney and Dietrich Rueschemeyer, 208 — 240. New York: Cambridge University Press.

Swenson, Peter. 2004. *How Institutions Evolve: The Political Economy of Skills in Germany, Britain, the United States and Japan*. Cambridge: Cambridge University Press.

Tudor, Maya. 2013. *The Promise of Power: The Origins of Democracy in India and Autocracy in Pakistan*. New York: Cambridge University Press.

Vogel, Steven K. 2006. *Japan Remodeled: How Government and Industry Are Reforming Japanese Capitalism*. Ithaca, NY: Cornell University Press.

Weibull, Jörgen W. 1997. *Evolutionary Game Theory*. Cambridge, MA: MIT Press.

Weir, Margaret. 1992. *Politics and Jobs: The Boundaries of Employment Policy in the United States*. Princeton, NJ: Princeton University Press.

Woolcock, Michael. 2013. "Using Case Studies to Explore the External Validity of 'Complex' Development Interventions." *Evaluation* 19(3):229—248.

Yashar, Deborah. 2005. *Contesting Citizenship in Latin America: The Rise of Indigenous Movements and the Postliberal Challenge*. New York: Cambridge University Press.

Ziblatt, Daniel. 2009. "Shaping Democratic Practice and the Causes of Electoral Fraud: The Case of Nineteenth Century Germany." *American Political Science Review* 103(1): 1—21.

Forthcoming. *Conservative Political Parties and the Birth of Democracy in Europe*. New York: Cambridge University Press.

第二部分

议程设置工作

2. 发展型国家(地区)的兴衰

斯蒂芬·哈格德

查默斯·约翰逊(Chalmers Johnson)的《通产省与日本奇迹》(*MITI and the Japanese Miracle*,1982)依赖一个很大的经验难题——日本异乎寻常的快速增长——和两个核心断言,它们推动了自那以后对发展型国家(地区)极具弹性的研究计划。[1] 第一个断言:日本战后的高增长可以追踪到其产业政策,它们既不同于"计划意识形态"体制,也不同于"监管国家"体制。这项研究计划的这一分支迄今为止吸引了最多的关注,因为它直接挑战了经济学行业和发展政策界的自由主义正统观念。被几个局外人引导到这个共同体——约翰逊、艾丽丝·阿姆斯登(Alice Amsden,1989)、罗伯特·韦德(Robert Wade,1990,2004;White and Wade,1984)和张夏准(Ha-Joon Chang,1994)——这一思考路线后来被一些经济学家带入了经济学主流,比如丹尼·罗德里克(Dani Rodrik,1995)和约瑟夫·斯蒂格利茨(Joseph Stiglitz,2001),他们重申了国家干预的宏观经济学逻辑。

发展型国家(地区)研究路径的第二部分探究了高速增长的政治基础。发展中世界的产业政策是普遍的,但并没有普遍成功。是什么解释了成功的产业政策?能够执行这些政策的制度是什么?发展型国家(地区)理论被典型地等同于政治学的制度主义方法,聚焦自治或把政府与寻租的私人利益集

---

1 关于对发展型国家(地区)研究路径的其他评论,参见 Deyo(1987),Onis(1991),Moon and Prasad(1998),Leftwich(1995),Woo-Cumings(1999),Haggard(2004)和 Routley(2012)。

团、派驻牵头机构的代表和一致的官僚机构隔离开来。但约翰逊强烈地意识到企业-政府关系对日本模式的重要性，而且，彼得·埃文斯(Peter Evans，1989，1995)后来的贡献把争论重新聚焦高速增长的社会基础。

发展型国家(地区)研究议程的这第二面发展出了一个特别强的比较历史成分。这一理论逐步超越了日本、韩国和中国台湾等典型的东北亚案例，转到东南亚几个高速增长的国家和地区，以及明显是“非发展型的”比较案例。这一比较历史研究议程试图通过对少量案例的选择性考量来识别发展和欠发展的历史根源。

关于发展型国家(地区)理论，在理论上和方法论上有什么与众不同呢？要指出的第一点是，这一理论对正统模型采取敌对立场，这些模型围绕一个带来实际影响的经验难题：东亚国家(地区)为什么发展得这么快？约翰逊把他的计划置于国家社会主义模型与英美经济学模型之间的理性模型中。但这一运用并不只是类型学的。约翰逊、韦德和阿姆斯登相信，对东亚高速增长的正统解释缺陷很深，在描述上、理论上和方法论上都是如此。新古典模型根源于下面这个主张：高速增长是由于采用了符合市场要求的政策，特别是关于对外部门的政策，因此它被称作“出口拉动型增长”。但是，对案例进行仔细的经验主义分析——我们现在可以称之为追踪过程或因果过程观察——显示，这些政策并没有在人们相信的那种程度上被采用，其结合了并不适合流行理论模型的其他干预，依靠其他的因果性要素，比如制度和基础性的社会联合。回顾起来，发展型国家(地区)理论类似资本主义变种的比较历史分析方法，在这样的研究中，类型识别为批评更一般化的模型提供了基础。

这一工作的第二个特征深度涉及特定案例和因果解释的构造方法。芭芭拉·盖德斯(Barbara Geddes，2003)在她那篇著名的宣言中，通过证明劳工弱势与经济增长之间的一般关系并不成立从而挑战了发展型国家(地区)研究的一个断言——劳工的弱势促进了出口拉动型增长战略。据盖德斯说，发展型国家(地区)研究犯有选择偏倚罪：错误的推论来自根据因变量选择案例。当然，小样本比较历史分析工作考量整个国家(地区)，始终要面对经典的自由度问题，以及一些潜在重要的变量，其数量远远超过当下考量的案例。

但是,研究发展型国家(地区)的学者们对于产生像法律一样的陈述的能力有着相对温和的假设。约翰逊(1987)小心翼翼地把他对日本的研究扩展到中国台湾和韩国等,因为他相信,日本的模型在区域内有机地发散(还可参看 Cumings,1984)。尽管他在《通产省与日本奇迹》一书的结尾(第 315 至 324 页)对日本模型提供了一份摘要,但他明确警告,尽管"另外一个国家或许有可能采用日本的优先考量和它的高增长体制,而不复制日本的历史……但制度抽象的危险和潜在的优势一样大"。约翰逊和他的追随者没有试图把分离的因果变量孤立起来,而是证明这些政治和社会的特征如何以促进经济增长的方式结合或配置。换言之,关于发展型国家任何给定成分——比如劳工弱势——的有效性的断言都不可能以盖德斯试图去做的那种方式孤立起来,任何给定因素都以模型的其他特征为条件。

大多数发展型国家(地区)研究的最后一个特征是严肃地对待历史。约翰逊的著作中一个强有力的主题是:历史分析是必不可少的,因为成功的战略只有通过不断试错和边做边学的过程才能出现。阿姆斯登(Amsden and Chu,2003)和罗德里克(2008)把这个观察结论——为了增长,政府、社会和企业都需要学习——提升为一句更一般性的关于成功发展的至理名言。对发展型国家起源的历史研究常常发现其本身深深扎根于历史因素。这些观察结论提出一些关于顺序安排的基本问题(Faletti and Mahoney,本书第 8 章),以及历史发现对其他背景的可复制性。

本章分为两个主要部分:第一部分论述干预与增长之间的关系;第二部分是关于经济快速发展的政治来源,包括发展型国家(地区)起源的问题。在每个部分,我都先从概述发展型国家(地区)研究方法的理论基础开始,然后讨论对于比较历史分析很重要的证据和方法论问题。结论部分关注当前活跃的对发展型国家(地区)的兴趣,特别是对国家能力的重新聚焦中的几个问题。

经济增长之源:政策

发展型国家理论本身是作为发展经济学中正在兴起的新古典主义共识

外的一个另类选择而提出来的。在约翰逊的著作以及接下来韦德的著作出现前，安妮·克鲁格（Anne Krueger，1978）、贾格迪什·巴格瓦蒂（Jagdish Bhagwati，1978）及贝拉·巴拉萨（Bela Balassa，1981）等人的一系列研究已经对东亚的高速增长贡献了一种新古典主义的解释。这项工作强调稳定的宏观经济政策、市场导向的改革，特别是贸易和汇率政策。对出口拉动型增长的这种支持不局限于学院。关于出口拉动型增长的新古典主义规范影响了国际金融制度，并给所谓的“华盛顿共识”提供了关键性的经验主义指示物。[1]约翰逊的书是为了回应关于日本的发展型国家（地区）理论的一个较早变种（例如，Patrick and Rosovsky，1976）。[2] 约翰逊是从国家社会主义计划意识形态体制与当代资本主义的两个变种，即市场理性体制与计划理性体制之间的区别这个角度来架构《通产省与日本奇迹》一书的。后两种体制之间的根本区别：市场理性经济学采取监管者的途径来研究经济活动，而计划理性或发展型国家（地区）理论被定义为目的性的和目标导向的，通过给指定的经济活动分配资源，寻求实现高增长。[3] 约翰逊在对产业政策提出因果主张上很小心，他注意到了国家控制工业的错综复杂的历史。然而，他的核心理论洞见：经济发展过程的典型特征是数不清的市场失灵，只能由政府来解决，这样的政府有能力协调私人部门的活动、干预市场，并给企业提供选择性的、有条件的支持。

产业政策的逻辑

韦德（1990，2004）对东亚部分国家（地区）的精细研究——《管制市场：经济理论和政府在东亚工业化进程中的角色》（*Governing the Market*：

1　当世界银行（1993）最终——在日本的敦促下——对东亚奇迹发表它自己的评论时，报告贬低了产业政策的作用，点燃了一场围绕报告的内容以及得出的结论的激烈争论（Amsden，1994；Aoki，Kim and Okuno-Fujiwara，1996；Wade，1996）。

2　帕特里克和罗索夫斯基的书为《亚洲新巨人，阿姆斯登论述亚洲的下一个巨人韩国的书》（*Asia's New Giant*；*Amsden's book on Korea*，*Asia's Next Giant*）。

3　终其一生，发展型国家（地区）理论都被指控为某种同义反复：发展型国家（地区）不过就是快速增长的国家（地区）。但约翰逊在这一点上很小心，他认为，这样的效应是否成功并不是给定的，需要解释。

Economic Theory and the Role of Government in East Asian Industrialization)[1],以及张夏准(1994)对韩国的研究,都试图通过详细概述"管制型市场"(GM)理论的政策成分,从而赋予约翰逊的宽泛方法更多结构。在这样做的过程中,韦德还给发展型国家(地区)提供了一个更具延展性的定义。韦德认为,GM方法"强调资本积累作为增长的主要一般性力量,并把东亚的优异表现解释为投资水平和投资构成的结果,它们不同于自由市场(FM)……政策所产生的那种东西也不同于很多不发达国家(LDC)所追求的'干预主义'政策所产生的那种东西"(29)。[2] 但是,纯粹的积累并不是韦德所讲述的中心内容,在更根本的意义上,它依靠市场失灵(11—14,350—358,还可参看 Chang 1994)。事实上,根据管制型市场理论的解释,增长的挑战在于协调问题,私人部门不可能通过私人之间的契约和交换来有效地解决这些问题。

有三种协调问题受到特别关注:从农业向工业转移的过程中以及工业内部所产生的问题,与金融市场有关联的问题,围绕技术的转移和采用所产生的问题。在聚焦工业部门的协调问题上,韦德的主导论证路线类似约翰逊和一群日本分析家(例如,Aoki,Kim and Okuno-Fujiwara,1996;Rodrik,1995)的路子。很小的市场规模和缺少互补性的供应商或消费者阻碍了有效投资。当前市场价格并不足以传递关于未来增长的信息,国家因此放弃那些会通过更大工厂规模和学习效应来降低生产成本的投资,于是有了阿姆斯登(1989)那句臭名昭著的名言:东亚国家的成功,靠的不是"理顺价格",而是"扭曲价格"。如果信息在政府与私人部门之间被恰当地分享,企业行为受到恰当的监管,像补贴、保护及其他对私人企业的直接支持这样一些干预措施可能会克服这些协调行动问题,从而把经济从坏的平衡推向好的平衡(关于补贴或"租金"在这个过程中的正面作用,参见 Khan and Sundaram,2000)。

这样的协调问题常常被假设主要源于重工业部门和中间部门,比如钢铁和石油化工,但协调问题也出现在正试图进入世界市场的轻工业部门,以及

1 韦德的引文引自第二版。

2 管制型市场理论因此预见了20世纪90年代中期出现的一组重要论证:资本积累——既非自由化改革,也非产业政策——才是东亚奇迹的核心。

更加技术密集型的产业。在一篇被广泛阅读的博士论文中,社会学家托马斯·戈尔德(Thomas Gold,1981)记录了中国台湾地区管理当局在协调纺织工业投资上所扮演的角色。郭承天(Kuo,1995)和诺贝尔(Noble,1999)分别提供了对中国台湾与菲律宾及日本与中国台湾的比较历史分析。两者都使用详细的产业研究,在部门层面上审视这些协调问题。

干预的第二个理论根据集中于资本市场的失灵,提供了让异端经济学家,包括诺贝尔经济学奖得主斯蒂格利茨(Hellman,Murdock and Stiglitz,1996)加入这场争论的场地。禹贞恩(Meredith Woo-Cumings,1991)论述韩国的书是这个脉络的比较历史分析的典型实例。禹贞恩认为,金融部门允许政府引导投资并对私人部门发挥政治控制。

产业政策的第三个理论根据集中于技术。阿姆斯登(1989,1991;Amsden and Chu,2003)和埃文斯(1995)与这一焦点联系最为紧密,但在更异端的经济学家那里也很明显(L. Kim,1997)。阿姆斯登明确遵循格申克伦的路子,区分了早期开发者——他们因自己的创新而发展起来——和通过技术借鉴及学习而发展起来的迟到者,比如韩国。阿姆斯登正面进攻这样一种观念:迟到者可以通过仅仅聚焦劳动密集型产业的比较优势而成功地借鉴之。发展中国家的企业缺少关于技术选择的全面信息,以他们所获取技术的不完全信息发挥作用,受制于千变万化的、不可预测的和高度路径依赖的学习过程。不完全的可用性导致研究和开发(R&D)的投资不足,放弃了很多围绕研究和开发而产生的外部性。

产业政策分析中的方法:历史的作用和反事实

产业政策理论中一项极其常见的研究计划是挑选一个成功的(或不成功的)产业以证明政策支持的存在,然后得出结论:这个案例支持(或否定)产业政策的重要性。韦德(2004,29—33,71—72,109)明确承认这个问题,并概述了一个其他比较历史工作中或明确或含蓄地效法的反事实策略。首先,特定部门的政策必须不仅是貌似有理地与这个产业的成功有关联,而且其所产生的结果必须等于或优于一项更符合市场要求的政策。此外,韦德还走得更远,他坚持认为,干预一定不能是私人部门要求的结果[韦德所说的"追随者身份”(followership)],如果是这样的话,这些投资就可能无论如何都会发生。相反,干预必须反映国家的“领导者身份”(leadership),是国家把产业结构或特定产业置于一条不同的路径,否则它就会采取别的路径。

除了这一复杂的反事实分析外,另一种方法看上去是直截了当的:调查一个特定国家(地区)内部产业层面的数据,以确定那些得到政策支持的行业在某些度量上——比如全要素效率(TFP)、出口增长或利润率——是不是超过那些没有得到支持的行业。世界银行的报告《奇迹》(*Miracle*,1993)声称遵循这些路线进行了一些测试,尽管它们很难跟踪(Amsden,1994)。诺兰和帕克(Noland and Pack,2003)利用这个脉络中数量极少的计量经济学研究,提供了一份抱怀疑态度的概览。

然而,罗德里克(2007)清晰地概述了这些效应为什么没有逃过韦德所进行的反事实分析的基本困境:

> 这一研究中一个几乎不可克服的瑕疵是,[关于产业政策的]一个关键性评估系数……不可能在两种完全不同的世界观之间区别开来:(a)政府为了政治的或其他不恰当的目的而使用产业政策,它的支持最终给了输家,而不是赢家;(b)政府最理想地以那些最应该得到支持的部门为目标,并在一个次优环境中做好它的工作。在(a)情况下,政府将致力于不干涉的政策。在(b)情况下,不干涉的方法将会任由经济变得更糟……经验主义分析并没有让我们更清楚地知道我们何时开始。(17—18)

这些不可化简的问题帮助解释了比较历史研究中关于产业政策的因果断言必须以视情况而定和视语境而定的方式提出。在约翰逊看来,产业政策因为顺序安排(Faletti and Mahoney,本书第 8 章)、明显的路径依赖和学习而发挥作用。此外,增长依赖政治关系和那些协调、监督、惩戒寻租的制度。例如,哈格德(1990)比其他人更着重强调新古典主义改革在发展型国家(地区)传统中所产生的效果。然而,他坚持认为,这些改革之所以有效,只是因为先前的干预主义政策发展起来的企业层面的能力,这也是阿姆斯登(1989)和张夏准(1994,2002)的作品中的一个主题。在短暂的历史中,顺序安排很重要。然而,这些改革和成功的干预依靠了国家的政治权力及其独立于商业企业的利益。简言之,政治也很重要。

从政策到政治：发展型国家（地区）制度的、联合的和历史的基础

发展型国家（地区）理论不仅挑战了新古典主义经济学的正统观念，而且发展了一条关于经济增长的推理路线，与流行的政治经济模型背道而驰。政治学和经济学中主流的政治制度增长模型聚焦财产权、法治和对国家权力的制约（Barzel，1997；Haggard and Tiede，2011；Weingast，1995，1997）。东亚的增长奇迹发生在相对较长的、由保守主义党派或精英主导政治的时期，他们可能已经缓和了左派发起的财产权挑战。[1] 但这些政权的性质暗示了亚洲增长的深度不规则的品质：它几乎不是一个以国家权力受到有力制约、发育良好的法治、独立司法或立法保护财产权为特征的地区。要么是非正式的制度保护财产权，要么是完全不同的政治机制在运转（Chan，2000；Ginsburg，2000）。

很难找到一个对支撑发展型国家（地区）政治模型的完整陈述。然而，这一研究传统依赖两个互相关联的政治观察，一个集中于国家（地区），另一个集中于政府、私人部门和其他社会力量（包括劳工）之间的关系。一方面，发展型国家（地区）的典型特征是先对行政部门的大量授权，再由行政部门授权有能力的、得到恰当激励的官僚机构。例如，约翰逊对日本政治组织的看法依赖这样一种有争议的主张——它产生了它自己的修正主义反冲：政治家当政，但官僚最终通过发展良好的部门来统治，比如通产省。

另一方面，发展型国家（地区）在政治上与那些可能转移其积累主义的产业政策目标的社会力量隔绝开来，这些社会力量不仅包括左派和工人阶级，而且包括私人部门本身。用阿姆斯登那句贴切的短语来说，发展型国家的一个关键特征是“惩戒”私人部门的能力。

证明聚焦一个中央集权的、内部一致的、政治上被隔绝的国家有道理的基础理论是什么呢？答案要追溯到产生长期增长的核心机制。在简单的会计意义上，经济发展可能源自生产性投入——资本和劳动，或者源自更高效

1　其中包括日本的自民党（LDP）和新加坡的人民行动党（PAP）；韩国的朴正熙（Park Chung Hee）、印度尼西亚的苏哈托（Soeharto）和马来西亚的马哈蒂尔（Mahathir）；泰国的一个惊人稳定的国王、军人和官僚机构的联盟。

地使用它们。早期增长的会计账目暗示,亚洲的几乎所有增长都可以用纯粹的积累来解释(Krugman,1994)。这个观点依然有争议,但东亚增长的任何模型都必定描述高增长时期非凡水平的投资。

然而,积累如果被低效分配,就不会产生高增长。就连产业政策的鼓吹者也赞成那些与"动态比较优势"相一致的政策。因此,第二个政治经济问题是改革和转变的问题:如何把政策从一个在经济上和政治上被扭曲的低增长平衡转移到高增长路径?国家和社会结构的特征都牵涉实现快速资本积累和相对有效的资源分配这两个核心目标。

大大小小的政治制度:政权类型和官僚制度

约翰逊很清楚,日本的自治发展型国家是在半民主的威权主义统治下打造起来的,但对于威权主义统治是不是高速增长的一个必要条件,他很矛盾。毕竟,日本在战后早期增长奇迹的那些年里至少在名义上是民主国家。然而,当发展型国家(地区)研究从日本转移到新兴工业化国家和地区如韩国、中国台湾、中国香港和新加坡时,这个问题很快就加入进来了(Cheng,1990;Haggard,1990)。

有几个因果论据把威权主义统治与增长联系起来。由于资本积累要求把资源从消费转到投资,因此选民(或公民、穷人、劳动者,视具体情况而定)很可能反对这样的再分配。正如亨廷顿和纳尔逊(Huntington and Nelson,1976)很早以前所证明的那样,参与产生交易。第二条路线,也就是我所采取的路线(Haggard,1990),聚焦经济改革。独裁者可以在妨碍一致政策形成的政府内部和外部克服集体行动的难题,无视寻租的和平民主义的压力,并因此推动经济进入一条有效增长的路径。我特别有兴趣强调这样一种讽刺:这一地区所有着手改革——新古典主义的法宝——的政府都是威权主义的,这一地区的一些知识分子实际上已经接受这个发现。

关于威权主义与增长之间的关联这一发现明显不能一般化。2000年,亚当·普齐沃斯基(Adam Przeworski)和他的同事们发现,控制收入及许多其他变量,政权类型对投资、资本存量增长率或总体收入增长都没有影响;如果把测试局限于发展中国家的实例,这一发现也成立。但普齐沃斯基等人还发现，在独裁实例中，增长的标准差比民主国家大很多，这证明了独裁体制既包括像在东亚发现的那些高增长奇迹，也包括低增长崩溃。没有解决为什么有些威权主义政权高速增长而另外一些这样的政权崩溃和垮台这个难题是聚焦高增长地区这个方法的一个缺点。这个短处经常为埃文斯(1995)，库利(2004)，多纳、里奇和斯莱特(Doner，Ritchie and Slater，2005)以及论述历史根源的其他人的跨地区研究提供动力，我将在下一节着手这个主题。

构成发展型国家(地区)的另一个特征也是约翰逊所关注的一个特征，即官僚制度。对约翰逊来说，政权类型和政治家的重要性通常比核心官僚机构，如通产省，要小很多，他相信，通产省推动了增长过程。这样的机构被清晰的使命所推动，从内部来讲，是按照精英统治的原则，以强有力的内部体系来管理，既有奖赏(比如竞争性的薪酬和长期的事业道路)，也有控制(对腐败的制裁)。这些特征还有助于将官僚机构与政治操纵或私人部门的操纵相隔离。

在一项利用专家评估的创新研究中，埃文斯和劳赫(Evans and Rauch，1999)发现，在35个发展中国家的横截面中，官僚机构的“韦伯主义特性”(Weberianness)与增长有关联。案例研究工作发现，这个地区的经济改革典型地先于一些重要官僚组织或与之相伴而生，这些官僚组织把经济决策权集中在一个或几个领导机构的手里，强化了技术官僚在规划政策中的作用，并改革了内部的官僚规程(Cheng，Haggard and Kang，1998；Haggard，1990；Kim，1988)。官僚体制的改革并没有典型地影响整个行政机关。即使在东北亚发展型国家(地区)，官僚效率的“小金库”也和执行政治分肥的部长们共存(Kang，2002a，2002b)。这样的报酬甚至可能是更广泛改革的代价。然而，所有高增长的亚洲国家(地区)都有一些核心经济部门和/或专门机构，拥有重要的政策制定权，从形式上看，韦伯主义色彩相对浓郁。

在日本的经济决策中，政治家和官僚之间的关系最终成为约翰逊著作中最有争议的特征之一。几乎从它出版的那一刻起，批评者们就指出了政治家或私人部门的参与者在政策制定中所发挥的作用(Calder，1993；Krauss and Muramatsu，1984；Noble，1998；Okimoto，1989；Samuels，1987)。最直言不讳的挑战是拉姆塞耶和罗森布卢特(Ramseyer and Rosenbluth，1993)提出的观点。他们认为,约翰逊笔下备受吹捧的官僚,不过是自民党(LDP)的代理人而已。

在我们这些事后诸葛亮看来,这场争论似乎有点生硬。约翰逊几乎不是一个文化学者,他试图概述计划理性国家政治和行政的合理性。他并没花很大的力气去证明:不对称信息及许多其他的不完美可以推翻理性选择制度主义所提出的这个假设的委托代理故事。然而,理性选择派的批评明显是针对某个重要的东西。当发展型国家(地区)模型被扩展到日本以外的威权主义政权时,认为官僚享有不依赖独裁政治精英的独立性就显得特别古怪了。在这些案例中,官僚机构的改革不是为了确保其独立,而是为了确保其追求某个更宽泛的政治计划中对威权主义领导人的忠诚。这个至关重要的观察结论很快就引导我们回到国家(地区)与社会的关系。

发展型国家(地区)的社会基础

起初,对发展型国家(地区)研究方法的核心批评是它完全聚焦政治制度,以及它对企业的相对忽视(Chan, Clark and Lam, 1998; Doner, 1991; Evans, 1995; Fields, 1995; Jayasuriya, 2005; E. M. Kim, 1997; MacIntyre, 1994; Moon and Prasad, 1994)。回想一下,计划理性国家的概念假设了一个混合经济,以及存在一个必须用物质刺激来鼓励投资的私人部门。再回想一下,财产权模型表面上似乎并不符合东亚的经验。由于有强大的官僚机构提供支持的威权主义政权将缺少可信的对行政自由裁量权的制约,因此其在保护财产权及吸引私人部门投资上深受信任问题之害。我们如何能调和一个强大却并非掠夺成性、对私人部门可信却并不被其俘获的国家(地区)呢?

阿姆斯登清晰地陈述了这个一般性的政治问题。正如寻租可能扭曲新古典主义模型中有效的资源分配,私人部门的俘获也可能扭曲支持其发展的补贴分配。在阿姆斯登看来,解决办法来自东亚发展型国家(地区)定义性的政治特征,来自是强势政府"惩戒"企业的能力:

> 在低增长晚期的工业化地区,补贴往往根据赠送的原则来分配,在一场相当于混战的争夺中。在东亚,从日本开始,一直有一个更大的趋势:根据互惠的原则来分配补贴,要拿成绩来交换,其中涉及产出、出口,

> 以及研发。例如,韩国政府通过限定最高价、控制资本外逃,以及鼓励把多种经营引入新产业中(视旧产业中的表现是否良好而定)的激励机制来规训大的企业集团。(Amsden,1991,284)

如果租金被扩大到用来帮助解决上一节概述的任何协调问题,它们就必须是有条件的。政府必须从某个明显的市场失灵或外部性的角度来界定租金的目标,监督租金接收者。显然,就这一点而言,官僚机构的能力很重要。

但他们还必须可信地致力于因不服从或不执行而收回租金,这是一项带有政治意味的任务,远远超出官僚机构的监督,触及了企业-政府关系的性质(Amsden, 2001, 8; Aoki, Kim and Okuno - Fujiwara, 1996; World Bank, 1993)。强大的政府怎么能向私人部门发出可信的信号,同时约束它们的寻租行为呢? 格拉博夫斯基(Grabowski,1994,1997)及赫夫、德威特和奥顿(Huff,Dewit and Oughton,2001)正式地把发展型国家与私人部门之间的关系建模为一场信号博弈,在这场博弈中,政府通过引诱私人追加投资,向私人部门证明自己的可信度。在汗和圣达拉姆(Khan and Sundaram,2000)的一项被埋没的研究中,这一点被扩大到补贴或租金的分配。康灿雄(Kang, 2002a,2002b)谈到了韩国的一种"互为人质"(mutual hostage)的关系,既约束国家掠夺,也约束私人腐败。在所有这些模型中,不仅通过经济效益的透镜来看待产业政策,而且把它视为政府意图的一个至关重要的政治信号。

认为制度可以帮助解决国家与私人部门之间这些发信号、可信承诺和监督问题的观念是发展型国家(地区)研究方法的核心。至少是部分被东亚的经验所驱动,施莱弗尔和维什尼(Schleifer and Vishny,1993)提供了一个影响很大的腐败模型,概述了集权为什么提高效率;后来,康灿雄(2002a,2002b)和麦金太尔(MacIntyre,2003)分别在他们对韩国案例及东南亚应对债务危机的"第二代"分析中捡起了这个方法。在施莱弗尔和维什尼的模型中,寻租者要求一系列政府提供的追加物品。如果国家是高度分权的,那么不同的政府分支、部或局就都追求它们各自的利益,把政府提供的物品的成本推向次优水平,并在那些租金中引入财产权的不确定性。政治集中并没有消除腐败,但解决这些集体行动问题限制了腐败,把租金的价格定在"适当的"水平,并提供财产权的安全。

关于官僚机构的内部一致性,有人提出有点类似的论证。精英管理层的招募和晋升、足够的补偿,以及顶层有清晰报偿的仕途,不仅对于执行前面几节中所概述的任务很重要,而且起到了控制寻租的作用。特别是,埃文斯(1995)认为,官僚机构的内部一致性是把有效的"嵌入性"和无效的寻租分离开来的关键因素。对产业政策进行的案例研究反复回到独立关联机构的能力的重要性,以及信息作为有效管制私人部门的一个条件。

然而,这种聚焦国家(地区)依然留下了政治行为人如何与私人部门互动及产生什么效果的问题。对东亚发展的一个重要研究分支——包括坎波斯和鲁特(Campos and Root,1996)、鲁特(1996)和世界银行自身的报告《奇迹》——发展了下面这个论证:联系企业与政府的"审议委员会"在解决与威权主义统治相关联的可信度、在公共部门与私人部门之间建立信任的问题上起到了重要作用。埃文斯(1995)、马克斯菲尔德和施奈德(Maxfield and Schneider,1997)、韦斯(Weiss,1998)及穆恩和普拉萨德(Moon and Prasad,1994)从更一般的角度提出了这个论证,并断言:公共部门与私人部门之间复杂的正式网络和非正式网络在经济增长中发挥了作用。用埃文斯(1995)那个贴切的短语来说,东亚国家的典型特征是"镶嵌式自主"(embedded autonomy):强大的政治和官僚制度同时维持着与私人部门之间的紧密联系,却有足够的独立性来控制企业与政府的关联。鲁特(1996)通过参照一个暗含的代价高昂的信号模型解释了它是如何工作的:

> 把很多群体的命运与对合作决策结构的持续使用捆绑在一起,提高了事后改变体制的成本。一旦审议委员会渗透入一个经济体,一个单方面把自己的意志强加给产业或部门的政府就会冒着削弱委员会对于其他群体的价值的危险而颠覆整个合作决策体制。那么,政府不大可能只遵守它所提出的那些决策而忽略它所反对的那些决策……通过把审议委员会制度化,政府减少了它的自由裁量权,但获得了企业对同意政策的稳定性的信心。(12)

约翰逊(1982)、冲本(Okimoto,1989)及其他研究发展型国家(地区)的人全面记录了这种委员会的存在和运转。由朴正熙亲自担任主席的韩国出口促进会议的早期经验也经常被用作例证。然而,除了这两个东北亚案例,我们的证据就变稀少了。东南亚的案例也经历了快速增长，但似乎并没有像东北亚国家那样的水平或类型的国家干预，也没有类似的协调制度（Jomo et al.，1997；MacIntyre，1994）。此外，对这一地区的经验主义研究导致人们严重怀疑东南亚国家“惩戒”其私人部门委托人的能力。在马来西亚，联邦层面的协商制度直至1991年才出现，当时，马哈蒂尔的“向东看”战役试图赶上东北亚新兴工业化国家（NICs）。然而，在一系列杰出的研究中，戈麦斯（Gomez，1991）、戈麦斯和佐摩（Gomez and Jomo，1997）详细讲述了这一时期如何是腐败、任人唯亲，以及政府、国家和党派互相渗透的高峰。在他对亚洲企业-政府关系的研究中，麦金太尔（1994）更一般化地陈述了这样一种主张：东南亚国家并不适合源自东北亚案例的企业-政府关系模型。

总之，发展型国家（地区）研究不仅对政策有所创新，而且在关于政治和制度如何刺激增长的思考上有所创新。不同于强调制约国家权力、法治和财产权的政治模型，发展型国家（地区）模型强调强大的或“隔绝的”国家、一致的官僚机构和制度化的企业-政府关系，这些将遏制寻租，并让政府的支持视私人部门的表现而定。但是，随着案例研究的增加，它们揭示了因国家和地区的变化而千变万化，不仅包括东北亚和东南亚的案例之间的不同，而且有日本、韩国之间的不同。是不是有可能，增长的主根并不在于制度，而在于国家（地区）-社会关系的长期特征？而且，就算制度很重要，那制度又来自何处？这些问题是一项关于发展型国家（地区）起源的“第二代”研究所提出来的。

起源：发展型国家（地区）的历史基础

研究发展型国家（地区）的很多开拓性工作采取了国家案例研究的形式。作为“起源”研究典型特征的小样本跨地区比较有一个方法论的优势：这些研究把高增长的东亚案例与那些记录时好时坏或没能在较长期实现增长的国家（地区）进行比较（Doner，Ritchie and Slater，2005；Kang，2002a；Kohli，2004；Vu，2007，2010）。历史方法的研究议程和我们在前面几节所概述的政治理论一样，审视强势政府的作用和长期增长的社会基础。然而，这些案例提出了一个至关重要的问题：这些政府和社会关系首先来自何处？在这种情况下，关于起源的争论提出了比较历史分析中的很多核心问题：远因对近因的作用,顺序安排和路径依赖的问题,案例选择和因果推理的问题。

殖民主义是一个自然的起始点。卡明斯(Cumings,1984)注意到了发展型国家(地区)在中国台湾和韩国的日本殖民起源。库利(2004)把这个论证一般化,并把发展型国家(地区)的理论纳入更宽泛的关于国家形成的争论中。库利认为,国家结构是权力和强制能力非常集中的产物,它们并不是为了回应某个发展战略的功能需求而突然出现的。一旦就位,"殖民统治期间所获得的核心制度特征也被证明很难改变。反殖民民族主义运动是一股潜在的组织化力量,能够改变从殖民主义那里继承来的基本国家形态",但就大部分而言,亚洲和非洲的民族主义运动"太表面和/或太碎片化,不可能决定性地改变继承来的国家形态"(Kohli,2004,17)。后来的国家形态——库利所说的有凝聚的资本主义国家、碎片化的多阶级国家和新世袭主义国家——因此是不同类型的殖民统治的产物。至少在韩国,发展型国家(地区)可以追踪到日本人的殖民政策:构建一致性官僚机构、与私人部门联系的强大纽带,以及处理自下而上的阶级挑战的庞大镇压机器。

在另一端,尼日利亚被英国人"廉价地"统治。间接统治源自对人身主义的世袭关系和弱势政府的坚持,甚至没能发展出基本的征税能力。库利的分析因此与艾斯莫格鲁、约翰逊和鲁滨逊(2001)广为引述的论述掠夺型国家不利效应的研究形成鲜明对照。库利认为,欧洲殖民主义在非洲之所以对增长有着长期的不利影响,并非因为它掠夺土著人口、没能保护财产权,而是因为它从来没有发展出足够的国家能力或官僚制度,而这些正是发展所需要的。这个主题再次强有力地出现在发展型国家(地区)理论最近的复兴中。[1]

库利的故事提出了一些关于历史解释的性质的经典问题。例如,我们如何把巴西看上去好像是继承来的劣势与20世纪80年代债务危机前半个世纪的高增长对上号呢?我们如何把日本人殖民时期在韩国植入的发展型国家制度与后殖民时期前十年韩国经济糟糕的表现对上号呢(Haggard,Kang and

1 正如埃文斯一样,库利也注意到了中间案例,包括印度的和巴西的。印度的民族主义运动在一定程度上改变了英国人的殖民结构。新国家(Estado Novo,1937—1945)和军人统治时期(1964—1984)反映了巴西的国家"强硬"时期。但库利强调对继承来的政治结构和社会结构的坚持。例如,在巴西,土地寡头的势力、地方威权主义和弱势中央政府在民主化后至少坚持了一个世纪,直至今天还可以找到这些历史遗留的蛛丝马迹。

Moon,1997)?我们是不是在历史中追溯得太远,以至于没法定位看上去更近的经济表现的根源?答案要转到发展型国家(地区)理论中因果推理的构造特性。制度遗产是后来增长的一个必要条件,却不是充分条件。正如约翰逊对日本的解释那样,"长时段"分析必须结合对下面这个问题的理解:继承来的制度后来如何重新定向或重新配置,以实现在缺少它们的情况下不可能实现的发展目标?

并非所有研究都要回溯到殖民起源,另一些案例主要聚焦战后发展。经济学家对东亚经验的研究在进口替代型与出口导向型的发展路径之间进行了比较。结果,东亚案例与拉丁美洲中等收入国家之间的比较成为一个自然而然的焦点(Evans,1989;Gereffi and Wyman,1990;Haggard,1990)。进口替代为什么在拉丁美洲坚持并"深化",而东亚国家(地区)却改变路线,更多地依赖出口?[1]

哈格德(1990)审视了规模、外部冲击及国家与关键社会力量之间关系的性质的相互作用。在面对外部冲击时,更大的发展中国家,特别是那些有自然资源基础的国家,可以继续给进口替代工业化(ISI)融资,尽管它限制了制造业的出口,但它们比那些追求 ISI 的小国更有可能进入二次进口替代("深化"),而后者缺乏自然资源,没有类似的国内市场机会。哈格德注意到了东亚案例中的利益冲击,包括韩国的典型案例中援助的急剧下降——这一冲击触发了出口中外汇新来源的攀升、外国投资和借款。多纳、里奇和斯莱特(2005)同样注意到,外汇和税收约束——包括那些与缺乏自然资源有关的约束——是提高效率的制度发展至关重要的决定因素。

相比之下,拉丁美洲更长时间的进口替代牢固确立了不平等社会授权的复杂体制最终源于进口替代活动中的就业。哈格德和考夫曼(2008)在对两个地区的福利国家起源的历史分析中进行了这些比较。商业利益集团在这两个地区也都与保护相结合,但拉丁美洲的进口替代的绝对持久使得这一战略更加根深蒂固。在拉丁美洲的案例中,需要一个特别强大而独立的政府在

1 比较研究有这样一个优势:能够利用拉丁美洲关于类似过程的争论,特别是吉列尔莫·奥唐纳(Guillermo O'Donnell,1973;Kaufman,1979)的官僚威权主义(BA)模型,它和发展型国家(地区)的观念有着明显的家族相似性(例如,参见论述韩国 BA 的 Im,1987)。

更外向的方向上改变政策。

随着时间的推移,"起源"研究拓宽了,从东亚和拉丁美洲的比较扩展到包括中东、南亚和非洲。沃德纳(Waldner,1999)认为,一方面是土耳其和叙利亚,另一方面是韩国和中国台湾,它们之间的关键差别是其形成的那个时期精英们所创造的条件的宽度。在叙利亚和土耳其,"过早"要求拓宽社会条件的压力产生了沃德纳所说的"早熟的凯恩斯主义":国家致力于抑制生长的转移。库利(2004)同样指出,"碎片化的多阶级国家"——他的比较被巴西和印度所代表——妨碍了亲商政策。埃文斯(1995)类似地把巴西描述为"中间"案例——在发展型国家(地区)与掠夺型国家(地区)之间。在这样的国家(地区),与企业和劳工之间的恩主侍从关系损害了策划一次进入全球 IT 市场的能力。相比之下,所有这 4 个跨地区比较强调了上文在东亚案例中概述的那些特征的存在:相对自主的政府和一致性的官僚机构能够强加与重大政策转变相关联的短期成本(哈格德),限制转移(沃德纳),发展一种区别性的亲商环境(库利),或者与私人部门协调,促进国际竞争(埃文斯)。

研究发展型国家(地区)及其他国家(地区)的起源所得到的发现给比较历史分析提出了最令人恼火的难题之一。对东亚案例的聚焦被紧迫的实用主义关切所推动:对高增长的根源以及与之相伴随的改善人类福祉的兴趣。我们提出什么样的论据来证明这些案例的成功源于有时可以追踪到殖民时期的历史因素呢?历史是不是宿命?或者说,历史能不能被用于汲取有意义的政策教训?

结论:发展型国家(地区)死了,发展型国家(地区)万岁

尽管发展型国家(地区)理论是 20 世纪 80 年代和 20 世纪 90 年代兴起的,但它在很大程度上专注于更早的时期。约翰逊的著作是为了 20 世纪 50 年代日本的工业大转变而构思的。后来研究亚洲新兴工业化国家的著作回顾了 20 世纪 60 年代和 20 世纪 70 年代的"起飞"。当发展型国家(地区)模型的主要原型逐步把它们的经济自由化后,这个概念似乎注定成为一个在很大程度上是历史的构想:对一段非同寻常的高增长时期的解释局限于一小群亚

洲国家和地区。

然而,发展型国家(地区)理论聚焦那些对这一学科至关重要的、不大可能淡出视野问题——国家与市场之间的关系,经济增长的政治和制度基础。更重要的是,当华盛顿共识的市场必胜信念和后冷战早期被证明惊人的短命时,意识形态的风向就要变了。2008年的金融危机影响了这场争论的基调,人们着手探索"后华盛顿共识"(Birdsall and Fukuyama,2011)。值得简短地追踪一下这一段知识史,因为发展型国家(地区)在最近这些年经历了一次令人吃惊的复活。

1997—1998年亚洲金融危机的爆发为批评者们强调与产业政策相关联的风险、重申市场导向改革的理由提供了一个机会。批评者们不是关注强大的国家和秩序良好的官僚机构,而是注意到许许多多寻租和道德风险的问题。关于这场危机,发展型国家(地区)模型的捍卫者讲述了一个完全不同的故事,他们强调解除管制的风险,特别是资本账户和金融市场自由化的风险(Stiglitz,2002;Wade and Veneroso,1998)。从这些关于政策的观察结论到基础性的政治经济学只是很短的一步(Haggard,2000;MacIntyre,2003;Moand Moon,1999)。管制的弱点不只是历史的意外,它还是自由化道路上的疏忽之罪。这些弱点与不断增长的企业对监管制度的影响力及不断下降的政府遏制寻租的能力、风险的社会化和道德风险一致。这场危机非但没有让发展型国家(地区)模型信誉扫地,反而证明了它的一些核心原则。紧跟着危机,像金大中(Kim Dae Jung)这样的改革者们便试图在企业-政府关系中颠倒这些原则,部分是通过自由化,部分是通过对金融部门更有力的管制和企业监管。

自由化并不意味着产业政策的终结。相反,经验主义研究转向如何在一个更开放的经济语境中执行产业政策的问题(Evans,1998;Hayashi,2010;Low,2004;Rodrik,2007;Weiss,1998;Wong,2004;Yusuf,2003)。例如,德约、多纳和赫什伯格(Deyo,Doner and Hershberg,2001)以及多纳(2009)追踪了亚洲产业政策(包括自然资源和制造业的政策)随着时间推移而逐步演变的过程。诺贝尔(1998)指出,很难把"协调"与"勾结"区分开来,王永平(Wong,2011)对亚洲的生物技术工业提供了一个警告故事。然而,到21世纪初,基于对所谓“中等收入陷阱”的担心,关于产业政策的优点出现了新一轮争论(Gill and Kharas,2007)。先前成功的经济体不可能要么通过纯粹的资本积累,要么通过进一步的自由化而继续增长。相反,转向源于更高生产率增长的新的发展战略需要新的干预、企业-政府关系和政治条件(例如,Paus,2012)。

对于那些发展水平较低的国家,21 世纪初的大繁荣见证了高增长蔓延到整个发展中世界和那些追求各不相同的异端发展战略的国家。中国是最明显的例证,一定会有人做出努力,明确地把这个国家纳入更广泛的东亚模型中,这只是一个时间问题(Baek,2005;Knight,2010)。尽管并非没有争论,但世界银行的(中国)首席经济学家还是提出了低收入国家的增长模型,在这个模型中,国家将“使得结构改变更加便利,其目标在于提供信息、补偿外部性,并协调‘软硬’基础设施的改善,这些都是私人部门增长所需要的,其方式与经济的比较优势的动态改变一致”(Lin and Monga,2011,265;Lin,2009)。

关于发展型国家(地区)的未来,争论并不限于产业政策的作用,还致力于政治变革的问题。典型的东北亚发展型经济体都民主化了,在落后一段时间后,紧接着是许多东南亚经济体。这些变革提出了一个经验主义问题:更自由的政治环境可能如何影响增长(例如,Rock,2013)。在一部重要的前瞻性文集中,一群研究发展的英国学者和从业者杜撰了“民主发展型国家”这个术语(Robinson and White,1998)。这本书提出了这样一个问题:如何让东亚案例的教训适应一个已经改变的政治环境,在这样的环境中,目标不仅是快速增长,而且要在增强责任感、关注社会服务提供和人类能力拓展的语境中实现增长(Evans,2011)?[1] 然而,早先论证的“韧带”仍然在那儿。就算有什么不同的话,这样一个国家(地区)甚至需要比“经典”发展型国家(地区)的产能更大,并专心致志地聚焦增长。

非洲成了这一争论的一个有点令人吃惊的舞台(Edigheji,2005,2010;Meyns and Musamba,2012;Mkandawire,2001)。在一项不留情面的指控中,特迪卡・姆坎达维雷(Thandika Mkandawire,2001)挑战了这样一个“不可能

1　这超出了我们这里的兴趣范围,出现了一个关于东亚福利国家的新理论,聚焦东亚在发展型国家时代的区别性特征,及其过渡时期后向民主统治的转变。

定理”:非洲国家太过依赖、贫弱、无能和腐败,不可能仿效东亚发展型国家。研究这一地区的政治学家长期聚焦非洲政府的遗传特性,前面引述过的一些比较历史研究——包括埃文斯(1993)和库利(2004)——明确地对发展型的和掠夺型的非洲国家进行了比较。从 20 世纪 80 年代起,“管制”开始受到国际金融机构的关注。

然而,姆坎达维雷(2001)认为,“大多数导致人们对发展前景深感绝望的关于非洲国家的分析是基于一种不公正的比较:把危机中的非洲国家与那些理想化了的、描述带有偏见的国家进行比较”(290)。一方面,研究非洲发展的新自由主义路径轻视了发展中国家能力的重要性,而这种国家能力是亚洲发展型国家的一个核心特征。另一方面,对非洲治理的批评忽视了这样一个事实:东亚模型几乎不符合新的被人们所接受的关于治理的智慧——政策远非自由主义的,国家干预无远弗届,租金被分配给经过选择的企业,政府和企业携手。政策的目标不是试图通过弱化国家并聚焦自由化来巧妙处理非洲的治理问题,而是要强化国家能力(Fritz and Menocal,2006)和“理顺干预”。

更近一些时候,这些论证在一场关于责任和能力应当在政府表现的概念化和衡量上起什么作用的重要争论中被一般化了。在对当代治理路径所进行的一次范围广泛的指控中,福山(2013)坚持认为,学院和政策界太过着重强调政权类型、责任制度、法治和官僚机构程序特征的作用,而对国家的自治和能力强调得不够。福山的批评绕回了发展型国家(地区)理论中的长期主题,并体现了这样一个事实:这一研究计划所提出的那些问题依然存在。

经济学中的新制度主义有部分(Acemoglu,Johnson and Robinson,2001)含蓄地得出了关于逃离贫困陷阱的能力的悲观结论,注意到了历史这个不散阴魂的沉重分量。然而,发展型国家(地区)理论从一开始就深受参与政策争论的激励。韦德、阿姆斯登、张夏准、罗德里克及其他人都不仅是研究发展的历史学家,而且是小心提防千篇一律模型的实用主义者。他们的兴趣最终并不是提出对长期增长起源的确定性构想——包括一些潜伏在起源争论中的构想,而是为了吸取那些能够适应不同国家语境的教训而挖掘历史。对这些教训至关重要的是这样一个观察结论:增长不只是市场导向政策的结果,甚至也不是恰当干预的结果,而是基础性的国家能力的结果。这个观察结论依然是发展型国家(地区)研究方法最简单、最持久的贡献。

参考资料

Acemoglu, Daron, Simon Johnson and James A. Robinson. 2001. "The Colonial Origins of Comparative Development: An Empirical Investigation." *American Economic Review* 91(5):1369—1401.

Amsden, Alice. 1989. *Asia's Next Giant: South Korea and Late Industrialisation*. New York: Oxford University Press.

Amsden, Alice. 1991. "Diffusion of Development: The Late-Industrializing Model and Greater East Asia." *American Economic Review* 81(2):282—286.

Amsden, Alice. 1994. "Why Isn't the Whole World Experimenting with the East Asian Model to Develop? Review of The East Asian Miracle." *World Development* 22(4):627—633.

Amsden, Alice. 2001. *The Rise of "The Rest": Challenges to the West From Late-Industrializing Economies*. New York: Oxford University Press.

Amsden, Alice and Wan Wen Chu. 2003. *Beyond Late Development: Taiwan's Upgrading Policies*. Cambridge, MA: MIT Press.

Aoki, Masahiko, Hyung-Ki Kim and Masahiro Okuno-Fujiwara. 1996. *The Role of Government in East Asian Economic Development: Comparative Institutional Analysis*. New York: Oxford University Press.

Baek, Seung-wook. 2005. "Does China Follow 'the East Asian Development Model'?" *Journal of Contemporary Asia* 35(4):485—498.

Balassa, Bela. 1981. *The Newly Industrializing Countries in the World Economy*. New York: Pergamon Press.

Barzel, Yoram. 1997. *Economic Analysis of Property Rights*, 2nd ed. New York: Cambridge University Press.

Bhagwati, Jagdish. 1978. *Anatomy and Consequences of Exchange Control Regimes*. Vol. 11 of *Foreign Trade Regimes and Economic Development*. Cambridge, MA: Ballinger Publishing Co. for the National Bureau of Economic Research.

Birdsall, Nancy and Francis Fukuyama. 2011. "The Post-Washington Consensus: Development After the Crisis." *Foreign Affairs*, March/April.

Calder, Kent E. 1993. *Strategic Capitalism: Private Business and Public Purpose in Japanese Industrial Finance*. Princeton, NJ: Princeton University Press.

Campos, Edgardo J. and Hilton L. Root. 1996. The Key to the Asian Miracle: Making Shared Growth Credible. Washington, DC: The Brookings Institution.

Chan, Steve, Cal Clark and Danny Lam. 1998. *Beyond the Developmental State: East Asia's Political Economies Reconsidered*. London: St. Martin's.

Chan, Sylvia. 2002. *Liberalism, Democracy and Development*. New York: Cambridge University Press.

Chang, Ha-Joon. 1994. *The Political Economy of Industrial Policy*. London: Macmillan.

2002. *Kicking Away the Ladder: Development Strategy in Historical Perspective*. London: Anthem Press.

Cheng, T. J.. 1990. "Political Regimes and Development Strategies: South Korea and Taiwan." In *Manufacturing Miracles: Patterns of Development in Latin American and East Asia*, edited by G. Gereffi and D. Wyman. Princeton, NJ: Princeton University Press.

Cheng, Tun-Jen, Stephan Haggard and David Kang. 1998. "Institutions and Growth in Korea and Taiwan: The Bureaucracy." *Journal of Development Studies* 34 (6): 87—111.

Cumings, Bruce. 1984. "The Origins and Development of the Northeast Asian Political Economy: Industrial Sectors, Product Cycles, and Political Consequences." *International Organization* 38(1): 1—40.

Deyo, Frederic C., ed.. 1987. *The Political Economy of the New Asian Industrialism*. Ithaca, NY: Cornell University Press.

Deyo, Frederic C. 1989. *Beneath the Miracle: Labor Subordination in the New Asian Industrialism*. Berkeley: University of California Press.

Deyo, Frederic C., Richard Doner and Eric Hershberg. 2001. *Economic Governance and the Challenge of Flexibility in East Asia*. New York: Rowman and Littlefield.

Doner, Richard F.. 1991. *Driving a Bargain: Automobile Industrialization and Japanese Firms in Southeast Asia*. Berkeley: University of California Press.

Doner, Richard F. 2009. *The Politics of Uneven Development: Thailand's Economic Growth in Comparative Perspective*. New York: Cambridge University Press.

Doner, Richard F., Bryan K. Ritchie and Dan Slater. 2005. "Systemic Vulnerability and the Origins of Developmental States: Northeast and Southeast Asia in Comparative Perspective." *International Organization* 59(2):327—361.

Edigheji, Omano. 2005. *A Democratic Developmental State in Africa? A Concept Paper*. Research Report 105. Johannesburg: Centre for Policy Studies.

Edigheji, Omano, ed. 2010. *Constructing a Democratic Developmental State in South Africa*. Cape Town: HSRC Press.

Evans, Peter. 1989. "Predatory, Developmental and Other Apparatuses: A Comparative Political Economy Perspective on the Third World State." *Sociological Forum* 4(4): 561—587.

Evans, Peter. 1995. *Embedded Autonomy: States and Industrial Transformation*. Princeton, NJ: Princeton University Press.

Evans, Peter. 1998. "Transferable Lessons? Re-examining the Institutional Prerequisites of East Asian Economic Policies." *Journal of Developmental Studies* 34(6):66—86.

Evans, Peter. 2011. *The Capability Enhancing Developmental State: Concepts and National Trajectories*. Discussion Paper No. 63 (March). Niteroi, Brazil: Centro De Estudossobre Desiguldadee Desenvolvimento.

Evans, Peter and James Rauch. 1999. "Bureaucracy and Growth: A Cross-National Analysis of the Effects of 'Weberian' State Structures on Economic Growth." *American Sociological Review* 64(4):748—765.

Fields, Karl. 1995. *Enterprise and the State in Korea and Taiwan*. Ithaca, NY: Cornell University Press.

Fritz, V. and A. Rocha Menocal. 2006. *(Re)building Developmental States: From Theory to Practice*. Working Paper No. 274. London: Overseas Development Institute.

Fukuyama, Francis. 2013. "What Is Governance?" *Governance* 26(3):347—368.

Geddes, Barbara. 2003. *Paradigms and Sand Castles: Theory Building and Research Design in Comparative Politics*. Ann Arbor: University of Michigan Press.

Gereffi, Gary and Donald L. Wyman, eds. 1990. *Manufacturing Miracles: Paths of Industrialization in Latin America and East Asia*. Princeton, NJ: Princeton University Press.

Gill, Indermit and Homi Kharas. 2007. *An East Asia Renaissance: Ideas for Economic Growth*. Washington, DC: World Bank.

Ginsburg, Tom. 2000. "Does Law Matter for Economic Development? Evidence from East

Asia." *Law and Society Review* 34(3):829—856.

Gold, Thomas. 1980. "Dependent Development in Taiwan." Unpublished PhD diss., Department of Sociology, Harvard University, Cambridge, MA.

Gomez, Edmund. 1991. *Money Politics in the Barisan Socialis*. Kuala Lumpur: Forum Publishers.

Gomez, Edmund and Jomo K. S.. 1997. *Malaysia's Political Economy: Politics, Patronage, and Profits*. Cambridge: Cambridge University Press.

Grabowski, Richard. 1994. "The Successful Developmental State: Where Does It Come From?" *World Development* 22(3):413—422.

Grabowski, Richard. 1997. "Developmental States and Developmental Entrepreneurial Groups: Asian Experiences." *Journal of Asian Business* 13:25—45.

Haggard, Stephan. 1990. *Pathways from the Periphery: The Politics of Growth in the Newly Industrializing Countries*. Ithaca, NY: Cornell University Press.

Haggard Stephan. 2000. *The Political Economy of the Asian Financial Crisis*. Washington, DC: Institute for International Economics.

Haggard Stephan. 2004. "Institutions and Grow th in East Asia." *Studies in Comparative International Development* 138(4):53—81.

Haggard, Stephan, David Kang and Chung-in Moon. 1997. "Japanese Colonialism and Korean Development: A Critique." *World Development* 25(6):867—881.

Haggard, Stephan and Robert R. Kaufman. 2008. *Development, Democracy and Welfare States: Latin America, East Asia and Eastern Europe*. Princeton, NJ: Princeton University Press.

Haggard, Stephan and Lydia Tiede. 2011. "The Rule of Law and Economic Growth: Where Are We?" *World Development* 39(5):673—685.

Hayashi, Shigeko. 2010. "The Developmental State in the Era of Globalization: Beyond the Northeast Asian Model of Political Economy." *Pacific Review* 23(1):45—69.

Hellman, Thomas, Kevin Murdock and Joseph Stiglitz. 1996. "Financial Restraint: Toward a New Paradigm." In *The Role of Governmentin East Asian Economic Development: Comparative Institutional Analysis*, edited by Masahiko Aoki, Hyung-Ki Kim and Masahiro Okuno-Fujiwara, 163—207. New York: Oxford University Press.

Huff, W. G., G. Dewit and C. Oughton. 2001. "Credibility and Reputation Building in the Developmental State: A Model with East Asian Implications." *World Development* 29

(4):711—724.

Im,Hyug Baeg. 1987. "The Rise of Bureaucratic Authoritarianism in South Korea." *World Politics* 39:231—257.

Jayasuriya,Kanishka. 2005. "Beyond Institutional Fetishism: From the Developmental to the Regulatory State." *New Political Economy* 10(3):381—387.

Johnson,Chalmers. 1982. *MITI and the Japanese Miracle: The Growth of Industrial Policy*,1925—1975. Stanford,CA:Stanford University Press.

Johnson, Chalmers. 1987. "Political Institutions and Economic Performance: The Government-Business Relationship in Japan, Korea, and Taiwan." In *The Political Economy of the New Asian Industrialism*, edited by Frederic Deyo,136—164. Ithaca, NY:Cornell University Press.

Jomo K. S . with Chen Yun Chubng,Brian C. Folk Irfanul Haque,Pasuk Phongpaichit, Batara Simatupang and Mayuri Tateishi. 1997. *Southeast Asia's Misunderstood Miracle: Industrial Policy and Economic Development in Thailand, Malaysia, and Indonesia*. Boulder,CO:Westview Press.

Kang,David. 2002a. *Crony Capitalism: Corruption and Development in South Korea and the Philippines*. Cambridge:Cambridge University Press.

Kang, David. 2002b. "Money Politics and the Developmental State in Korea." *International Organization* 56(1):177—207.

Kaufman,Robert R.. 1979. "Industrial Change and Authoritarian Rule in Latin America: A Concrete Review of the Bureaucratic-Authoritarian Model." In *The New Authoritarianism in Latin America*, edited by David Collier,165—254. Princeton,NJ: Princeton University Press.

Khan,Moishin and Jomo K. Sundaram, eds. 2000. *Rents, Rent-Seeking and Economic Development: Theory and the Asian Evidence*. Cambridge:Cambridge University Press.

Kim,Byung-kook. 1988. "Bringing and Managing Socioeconomic Change: The State in Korea and Mexico." Unpublished PhD diss., Department of Government, Harvard University,Cambridge,MA.

Kim,Eun Mee. 1997. *Big Business, Strong State: Collusion and Conflict in South Korean Development* 1960—1990. New York:SUNY Press.

Kim,Linsu. 1997. *Imitation to Innovation: The Dynamics of Korea's Technological Learning*. Boston:Harvard Business School Press.

Knight, John. 2010. *China as a Developmental State*. CSAE Working Paper WPS/2012—13. Oxford: Oxford University, Centre for the Study of African Economies.

Kohli, Atul. 2004. *State-Directed Development: Political Power and Industrialization in the Global Periphery*. Cambridge: Cambridge University Press.

Krauss, Ellis and Michio Muramatsu. 1984. "Bureaucrats and Politicians in Policymaking: The Case of Japan." *American Political Science Review* 78(1): 126—148.

Krueger, Anne. 1978. *Liberalization Attempts and Consequences*. Vol. 10 of *Foreign Trade Regimes and Economic Development*. Cambridge, MA: Ballinger Publishing Co. for the National Bureau of Economic Research.

Krugman, Paul. 1994. "The Myth of Asia's Miracle." *Foreign Affairs* 73(6). www.foreignaffairs.com/articles/50550/paul-krugman/the-myth-of-asias-miracle.

Kuo, Chiang-tian. 1995. *Global Competitiveness and Industrial Growth in Taiwan and the Philippines*. Pittsburgh, PA: University of Pittsburgh Press.

Leftwich, Adrian. 1995. "Bringing Politics Back In: Towards a Model of the Developmental State." *Journal of Development Studies* 31(3): 400—427.

Lin, J. Y.. 2009. *Economic Development and Transition: Thought, Strategy, and Viability*. Cambridge: Cambridge University Press.

Lin, Justin and Celestin Monga. 2011. "Growth Identification and Facilitation: The Role of the State in the Dynamics of Structural Change." *Development Policy Review* 29(3): 264—290.

Low, Linda, ed. 2004. *Developmental States. Relevancy, Redundancy or Reconfiguration?* New York: Nova Science Publishers.

MacIntyre, Andrew, ed. 1994. *Business and Government in Industrializing Asia*. Ithaca, NY: Cornell University Press.

MacIntyre, Andrew. 2003. *The Power of Institutions: Political Architecture and Governance*. Ithaca, NY: Cornell University Press.

Maxfield, Sylvia and Ben Ross Schneider. 1997. *Business and the State in Developing Countries*. New York: Cornell University Press.

Meyns, Peter and Charity Musamba, eds. 2012. *The Developmental State in Africa: Problems and Prospects*. INEF Report 101/2012. Duisburg, Germany: Institute for Development and Peace.

Mkandawire, Thandika. 2001. "Thinking about Developmental States in Africa."

Cambridge Journal of Economics 25(3):289—313.

Mo, Jongryn and Chung-in Moon. 1999. "Korea After the Cr ash." *Journal of Democracy* 10(2):150—164.

Moon, Chung-in and Rashemi Prasad. 1994. "Networks, Policies, Institutions." *Governance* 7(4):360—386.

Noble, Gregory. 1999. *Collective Action in East Asia: How Ruling Parties Shape Industrial Policy*. Ithaca, NY: Cornell University Press.

Noland, Marcus and Howard Pack. 2003. *Industrial Policy in an Era of Globalization*. Washington, DC: Institute for International Economics.

O'Donnell, Guillermo. 1973. *Modernization and Bureaucratic-Authoritarianism: Studies in South American Politics*. Berkeley: University of California, Institute of International Studies.

Okimoto, Daniel I.. 1989. *Between MITI and the Market: Japanese Industrial Policy for High Technology*. Stanford, CA: Stanford University Press.

Onis, Ziya. 1991. "The Logic of the Developmental State." *Comparative Politics* 24(1): 109—126.

Patrick, Hugh and Henry Rosovsky, eds. 1976. *Asia's New Giant: How the Japanese Economy Works*. Washington, DC: The Brookings Institution.

Paus, Eva. 2012. "Confronting the Middle Income Trap: Insights from Small Latecomers." *Studies in Comparative International Development* 47(2):155—138.

Przeworski, Adam, Michael E. Alvarez, Jose Antonio Cheibub and Fernando Lemongi. 2000. *Democracy and Development: Political Institutions and Well - Being in the World*, 1950—1990. New York: Cambridge University Press.

Ramseyer, Frances McCall and J. Mark Rosenbluth. 1993. *Japan's Political Marketplace*. Cambridge, MA: Harvard University Press.

Robinson, Mark and Gordon White, eds. 1998. *The Democratic Developmental State*. Oxford: Oxford University Press.

Rock, Michael. 2013. "East Asia's Democratic Developmental States and Economic Growth." *Journal of East Asian Studies* 13(1):1—34.

Rodrik, Dani. 1995. "Getting Interventions Right: How South Korea and Taiwan Grew Rich." *Economic Policy* 10(20):53—107.

Rodrik, Dani. 2007. "Normalizing Industrial Policy." Unpublished Manuscript. Kennedy

School of Government, Harvard University, Cambridge, MA.

Rodrik, Dani. 2008. *One Economics, Many Recipes: Globalization, Institutions and Economic Growth*. Princeton, NJ: Princeton University Press.

Root, Hilton L. 1996. *Small Countries, Big Lessons: Governance and the Rise of East Asia*. New York: Oxford University Press.

Routley, Laura. 2012. *Developmental States: A Review of the Literature*. Effective States and Inclusive Development Working Paper No. 3. Manchester: ESID.

Samuels, Richard J. 1987. *The Business of the Japanese State: Energy Markets in Comparative and Historical Perspective*. Ithaca, NY: Cor nell University Press.

Schleifer, Andrei and Robert W. Vishney. 1993. "Corruption." *Quarterly Journal of Economics* 108(3): 599—617.

Stiglitz, Joseph. 2001. *Joseph Stiglitz and the World Bank: The Rebel Within*. Edited with Commentary by Ja-joon Chang. London: Anthem Press.

Stiglitz, Joseph. 2002. *Globalization and Its Discontents*. NewYork: W. W. Norton.

Svolik, Milan. 2012. *The Politics of Authoritarian Rule*. New York: Cambridge University Press.

Vu, Tuong. 2007. "State Formation and the Origins of Developmental States in South Korea and Indonesia." *Studies in Comparative International Development* 41(4): 27—56.

Vu, Tuong. 2010. *Paths to Development in Asia: South Korea, Vietnam, China and Indonesia*. Cambridge: Cambridge University Press.

Wade, Robert. 1990. *Governing the Market: Economic Theory and the Role of Government in East Asian Industrialization*. Princeton, NJ: Princeton University Press.

Wade, Robert. 1996. "Japan, the World Bank and the Art of Paradigm Maintenance: The East Asian Miracle in Political Perspective." *New Left Review* 217: 3—36.

Wade, Robert. 2004. *Governing the Market: Economic Theory and the Role of Government in East Asian Industrialization*. 2nd ed. Princeton, NJ: Princeton University Press.

Wade, Robert and Frank Veneroso. 1998. "The Asian Crisis: The High Debt Model Versus the Wall Street-Treasury-IMF Complex." *New Left Review* 228: 1—24.

Waldner, David. 1999. *State - Building and Late Development*. Ithaca, NY: Cornell University Press.

Weingast, Barry. 1995. "The Economic Role of Political Institutions." *Journal of Law,*

Economics and Organization 7:1—31.

Weingast, Barry. 1997. "The Political Foundations of Democracy and the Rule of Law." *American Political Science Review* 91(2):245—263.

Weiss, Linda. 1998. *The Myth of the Powerless State: Governing the Economy in a Global Era*. Cambridge: Polity Press.

White, Gordon and Robert Wade. 1984. "Developmental States in East Asia." Special issue, *IDS Bulletin* 15(2):1—71.

Wong, Joseph. 2004. "The Adaptive Developmental State in East Asia." *Journal of East Asian Studies* 4(3):345—362.

Wong, Joseph. 2011. *Betting on Biotech: Innovation and the Limits of Asia's Developmental State*. Ithaca, NY: Cornell University Press.

Woo, Jung-en. 1991. *Race to the Swift: State and Finance in Korean Industrialization*. New York: Columbia University Press.

Woo-Cumings, Meredith, ed. 1999. *The Developmental State*. Ithaca, NY: Cornell University Press.

World Bank. 1993. *The East Asian Miracle: Economic Growth and Public Policy*. NewYork: Oxford University Press for the World Bank.

Yusuf, Shahid. 2003. *Innovative East Asia: The Future of Growth*. Washington, DC: World Bank.

3. 联合、政治和分配：埃斯平-安德森的《福利资本主义的三个世界》

简·金里奇

哥斯塔·埃斯平-安德森(Gøsta Esping-Andersen)于1990年的奠基之作《福利资本主义的三个世界》(*Three Worlds of Welfare Capitalism*)(简称《三个世界》)标志着跨国社会政策研究的一个决定性时刻,创造了一份历久弥新的、跨学科的、跨方法论路径的研究遗产。[1] 怎么解释这一深远的影响?本章将证明,《三个世界》之所以如此成功地产生了一个成果丰硕的研究议程,恰恰是因为埃斯平-安德森在比较历史分析中为他对福利国家的理解打下了基础。

《三个世界》的核心论证是,先进的资本主义民主国家不仅在社会福利上的花费各不相同,而且在如何花钱上五花八门。要理解福利资本主义,就需要审视一揽子制度(既有国家制度,也有市场制度)如何相互作用并产生特定类型的分配结果。至关重要的是要强调,这一洞见尽管在当代政治经济争论中已被广泛内部化,但在当时是十分新颖的,它挑战了先前的工作:从一个或多或少是线性的角度来呈现福利的发展。《三个世界》的核心分类法,以及埃斯平-安德森在分析的着重点上的广泛转变——转向把福利制度理解为特定历史斗争的产物,为极其丰富多产的研究议程开拓了空间。

---

1 截至本文写作时,Google学术搜索关于《三个世界》的引用次数是21 784次。

第一,埃斯平-安德森的目标是理解20世纪政治核心性的大规模转变之一:福利制度的兴起和运转。为此,他认为,我们不可能把某一项制度(例如,社会总支出、劳动市场政策)与其他制度分离开来,也不可能以一种抽象的或临时独立的方式来理解制度运转的方式。相反,《三个世界》认为,劳动市场的结构,以及国家在构造上的协同工作,塑造了更广泛的权力关系和结果。

第二,埃斯平-安德森像他之前和之后的很多人一样,把福利国家的政治概念化为资本主义所产生的不平等与议会民主制的平等之间紧张的结果。然而,这一紧张的解决既不是千篇一律的,也不是线性的,而是特定政治斗争的产物。要理解民主过程如何改变市场,他认为,我们需要审视行为人的联合如何在特定历史时刻为构建社会政策而走到一起——不只是一般性的结构决定因素。在提出这一主张时,埃斯平-安德森利用了多种方法。实际上,对于福利国家的变化多端,他的证据既依赖对政策结构的定量分析,也依赖对比较历史分析工具的直接使用。然而,本章将证明,这种在关键案例中深度卷入欧洲社会民主运动的具体目标为他的政权分类、对福利制度及其赖以产生的机制的理解提供了概念核心(参见 Esping-Andersen,1985;Esping-Andersen and Korpi,1984)。

第三,埃斯平-安德森认为,国家和市场的制度一旦建立,便对未来的政治结果和分配结果有一种决定性的构建力量。不仅关注福利国家的政治在特定的时间和地点如何发展,而且关注接下来,当它们随着时间的推移而发展时,如何以系统的方式塑造政治,这对于理解国家本身是至关重要的。

总的来说,这些论证提供了对先进民主资本主义的概念化,它已经离开了线性的、功能主义的对国家的解释,而是强调历史上形成的制度构造的构建力量。这一改变既依赖埃斯平-安德森对比较历史案例的参与,以及从根本上讲还有他对福利制度的理解,也依赖其发展背后的政治动态,正如宏观构造随着时间结构在特定历史时刻浮现出来。在这样做的时候,《三个世界》甚至给它的批评者提供了理解福利国家的工具。

第一条研究路线直接关系到《三个世界》中的一些特定主张,特别是质疑了埃斯平-安德森对政权及其起源的分类。正如这项工作的很大一部分挑战了埃斯平-安德森定义制度(和市场)变化的准确方式,它在很大程度上重申了下面这个观念:制度以特殊的方式与截然不同的效应聚集在一起。

第二条研究路线转向了研究这些聚集对福利政治的构建力量。在这里,利用《三个世界》所做的研究显示,千变万化的福利制度从根本上塑造了先进福利国家经历结构上的经济改变和人口统计改变的方式,塑造了各种不同的政治人物在解决这些问题上的权力——以及国家本身。

第三条研究路线更彻底地挑战了《三个世界》的基础主张,更多地走向关于福利国家起源的演绎论证,而不是历史论证,或者说不再强调宏观政策作为更一般的结构政治的作用。然而,我要证明,就连这些批评视角,当它们试图解释分配政治时,也常常在某些方面回到了埃斯平-安德森的洞见。

这笔深远的遗产告诉我们什么呢?本章将证明,尽管很多人对埃斯平-安德森的论证的某些成分产生怀疑,但是,企图走向对福利国家的线性理解或演绎理解,同时产生关键的洞见,很少逃过他的核心主张:制度的广泛宏观构造以一些关键的方式塑造了市场和政治,这些制度是特定历史时刻和分配斗争的产物。这些主张为来自定量传统和定性传统的学者之间的对话提供了一个框架,这些对话在发展关于福利国家的知识上成果丰硕。埃斯平-安德森的工作及其方法对国家的持续相关性暗示、方法论对国家案例的应用、对制度与时俱进的关注,以及对制度集群的比较,对于理解当代政治经济来说依然是至关重要的工具。

下面几节将依次审视这些论证,并且回顾《三个世界》出版前这一领域的争论,它所做出的核心性的分析改变,以及涉及制度类型学、制度的构建力量及其本体论核心的回应。在每个实例中,我将证明,埃斯平-安德森的工作的某些方面依然有着深远的影响,这种影响力既源自他对国家的原创性概念化的力量,也源自他对政治过程的广泛理解。

理解福利国家

从19世纪至今一直困扰福利国家研究者的核心问题之一:如何在民主制和资本主义的横截面上理解福利国家(Iversen,2010)。来自不同分析传统的学者会问:资本主义产生的不平等怎么可能比民主制的政治平等存在得更久？他们还会问：资本主义怎么可能比民主制的要求存在得更久？福利国家起初是对这个难题的回答，但这个答案又提出了一些新问题。

T. H. 马歇尔(T. H. Marshall，1961)在他颇有影响的对公民社会权利的理论化中，把"社会权利"的发展呈现为经济权利和政治权利早期扩张后必不可少的一步。现代福利国家是资本主义民主国家线性的，甚至是目的论的发展逻辑的组成部分，是为了回应市场和民主权利的早期扩张而自动展开的。这部作品认为，资本主义的发展让工人摆脱了传统的经济网络，并创造了让国家能够发展官僚能力的经济刺激。[1] 接下来，先进资本主义的发展既为福利国家制造了功能主义的压力，也创造了扩张福利国家的资源，促进了收敛性的发展。

马克思主义的研究文献尽管出于截然不同的分析视角，但也把福利国家看作资本主义的一体化产品，起到了以相对连续的方式消弭阶级冲突的作用。在克劳斯·奥夫(Claus Offe，1982)看来，福利国家是先进资本主义体制中"重要的和平方案"。在这里，国家所起的作用是限制经济造反或政治叛乱，而不是改变资本主义体制。尽管在战后时期福利国家被概念化为特别重要的制度，但这部作品主要从它在维护市场经济上所起的作用的角度来看待它。

尽管马克思主义的和现代化的路径都偶尔使用跨时定量的或历史的方法，但这一分析主要是为了给资本主义的展开逻辑提供例证，而不是为了探索它的比较历史发展。吉尔·夸达尼奥(Jill Quadagno，1987)论述了 20 世纪 80 年代福利国家研究中的最新技术，她认为，20 世纪 70 年代各工业经济体的经济危机贡献了一个转折点——不仅在现今福利国家的政治中，而且在它们的学术问题化中。当国家面对增长放缓试图削减它的福利赋权时，学者们再也不能把稳步向着福利国家的扩张视为理所当然，并提出一些关于其起源和特征的新问题。

在这一背景下，出现了两条学术路线，把福利发展线性的结构描述问题化。第一条研究路线来自"权力资源"学派，利用马克思主义把有冲突的市场

1　这一描述是程式化的：这些方法常常给千变万化的历史过程留出更大空间。

关系理解为资本主义体制的一个定义性特征。然而，在这些学者看来，福利国家不只是源于资本主义发展之谜；相反，他们是从那些左派赢得胜利的政治斗争中出现的“政治反对市场”（Esping-Andersen，1985）的产物（Korpi，1983；Stephens，1979）。而理论化的另一条路线特别在美国的语境中发展起来，认为政治制度和早期的政策发展对于把选民的要求转变为政策至关重要。例如，奥尔洛夫和斯科斯波尔（Orloff and Skocpol，1984）审视了民主化的时机选择以什么方式塑造英国政府和美国联邦政府的能力，促成或阻碍不同的政治联合。

这部作品暗示，对福利国家的线性解释或功能主义解释漏掉了福利国家发展那个有冲突的、有时候在语境上被塑造的性质。在此过程中，权力资源学派和制度主义的工作援引了历史分析，不同于先前的方法，或历史学家自己的方法——他们在很大程度上忽视了福利国家研究（Baldwin，1992）。但这部作品也提出了一些新问题，如果正如权力资源学派的理论家们所声称的那样，社会政策基本上是左派行动者政治力量的产物，那么，为什么一些大的福利国家是出自右派的行动（例如，俾斯麦时期的德国），是出自他们内部的政治斗争呢？这些问题要求对下面这个问题进行明确的理论化：福利制度在更广泛的政治经济和民主过程的内部运作。

《三个世界》

《三个世界》的核心论点：福利国家不仅在花多少钱和如何花钱上千变万化，而且工会与左翼党派及其他社会团体之间的跨阶级联合的性质解释了这种变化。结果是，3个截然不同的福利资本主义“世界”给工人提供了不同的社会权力，并塑造了劳动力市场的性质以及更一般意义上的社会层化。

一开始，埃斯平-安德森就同时从理论和历史的角度把福利的变种概念化了。他认为，福利政策和政治基本上是多维度的。尽管社会支出很重要，但我们不可能仅仅通过审视支出水平来理解福利国家的性质和起源。为了区分这一维度，埃斯平-安德森发展了去商品化和层化的概念。去商品化的知识根源是理论性的，源于马克思和波拉尼（Polanyi，1944），他们审视了市场经济在把劳动力商品化时，以什么方式迫使工人进入剥夺他们权力的依赖关系。然而，正是历史上争取社会权力的斗争，“削弱了公民作为‘商品’的身份”(3)，因此使他们去商品化，这是当代福利国家和劳动力市场发展的核心。“如果服务成为一个权力问题，如果一个人不依赖市场也能维持生计”(22)，并因此维持“其生活水平而不依赖纯粹的市场力量”(3)，去商品化便发生了。福利国家和市场是构成性的，国家提供的社会权力改变了劳动力市场中的权力关系，而劳动力市场中的权力关系反过来决定了国家如何行动。

这个主张不仅是深度规范性的——福利国家是工人解放的潜在工具——而且为埃斯平-安德森在不同福利制度之间所做的著名区分提供了政治基础和社会学基础。自由主义世界(包括英美国家)提供的救济很少，产生的去商品化也很少，并鼓励公民依赖市场。相比之下，斯堪的纳维亚的社会民主主义国家产生了大量去商品化，提供慷慨的救济，扩大到各个阶层，挤出市场供应，并在更广泛的劳动力市场上给工人赋权。欧洲大陆的保守主义福利国家(和日本)尽管支出很高，但留意保护特权团体的地位，因此较少去商品化。这一分类法把福利国家千变万化的制度特征(例如，失业、养老和疾病救济)提炼成了有概念内核的聚群，其基础是如何向公民提供社会权力。

国家结构中的这些差别不仅塑造了社会中的资源分配，而且至关重要地塑造了权力的分配。在埃斯平-安德森看来，各个阶级的层化既不是市场不可避免的副产品——不管是从正面还是从负面看——也不是个人的失败，而是随着时间的推移通过政治过程及其福利制度的制度化构建起来的。自由主义世界沿着收入或阶级的界限牢固确立了基于市场的层化。保守主义世界沿着传统身份的界限层化，维持不同群体之间的差别。最后，社会民主主义福利国家弥合社会分隔，促进社会中权力和资源更平等的分配。一旦建立起来，层化的逻辑便嵌入国家和市场中，随着时间的推移而使自身永久存在下去。在欧洲大陆建立福利制度的早期斗争有着持久的影响，整个20世纪30年代和20世纪50年代社会民主主义国家的斗争也是如此，不仅为了建立特定的制度，而且为了工会和雇员的权力而斗争(在不同的群体之间，在政治过程中)。接下来，福利制度联通了过去和现在，给行动者提供(或收回)至关重要的政治资源。

集合起来看，这些主张深刻挑战了早先研究福利国家发展的工作，提供了非线性的对国家和市场的概念化，并在更广泛的意义上提供了对政治和经济制度的非功能主义的、历史的理解。这两个进展之所以可能——实际上影响如此之大，是因为埃斯平-安德森利用了比较历史分析方法。在本书的导论部分，瑟伦和马汉尼认为，比较历史分析的定义性特征涉及对宏观现象和构造现象的研究，利用语境化的案例，研究不断展开的政治或社会过程。而在很多方面，《三个世界》也以这个路径为标志。埃斯平-安德森的主题是先进福利国家的发展，这是民主国家在20世纪定义性的政治创造之一。在审视福利国家的变异时，他创立了一座理论大厦，这座大厦依赖对福利制度的理解，而福利制度是劳工代表、他们的盟友和其他经济精英之间的分配斗争在历史上形成的产物，后者有他们自己的基于未来政治动力学的时间结构。

首先，尽管埃斯平-安德森并不是第一个提出福利国家千变万化的学者，[1]但他的"三个世界"分类法让那些对福利国家的无差别的解释黯然失色，并依然是(正如我在下文证明的那样)一个成果丰硕的分析福利制度的框架。在发展这一分类法的过程中，他做出了一次关键性的分析转变，偏离了更早的工作：把社会支出如何在其结构的基础上实现不同的分配目标这个问题理论化了。在《三个世界》中，埃斯平-安德森对政策变化的讨论混合了对案例的历史分析，利用数量庞大的跨国定量数据，把授权结构与分配结果关联起来。[2] 实际上，《三个世界》明确利用比较历史分析方法少于同时代的其他作品(例如，Baldwin，1990)。斯克鲁格斯和艾伦(Scruggs and Allan，2008)认为，《三个世界》分类法的持久成功，部分原因在于"福利制度的证据(明显)是用社会数据来证实的"。然而，这些数据，以及埃斯平-安德森通过去商品化和层化的概念实现与研究福利国家线性的、无差别的视角更广泛的决裂之所以可能，恰恰是因为他研究的难题和路径利用了与劳工运动和社会民主运动的实际要求的长期结合。

---

1 他的分类法利用了理查德·蒂特马斯(Richard Titmuss，1974)更早的研究，后者做出了类似的区分。

2 埃斯平-安德森利用了作为社会公民指标计划的组成部分的数据，这项计划用数量表示计划权利、慷慨和限制性的方方面面。

埃斯平-安德森更早的工作，无论是与沃尔特·科皮（Walter Korpi）的合作（Esping-Andersen and Korpi，1984），还是他 1985 年的著作《反市场的政治》（*Politics Against Markets*），都把北欧和欧洲大陆的社会民主运动问题化了。这种对处于初期福利制度核心的实际政治斗争的审视，为作为变异的定义性概念的去市场化提供了基础。他在《三个世界》（1990）中有一个著名的陈述："很难想象谁会为了支出本身而斗争。"（21）创立福利制度的政治行动者并不是从原子化的或不相关的角度来思考社会和劳动力市场。实际上，他们大抵是为了重新定义或维护特定的社会和经济权力结构而斗争。为了改变权力关系，也就是说，为了去商品化及随后不同群体之间的层化而参与劳工运动的历史性目标及其保守主义的对等物，使得埃斯平-安德森能够在不同的政策构造之间建立关联，并识别不同制度之间广泛的分配差别。他与那些无差别地看待社会支出的观点的决裂，在基于欧洲政治运动的历史经验对变异的理论化中找到了根据。这个概念基础使他能够发展出一种深刻反映福利国家实际的分类法。

其次，《三个世界》从根本上阻断了对福利制度发展的功能解读的基础性假设。如果说福利制度依赖定性差别——而不只是支出多少，那么，解释它们的发展就需要对变异的非线性理论化。为了解释这一非线性，埃斯平-安德森指向了政治联合的逻辑。他拒绝接受这样一种观念：福利国家要么是资本主义的需要，要么是经济上被决定的民主要求的自动产生的副产品，是与这些马克思主义的观念和"工业主义的逻辑"的决裂。然而，福利国家也不是强大劳工运动的没有差别的产物。相反，他认为，福利国家源自劳工运动和社会民主运动与其他社会行动者的联合（或没能联合）。换言之，它依赖社会群体的历史结盟。

这个主张构成了埃斯平-安德森背离早先工作的第二个关键性的分析转变。资本主义所产生的不平等与民主国家公民的政治平等并没有创造一组单一的压力或随之而来的结果。相反，为了理解这种一般的紧张关系，埃斯平-安德森认为，我们需要审视组织化团体（最重要的是劳工）的权力以及他们所结成的实际历史联合。他声称，"资本主义所产生的阶级分化和不平等是不是能够以及在何种条件下能够被议会民主制所消除"（11），这个问题是福利国家研究中的核心问题。社会的分裂结构并不会自动产生一种特定的政治(选举民主制的要求也并不必然消除某些可能性);相反,去商品化从一些特定的阶级斗争中出现。他写道,并没有"令人信服的理由让我们相信,工人会自动而自然地打造一个社会主义的阶级身份,还有一个观点也似是而非:工人的动员看上去是瑞典特有的"(29)。相反,广泛的去商品化之所以发生在斯堪的纳维亚,是因为工人阶级的代表先是和农业阶级,后是和中产阶级组成了联合。那么,要理解福利制度的起源,就需要关注组成联合的历史过程:"今天支撑几乎所有优秀的政治经济学的比较历史分析方法是揭示变异和可渗透性的方法。"(12)与案例紧密结合,提供了理解福利国家形成机制的一条途径,这恰好是因为这些过程总是出现在特定语境中。

最后,埃斯平-安德森的第三个分析转变由前面两个转变推导而来,在于他对制度本身的理解。在埃斯平-安德森看来,制度是政治创造物,从根本上塑造了社会中的权力分配。它们的作用首先不是为了有效地增强(或抑制)市场,你不可能凭借它们所扮演的功能性角色抽象地理解它们的效应。这些主张发展了制度主义研究议程的洞见,把制度描述为既是特定政治联合的产物,也是随着时间推移复制特定政治生活模式的结构性力量的产物。

于是,《三个世界》提供了告别先前研究的方法论转变和本体论转变。它不仅为思考根源于现实生活的福利制度的千变万化提供了一个框架,而且证明:理解福利国家,既需要从事基于案例的比较——描绘国家与市场之间广泛的宏观构造,也需要历史分析——追踪产生这些制度的斗争。埃斯平-安德森证明,资本主义和民主制的逻辑并不是自动产生再分配或社会福利的逻辑,相反,是行动者的联合为重新分配权力而构建了国家和市场制度,在这样做的时候,他为关于国家的起源、社会层化的效应及制度本身的构建力量的比较政治研究开辟了一系列新的康庄大道。

重新概念化福利国家的起源和特征

在利用和提炼实际的历史要求以定义福利制度的变异上,埃斯平-安德森摒弃了对民主资本主义的本体论的或功能主义的理解。对《三个世界》的第一波回应直接涉及埃斯平-安德森对变异及其政治起源的理解。埃斯平-安德森的有些主张比另外一些主张更好地经受住了这种批评性的审视。然而，归根到底，我认为，他对福利制度的基本分类依然经久耐磨(并且正如下一节所显示的，在分析上也很有用)，而且他把制度理解为可变的、在历史上被塑造的力量，这一理解被证明是成果丰硕的，就连他的批评者们也是基于他与那些更线性地观察福利国家的视角的知识决裂。

《三个世界》中最有影响的部分在于埃斯平-安德森对制度变异的性质和起源所做的理论化。最初很多回应《三个世界》的研究把矛头指向去商品化的概念，它是制度变异的概念基础。正如上文所证明的，去商品化在埃斯平-安德森的工作中扮演了一个关键性的规范角色，它在某种程度上为社会民主主义作为资本主义的一股政治力量提供了辩护。然而，他所定义的这个概念以及它所做的衡量并不总是干脆利落地辨别出福利制度的制度构造。此外，正如埃斯平-安德森所承认的那样，去商品化程度最深的福利制度，即斯堪的纳维亚的那些制度，依赖公民几乎完全参加劳动力大军以维持很高的福利水平(关于这一点，参见 Huo，Nelson and Stephens，2008)。

早期的批评者都痛批这些概念关切，转向沿着另外的路线重新定义福利国家的变异。这项工作同意埃斯平-安德森与看待福利国家的线性视角的根本决裂，但强调福利制度不同的原创性目标——因此还有它的效果。例如，弗朗西斯·卡斯特雷斯和黛博拉·米切尔(Francis Castles and Deborah Mitchell，1991)紧接着《三个世界》写了一本书，书中暗示，聚焦去商品化作为赋权的过程而不是聚焦实际的再分配结果，这是误导。他们转向从其再分配潜力的角度重新概念化福利国家。这一举措把澳大利亚和新西兰与其他“自由主义”福利国家分离开来，但在别的方面证实了最初的聚类，只不过是基于新的理由。另外的工作聚焦赋权规则或财政再分配，而不是聚焦广泛的国家和市场之间的权力关系，暗示还有另外的方式来理解福利制度及其历史起源的维度(有一篇小心细致的评论，参见 Arts and Gelissen，2002)。这些分类学问题涌入了对特定政策领域的研究，一些研究健康医疗及其他服务的学者强调服务提供上体制内的异质性，并质疑去商品化对服务的适用性(例如，Alber，1995；Jensen，2008)。总的来看，这一工作在很大程度上证实了福利国家变异以及——尽管有对一些特定案例的某种分类——斯堪的纳维亚、欧洲大陆、英美福利国家之间广泛的定性区分的基本前提。然而,它所挑战的是这些区分在权力结构分析中的根据,转向主要依靠制度设计基础的区分。

相比之下,女性主义研究直接聚焦权力结构分析作为批评去商品化概念的一个途径。研究性别问题的学者早就指向社会政策在构建性别关系和性别角色上所起的关键作用(例如,Gordon,1990)。这项工作起初利用这些洞见,提供一个对《三个世界》的批评视角。颇有影响的是,奥尔洛夫(1993)认为,埃斯平-安德森去商品化的基本概念无视女性在历史上缺少商品化。这样一来,在通过去商品化的透镜理论化福利制度上,他没能解释政策可能以什么方式通过塑造女性的就业权力并因此塑造她们对男性的相对独立来影响她们。这一批评是一个深刻的批评,因为它挑战了把福利制度定位于资本主义与民主制的交叉上,把对权力不平等的分析带了进来,这种不平等的根源主要不在于市场关系,而在于家庭内部以及家庭、市场和国家之间。

尽管奥尔洛夫对埃斯平-安德森的作品采取批评的立场,但她的批评立足于他的研究计划的某些方面。奥尔洛夫(1993)认为,政策"通过公民的政治斗争及其他斗争来反控制"的潜力是女性主义研究计划的核心。在这一点上,埃斯平-安德森的分析视角尽管本身是有问题的,但提供了一座桥梁,把女性主义研究与有差别的体制轨道联系起来,并因此与政治本身的解放潜力联系起来。实际上,即使去商品化作为一个概念是无视性别的,《三个世界》的聚类也反映在完全不同的有性别的结果上,这一发现促进了一场学术研究的大爆发,把福利制度与女性在劳动力中所扮演的角色(Gornick and Meyers,2003)、孤独父母的幸福(Lewis,1997)和一般意义上的女性的权力(Esping-Andersen,1999;Korpi,2000)联系起来。那么,女性主义批评证实了埃斯平-安德森原创性的福利制度分类法的价值,同时把他的关于制度构造如何构建权力的洞见推向了新的非市场领域。

对埃斯平-安德森的这一批评性回应摒弃了作为福利国家定义性特征的去市场化这个焦点,并指向范围更广泛的源于福利制度的分配结果,与此同时,还引入了一组聚焦劳动力的对福利制度变异的解释。再一次,这一工作接受了埃斯平-安德森对政治制度的线性解释和功能主义解释的摒弃,并以此作为一个起始点,把范围更广泛的行动者及其联合理论化了,这些是社会政策发展的核心。

例如,很多学者认为,福利国家的“宗教根源”就像国家的阶级起源一样重要。凯斯·范·克斯伯根(Kees van Kersbergen,1995)表示,基督教社会思想以截然不同的方式回应资本主义发展所制造的紧张,强调下级组织的作用(例如,家庭和教会)。菲利普·马诺(Philip Manow,2004)发展了这一分析,审视了路德教派和加尔文教派的新教行动者在区分一些很难归类的福利国家,比如荷兰的轨道上所发挥的影响。另一些研究把选举民主制与一般意义上的资本主义之间的关系问题化了(例如,Lynch,2006)。例如,费拉拉(Ferrera,1996)认为,埃斯平-安德森把南欧国家排除在《三个世界》外不只是构成了一个经验盲点,而且漏掉了恩主侍从关系的党派竞争(不是左派的权力资源)在这些工业化较弱的国家如何导致把普遍服务与高度二元化的收入结合起来,从而维持福利。这些研究路径都显示了非市场行动者的历史利益如何也塑造了国家的分配功能。

这场争论有几个重要后果。首先,在埃斯平-安德森的批评者们质疑其很大一部分概念工具的同时,与论述福利国家的线性视角和无差别视角的决裂仍然是他们工作的核心。如果说福利国家不只是关于“支出多少”,而且涉及支出和赋权结构的性质变异,那么,什么构成了这种性质变异的核心的问题就变得重要了。那些聚焦宗教行动者、恩主侍从关系的党派和家庭中的权力动力学(除了政治生活中的其他方面)的人争论如何把政策及其起源的特征概念化。尽管有些学者对围绕福利制度分类的“分类学急剧下滑”持批评态度(Baldwin,1992),但总的来看,这一工作让范围广泛的学者一起参与对话,从而使对先进福利国家的理解更丰富。

其次,在挑战去商品化的逻辑时,这一工作倾向于更多制度的和(除了研究性别的工作)更少社会的福利国家的定义,以及对其起源的更少基于阶级的解释。我将在结论部分更详细地讨论这一点,但在这里值得强调的是,这一举措对研究制度的构建力量的新途径做出了贡献,同时弱化了关于阶级权力的其他争论。

最后,尽管有数不清的文章重新思考制度变异和质疑去商品化的概念,但很多这样的研究极大地凸显了与《三个世界》中类似的制度包和案例分类。后面这一点很重要，这倒不是因为它暗示了埃斯平-安德森关于制度变异的所有方面都毫无差错，而是因为他的分类法依然捕捉到了福利国家变异的关键成分。正如下文所讨论的，对这一分类法的深度回应为那些试图理解制度在面对新压力时的构建力量的人提供了一个框架。

制度作为一个理解变化的框架

在埃斯平-安德森看来，福利制度是过去政治斗争的产物，并至关重要地构造了未来的政治斗争。如果不把其现有结构以何种方式给关键行动者及国家本身提供不同的能力和权力理论化，你就不可能理解福利国家的变化。

然而，正当埃斯平-安德森认为福利制度既构造了福利政治，也构造了制度改变的时候，其他人提出了它们之间的相关性问题。正如夸达尼奥(1987)所证明的，20 世纪 70 年代全球经济的变化开启了新的研究，质疑对 20 世纪 80 年代福利国家发展的马克思主义和自由主义的理解，对 20 世纪 90 年代的经济和政治发展也提出了一些问题，涉及福利政治及一般意义上的福利国家之间不断发展的多样化。当传统的社会裂痕和组织化劳工看上去似乎随着商业和金融利益集团的权力增长而减小时，右翼和左翼的新运动开始出现，很多人指向福利国家起源的政治与围绕经济和社会政策而斗争的利益集团构造之间不断加宽的裂缝。此外，面对不断增长的收入不平等、养老金和失业救济的缩减、公共服务的市场化、激活“重新商品化”的趋势，以及家庭福利一定程度的扩大，学者们进一步追问：那些定义战后福利国家的制度区分在构建政治生活上是否依然相关？

福利制度还继续以埃斯平-安德森所提出的那种方式塑造政治吗？它们还构建适应新压力的模式吗？我们还需要为了理解当代政治经济学而理解制度的历史发展吗？本节我将证明，采用制度路径某些方面的工作，以及——正如我将在下一节证明的——表面上摒弃这一路径的工作，都证实了福利制度在变化模式和社会经济结果上留下了一笔丰厚的结构遗产。然而，为了《三个世界》中所假设的复制而审视制度机制，这样的研究产生了更加模棱两可的证据。在试图把制度复制的方式——它超出了埃斯平-安德森对群众态度和阶级权力的强调——理论化的过程中，对福利制度的研究极大地发展了而不是否认了下面这个主张：关注制度的历史结构及植入的权力动态，对于当代福利改革的政治很重要。这些主张之所以重要，是因为它们暗示了：不断改变的结构性经济力量并没有避开对制度的历史发展的关注；相反，这一路径对于理解国家如何经受新的结构性经济压力以及回应这些压力的行动者的能力和利益依然很重要。

很多关注现今福利国家及其经济结果的人注意到不同国家之间不断加深的分歧（例如，Pontusson，2005）。表 3.1 大致呈现了这一动态，根据福利国家成效的几个说明性指标显示了不同福利制度之间正在发生的变异。平均起来，社会民主主义制度继续花更多的钱、社会计划更慷慨、工会更强大、不平等程度更低，而自由主义制度往往公共支出更少、社会计划更小气、工会化程度更低、更加不平等。诚然，在每个集团内部都有很多变化（Ahlquist and Breunig，2012），但各国之间的差别依然重要。

表 3.1　　各个不同福利体制结果的变化

	福利慷慨度		公共社会支出占 GDP 的百分比		税后/转移支付基尼系数		工会密度	
	1980 年	2000 年	1980 年	2000 年	1980 年	2000 年	1980 年	2000 年
澳大利亚	21.1	21.2	11.51	17.04	—	0.32	48.5	21.3
加拿大	25.9	25.9	16.11	17.21	0.29	0.32	34.71	29.99
爱尔兰	25.8	34.5	18.42	16.71	—	0.31	55.45	34.5
日本	24.3	25.3	11.07	18.46	0.30	0.33	28.93	19.36
新西兰	21.41	22.2	21.6	18.14	18.81	0.27	0.33	58.6
英国	28.9	27.8	18.37	20.45	0.31	0.34	47.59	28.23
美国	12.14	21	21.3	13.39	16.24	0.34	0.37	22.1
平均	**24.2**	**25.4**	**15.29**	**17.85**	**0.30**	**0.33**	**42.79**	**25.49**
奥地利	31.8	34	23.05	27.16	—	0.26	52.13	32.8
比利时	39.3	41.1	25.29	26.56	—	0.27	52.28	51.83
法国	37.2	37.8	23.86	29.82	—	0.29	14.39	7.82
德国	35.8	33	22.53	26.71	0.25	0.28	34.23	21.73
意大利	25.7	29.3	20.35	24.74	0.28	0.32	43.72	33.9

续表

	福利慷慨度		公共社会支出占 GDP 的百分比		税后/转移支付基尼系数		工会密度	
	1980 年	2000 年	1980 年	2000 年	1980 年	2000 年	1980 年	2000 年
瑞士	36.3	36.9	14.53	19.10	—	0.30	—	—
平均	**34.4**	**35.4**	**21.60**	**25.68**	**0.27**	**0.29**	**39.35**	**29.62**
丹麦	39.1	34.8	24.37	27.54	0.22	0.24	77.88	71.19
芬兰	32.8	34.1	21.19	25.68	0.21	0.25	69.9	71.83
荷兰	37.8	38.1	25.37	21.01	0.28	0.29	28.84	21.04
挪威	41.1	42.8	19.38	22.06	0.22	0.26	57.51	54.4
瑞典	45.6	38.4	28.64	28.80	0.20	0.25	81.05	74.59
平均	**39.3**	**37.6**	**23.79**	**25.02**	**0.23**	**0.26**	**63.04**	**58.61**

资料来源：福利慷慨度、工会密度和支出都是十年平均数，分别来自 Scruggs et al.（2013），Visser et al.（2011）和 Organisation for Economic Co-operation（2013a）。基尼系数的数据来自 Organisation for Economic Co-operation（2013b），代表十年中期估值。

是什么解释了各个国家在面对上述结构性压力时表现出这些日益加深的差别呢？在《三个世界》中，埃斯平-安德森假设，国家-市场制度一旦建立，其本身便通过两个关键性的政治机制局限于它们自己的轨道，这两个机制是：它们塑造了选举以支持国家的结构，它们塑造了左翼的结构性权力（组织化劳工和社会民主主义政党）。

在《三个世界》中，埃斯平-安德森的选举论据虽然重要，但是推测性的。他认为，社会民主主义福利制度包含广泛的结构，将培养公众对国家的支持并缓和阶级冲突，因此让它们出手大方的结构将永久存在下去，而自由主义福利国家则产生更低的支持水平，以及不同群体之间更广泛的冲突。然而，当研究者转而仔细审视这些主张时，他们发现群众态度的模式更加复杂。史蒂芬·斯瓦尔福斯（Stefan Svallfors，1997）对 8 个国家的公共舆论做了一项颇有影响的研究，试图评估公众对国家支持的差别，以及阶级/收入在塑造偏好上的整体特点的差别是不是随着制度的不同而千变万化。对于前一种差别，他找到了证据，对后面的则没找到——这一发现本身刺激了许多研究，探究福利制度是不是构造了典型的态度、态度的分布、阶级和收入的显著特点以及对不同道德标准的使用,并再次产生一些良莠不齐的发现(有一篇评论,参见 Svallfors,2010)。此外,另一项研究福利国家的工作提供了貌似有理的另类解读,认为偏好的变化导致政策结构的变化,反之并不亦然(Brooks and Manza,2007)。没有出现明显的证据支持埃斯平-安德森更新的假设:态度分歧是为了回应后工业化的压力,例如,斯堪的纳维亚国家公共部门与私人部门的工人之间,欧洲大陆国家内部人与外部人之间,或自由主义世界的不同阶级之间(Svallfors,2010)。这项研究提出了一些问题,涉及围绕国家及制度复制根源——如果真有什么根源的话——所产生的政治群星的性质。

然而,在埃斯平-安德森看来,制度复制并不只是通过选举机制发挥作用。他强调至关重要的制度化的团体权力,尤其是社会民主主义党派和组织化劳工。专门审视这一动态的研究工作产生了更多直接政治反馈的证据。例如,科皮和帕尔梅(Korpi and Palme,2003)对福利缩减的研究证明,工会和左翼政党的"权力资源"在艰苦时期仍然重要。他们认为,各个先进福利国家大规模失业的增长制造了削减支出的压力(参见下文),现有的制度在抵制削减中塑造了一系列阶级利益和权力。

然而,这些工作也提出了一些问题。如果说制度结构主要是通过其对左翼权力的影响来改变,那么,那些左派弱势的国家为什么就没有更激进地改变政府呢?那些左派强大的国家为什么就彻底改革了呢?为了回应这些问题,皮尔森对福利国家的削减支出(1996,2001)及更一般的路径依赖逻辑(2004)的理论化作为对制度复制的强有力的另类理论化而出现。

皮尔森至关重要的洞见:先进福利国家所面临的不断增长的经济压力和人口压力并不会自动地转变为对削减福利的要求;实际上,结果完全相反。皮尔森认为,随着福利国家的发展,它们既创造了很高的变革成本,也动员了利益集团和全体选民试图保护它们。要理解削减(或不削减)的难题,需要历史分析,但目标不是要准确描绘广泛的阶级(或其他)利益的宏观构造如何变得制度化,并通过劳动力市场和政治结构使自己永久存在下去,而是要关注政策以何种方式创造了它自己的变革和赋权保护利益集团的制度成本(或机会),这些措施可能会消除这些基本的政治斗争。皮尔森的工作把焦点从通过左派权力实现制度复制转到了一切政策以何种方式通过制度成熟来创造一个截然不同的政治逻辑。

皮尔森的主张被证明在很多方面颇有影响，开启了大量研究，试图把先进福利国家变化的性质理论化（例如，Green-Pedersen，2004），并审视传统的民主代表——工会和政党——和“新的”行动者在塑造福利国家改革上所扮演的相关角色（例如，Huber and Stephens，2001；Korpi and Palme，2003）。这项工作尽管很有影响，但对皮尔森（2001）和利用其成果的学者们来说，“旧的”和“新的”政治之间的界线很快就变得模糊了。

为了解释表3.1所勾画的动态——此表显示了正在进行的国家和制度变化的轨道，皮尔森和埃斯平-安德森的联合贡献被证明是成果丰硕的。很多研究工作表明，制度包就是按照他们的复制逻辑千变万化，制度遵循截然不同的路径（正如埃斯平-安德森所暗示的），但是，这种复制的发生并不仅仅通过左派的权力，而且源自“新的”政治机制（正如皮尔森所暗示的）。这项工作显示了国家结构怎样塑造了国家如何经受新的压力，以及改革过程中范围广泛的行动者的权力和能力如何致力于解决这些压力。

例如，艾弗森和雷恩（Iversen and Wren，1998）关于“服务型经济的三难困境”的经典论证审视了后工业化经济中对新的平衡的政治回应这个难题。艾弗森和雷恩认为，服务型经济的兴起迫使生产力发展总体减缓，使得政策制定者很难同时维持高水平的就业、工资平等和财政纪律。然而，不同政治类型（与《三个世界》相一致）的政策制定者在面对这些压力时基本上做出了不同的权衡：社会民主党人通过庞大的预算来保护工资平等和就业，从而把调整的成本内部化；基督教民主党人试图维护平等和财政纪律，同时允许失业不断增长；自由主义政治家允许工资不平等不断加深，同时维持财政纪律。现有制度结构塑造了新兴服务部门所产生的压力以何种方式被体验，政治行动者——这里是指政治党派——的利益和能力在什么条件下对这些压力做出回应。

对欧洲大陆国家福利改革的研究发展了这些洞见。整个20世纪90年代和21世纪初期，很多大陆国家的失业率（和就业率）低于其他工业国家，然而，对这些失业的政治回应似乎是无力的。在试图解释这一表面上低效的停滞上，埃斯平-安德森对制度变异的理解被证明是颇有影响的。埃斯平-安德森

(1999)把大陆国家"没有工作的福利"这一组合诊断为其福利制度的产物,即其维持现状的福利推高了劳动成本,并使长期很低的劳动力参与率永久存在下去。另一些人发展了这些主张。例如,戴维·鲁埃达(David Rueda,2007)认为,这些国家的经济结构使劳动力市场的内部人(工作岗位受到保护)和外部人(缺少强有力的保护)在经济体内分层化,同时在政治体制内给内部人赋权,结果,即使在面对低效时也保持了政治的连续性。

随着学术研究从欧洲大陆国家的停滞转向理解变革的动态,特别是诸如劳动力市场更大的活跃性、削减养老金和扩大家庭救济这样的变革,看上去似乎与传统的制度结构对着干,这项研究继续强调广泛福利制度至关重要的构建力量(例如,Palier,2010)。例如,西里娅·豪瑟曼(Silja Häusermann,2010)对大陆国家养老金改革的分析显示,这样的改革常常把削减传统工人的养老金与扩大"外部人"(特别是女人)的福利结合起来。尽管这似乎与"保守主义的"福利逻辑决裂,但豪瑟曼认为,现有制度结构创造了一个特殊的联合空间,创造了政治行动者(不只是劳工)的合作机会,并形成了这些多层转变。

整个20世纪90年代和21世纪初期,大陆福利国家的设计似乎是为了促进高失业率和低活跃率之"恶",而社会民主主义福利国家似乎在一个日益全球化的体制中为民主之"善"提供了强有力的辩护。斯堪的纳维亚福利国家的学者审视了现有制度结构如何使这些国家避开失业与不平等之间所谓的利弊权衡(Pontusson,2005)。再一次,这一研究凸显了社会民主主义国家的制度包以何种方式造就了这些国家经受新压力的方式。例如,艾弗森和史蒂芬斯(2008)认为,促进一般技能的获取作为增强劳动力市场平等的一种手段的制度使得社会民主主义国家能够转向高工资、高失业的服务型经济。与此同时,这些制度授权"老的"和"新的"政治行动者(包括工会和组织化劳工)捍卫国家的再分配能力(Korpi and Palme,2003)。

总的来看,这项研究提供了强有力的证据,证明了福利制度继续有一种构建力量。这种构建力量并不完全通过埃斯平-安德森所提出的那些机制运转,但它依然是制度性的。我们看到,制度造就了问题出现和政治行动者回应的方式。因此,关注制度的广泛结构以什么方式塑造改革路径对于理解变革至关重要。

反市场的政治?

正如上文所证明的,埃斯平-安德森把福利制度描绘为特定行动者的联合所创造的制度的宏观构造,它们反过来把塑造后续政治的特定权力结构制度化了。本章前面两节证明,这些主张在说明福利制度如何运转、它们的起源以及它们对后续政治的构建力量上是强有力的,然而,很多人继续探究一般的民主过程之间的结构关系。

在最后这一节,我将审视两条路径,它们接受了埃斯平-安德森对分配制度、民主和资本主义之间的理论兴趣,但其方法从根本上挑战了埃斯平-安德森核心的本体论主张:从更多功能主义、更少本体论的角度重新思考制度,或者,从更少制度、更多结构的角度重新思考经济冲突。在本节,我将证明,这些视角在试图解释实际社会政治及经济结果的变异时,在某些方面(尽管并非全部)回到了埃斯平-安德森的洞见:强调非线性的和构造的结果,以及历史上形成的制度在塑造这些结果上所起的作用。这些转变并没有暗示埃斯平-安德森在如何理解当代福利政治上完全正确,而是说,它们凸显了关注历史的过程、制度的构建力量和国家的构造特性在理解当代分配结果上的重要性。

对《三个世界》的最实质性的挑战之一来自资本主义的多样性(VoC)方法(Hall and Soskice,2001)。像《三个世界》一样,VoC利用来自奥利弗·威廉姆森(Oliver Williamson,1985)和道格拉斯·诺斯(Douglass North,1990)的制度理论化,从制度在克服企业之间各种不同的协调问题上所发挥的功能角色的角度来理解制度。对VoC研究者来说,制度——包括福利制度——主要服务于解决劳动者和雇主在劳动力市场上所面对的集体行动问题。这种对生产者协调的强调导致VoC研究根据协调的程度把两种(而不是三种)类型的经济孤立起来:自由市场经济和协调市场经济。更重要的是,它从制度在塑造企业协调上所发挥功能的角度看待国家制度,沿着这些路线的研究工作实质性地挑战了埃斯平-安德森从历史和分配的角度理解福利国家的工作。例如,伊莎贝拉·马雷斯(Isabela Mares,2003)和斯温森(2002)认为,社会政策在重塑社会风险的过程中,服务于企业的需要,因此其在很大程度上是为了回应雇主的需要而出现的。

然而,随着这一研究议程的发展,它也提出了一些问题,涉及处于VoC研究核心的那些生产性制度类型与跟福利国家相关联的再分配制度之间的"选择性亲和关系"(elective affinity)。在试图进一步拆开这些联系的过程中,VoC研究重新涉及了埃斯平-安德森的工作的两个方面:强调历史上构建的分配冲突的构造作用,以及把国家分为与《三个世界》类似的三个集团。

托尔本·艾弗森(Torben Iversen)和戴维·索斯基斯(David Soskice)的工作回到了"资本主义、民主制和福利之间的关系"这个基本问题(这是艾弗森于2005年出版的那本书的标题)。艾弗森(2005)认为,传统的"反市场的政治"研究路径不能解释福利国家与资本主义根本上的兼容性。然而,VoC的制度构造也需要选举关联(electoral articulation),正如它在再分配方面牢牢扎根于民主政治的领域。在一系列文章中,艾弗森和索斯基斯(2001)首先把选民对再分配的偏好理论化为其技能组合的功能(这部分源自他们置身其中的经济体的类型),然后转向了选举制度以什么方式把这些偏好聚合为争取再分配的全国性政治联合(Iversen and Soskice,2006),最后,在对不同形式的资本主义的历史要求中向内发展这些制度(Iversen and Soskice,2009)。这一分析本身与以劳动力为中心的福利国家的解释形成鲜明对照,强调结构性的经济(而非政治)力量。然而,在为理解不同分配结果而发展一个历史上构建的框架时,艾弗森和索斯基斯以修改的形式采用了《三个世界》的案例分类和方法的某些方面。[1] 要理解今天的分配结果,需要一种历史的(即便是结构的)关联。

瑟伦的工作在一个不同的方向上接受了VoC研究。瑟伦注意在类似的VoC中从平等和就业的角度解释不同的结果。瑟伦(2014)认为,"协调"资本主义与"平等主义的"资本主义之间的关联并不是自动的。尽管跨阶级协调被证明随着时间的推移而变得非常稳定,但产生(相对)工资平等的那些制度

1 马丁和斯旺克(Martin and Swank,2012)最近在研究雇主协调的起源的工作时进一步分解了协调市场经济(CME),以区分斯堪的纳维亚国家的"宏观社团主义"体制与德国的"部门"协调,以及自由市场经济(LMEs)。

并非如此。为了理解为什么会这样，她审视了某些制度如何促进在面对自由化时保护平等的包罗广泛的联合，而另外一些制度则促进更狭窄的联合，保护协调，允许其平等主义的效应衰弱下去。尽管瑟伦(2014)的工作强调在制度上形成的生产者团体之间的跨阶级协调在影响这些轨道上的作用，但她的工作把 VoC 分解为 3 个调整轨道，与《三个世界》严丝合缝，并更一般性地与强调不同历史发展的对经济制度的功能主义解释彻底决裂(还可参看本书第 7 章)。瑟伦——在某种程度上还包括艾弗森和索斯基斯——的研究显示，VoC 学者转向了理解分配冲突，他们还转向了在历史上更多变的、政治的(而不是功能的)对制度的理解。

相比之下，近来有一大批研究工作从分配冲突的一个核心难题开始——我们应该如何理解所有先进政治经济体都倾向于日益增长的不平等水平这个总体趋势，以及各经济体在这一趋势的程度上千变万化——转向演绎和形式推理，而不是历史推理。尽管日益增长的不平等所提出的问题表面上是比较问题和时间问题，但它们变得更加令人困惑，因为当前趋势似乎是反驳要求再分配的核心演绎模型中的核心主张，尤其是梅尔泽和理查德(Meltzer and Richard，1981)发展出来的主张，认为公民应当通过要求更多的再分配对日益增长的不平等做出反应。

为了理解选民们为什么似乎并不要求再分配，即使当我们预期他们这样做的时候(即当不平等程度很深时)，最近有很多研究转向了微观层面，试图理解个人物质利益的其他方面如何推动对社会政策的要求。起初，很多这种“微观层面的”理论化并没有明确考察制度或时间上受限制的过程在形成冲突上所发挥的作用。例如，雷姆、哈克尔和施莱辛格(2012)认为，要理解人们对福利国家的态度，就需要审视要求国家扮演再分配的角色和保险的角色同时存在。当风险暴露和收入水平跨部门(即并不是影响相同的群体)时，公民更有可能支持范围广泛的再分配，而不是风险暴露和收入水平共变。这一工作的理论焦点在于经济结构和个人对再分配的偏好之间的关联(还可参看 Lupu and Pontusson，2011)。

尽管最近微观层面的理论化趋势对不平等与民主之间关系的理解倾向于结构的(而不是宏观史的)，但这些论证常常比它们第一眼看上去的更加具有历史性,也确实得出了熟悉的结论。这一研究识别出的结果模式常常与基于制度的研究所识别出的结果模式类似——斯堪的纳维亚国家再分配更多,大陆国家则更少,英美国家变得越来越不平等。例如,安塞尔(Ansell,2008)认为,高等教育支出有不同类型的再分配效应,基于现有入学人数,政治党派基于其政策语境在不同时间和空间赋予其不同的优先权。结果是高等教育变革的三种模式,与《三个世界》平行,即使这一分析并非用这些术语打造。然而,为了以一种非制度分析的方式来解释这些构造,这一研究利用了交互式论证。例如,就业风险的分配,其重要性依据收入分配而不同,不断增长的不平等所产生的要求依据其结构而不同,党派动员依据选举体制和不断增长的不平等而不同,诸如此类。即使避开了那些术语,这些条件论证也带回了早期制度导向研究的一些成分。

结果是以某种方式回到了使用个体层面所要求的制度结构。首先,在从偏好转向突出政治的要求时,这一研究往往强调选举制度及其他政治制度的构建作用。例如,安德森和贝拉门迪(Anderson and Beramendi,2012)认为,不断增长的不平等对动员低收入选民的影响依据不同的选举体制而有所不同,形成了不同的出席水平,并影响依据不同类型国家而本质上千变万化的致力于解决不平等的下游后果。其次,越来越多地关注微观偏好本身,这些偏好一定程度上是过去的经济制度和福利制度内生的,在偏好产生的因果链上向后回溯(例如,Iversen and Soskice,2001,2006 的早期讨论,Lupu and Pontusson,2011)。

上述讨论并不打算证明:埃斯平-安德森的工作预示了早期 VoC 研究或最近对再分配要求的理论化所提出的那些洞见。然而,三重分类法的相关性,以及其赖以构建的更一般的比较历史分析方法都是很显著的。试图把制度从有冲突的政治动态中抽离出来,或者试图把有冲突的政治动态从制度中抽离出来,都是在一定程度上回到更有历史依据地把制度理解为它们试图致力于范围更广泛的分配结果。实际上,它的方法——以及在更宽泛的本体论意义上致力于理解跨时构建的制度的宏观构造——非但没有让比较历史分析方法黯然失色,相反,其对于理解收入分配、福利变革及国家与经济之间关联的当前问题依然是基本的。

结 论

本章力图证明，埃斯平-安德森的原创性洞见之所以有如此深远的影响，是因为它们利用了历史比较，以提供能产生深度共鸣的对国家制度中政治上构建的变异的概念化。这一概念化，尽管并非无可指摘，但依然持续捕捉到当代社会政策的关键特征。研究福利国家的起源和效应的工作建立在埃斯平-安德森下面这个基本主张的基础上：福利国家的结构是多变的和多面的，并且，这项工作常常继续以埃斯平-安德森描述它们的方式把福利国家概念化。此外，尽管“三个世界”肯定有所改变，但其核心制度包继续深度构建福利国家改革和一般意义上的分配结果的政治。表 3.2 总结了本章的主要论点以及那些利用埃斯平-安德森的工作的研究轨道。

表 3.2　　比较历史分析与《福利资本主义的三个世界》

《三个世界》的核心主张	与比较历史分析的关联	更广泛的研究遗产
有千变万化的福利体制，它们在支出的水平、类型以及与劳动力市场制度的关联上都有所不同	广泛基于国家的制度构造塑造结果	审视福利包及其他制度就其再分配能力、性别关系、年龄结构及其他特征而言如何千变万化 审视制度包如何塑造政治行动者的调整模式、平衡以及回应非工业化国家预算、全球化、不断改变的技能结构、不断增长的男性劳动力比例和家庭改变的经济和社会压力的能力
福利体制是源自跨阶级政治同盟的政治创造	与具体历史案例中劳工运动和政治党派的要求结合	审视非阶级行动者的历史作用，这些行动者包括宗教团体、企业、被动员起来的风险团体、妇女和建立在恩赐基础上的政治党派 审视围绕国家而组成的不断改变的政治同盟，特别是劳动力市场的内部人
福利体制是历史的产物，并通过塑造政治过程中的选举支持和集团权力来构建未来的政治	时间维度	探询福利体制是不是对民众的态度和群体的力量做出反馈，在“新”的政治力量与老的基于阶级的行动者和党派之间架通桥梁的工作；更晚近的研究审视劳动力市场及其他制度的构造如何一起塑造变革

这里所证明的既不是埃斯平-安德森独自一人，也不是使用比较历史分析方法的分析家单打独斗地揭示了制度的历史发展或其结构作用的动态。正如这里的讨论所显示的，在表 3.2 的研究轨道下所总结的，这一领域的很多进展来自截然不同的方法论途径。然而，至关重要的是，埃斯平-安德森利用比较历史分析的核心特征所发展出来的洞见开辟了一条促进各个不同类型分

析方法协同合作的研究轨道,最终在推进福利国家研究上成果丰硕。

埃斯平-安德森的分类法及其将近四分之一个世纪后的持续相关性并不表明埃斯平-安德森在1990年理论化的那些构造严丝合缝地构建了2015年的政治。国家、国家在经济中所扮演的角色及其背后的政治联合都改变了。相反,埃斯平-安德森的成功所显示的是比较历史研究对于理解大规模政治现象有着深远的重要意义。尽管很多人试图以这些研究议程——在埃斯平-安德森之前和之后——发展起来的抽象的、演绎的和功能主义的方式来理解福利国家的再分配、劳动力市场和制度,但他们经常回到对民主政治和资本主义的理解,这些在很大程度上是非线性的、政治的和历史上创造的。于是,埃斯平-安德森的研究的知识轨道暗示了为致力于解决今天的一些最重要的问题,与其核心的本体论和方法论主张重新建立联系的重要性。在此我提出三条简捷的途径。

首先,新的数据越来越把自由主义国家(及其他地方)不断增长的不平等与收入最高群体工资的急剧增长关联起来。尽管管理人员补贴、金融部门崛起和对特定形式的人力资本的回报是这一不断增长的不平等的近因,正如哈克尔、皮尔森和瑟伦(本书第7章)所述,这样的市场变化几乎不是准政治性的,即使它们没有经过立法。在这一语境中思考国家-市场关系,《三个世界》是不是继续提供知识传统,需要分析。解除管制的很多下游含义,税收政策的改变,以及诸如此类,都是《三个世界》出版很久之后才出现的。实际上,正如哈克尔和皮尔森(2011)所证明的,在今天的经济中,管制者和收税官在办公室以及会议室里做出的选择和那些围绕替换率和健康支出而战斗所争取到的选择一样重要。然而,要理解这些改变的原因和后果,需要在管制制度、金融制度和福利制度与围绕它们的政治冲突之间建立广泛的关联,比较历史分析特别适合承担这项任务。

其次,最近这些年的很多研究在探寻我们是不是正在见证"阶级政治的终结",投票中的阶级显著度有所减少,工会的力量不断下降,跨阶级选民有了新的价值导向。然而在很多国家,社会流动性依然很低,社会经济背景继续对每一件事情发挥重要的构建力量——从教育成就到死亡率。在某些地方,这些问题已经政治化了,在另外一些地方则没有。正如上文所述,近来的行为研究聚焦经济风险、财富和技能如何塑造公民的偏好，这对我们认识公民态度不断改变的结构性因素做出了贡献。然而，阶级作为一个概念，总是比经济结构与偏好之间的关联包含更多东西，靠着这个方式，团体及其他行动者塑造并政治化经济体验。比较历史分析（不只是对福利国家的研究）的一个核心洞见：阶级关系、联合和权力是历史决定的，并以多种方式塑造。我在前面已经证明，最初对埃斯平-安德森的很多反应常常采用其制度框架来排除其社会学基础。回归这一研究传统的某些基本主张，审视社会网络、团体和党派如何动员阶级行动者并把不平等和社会体验的问题政治化依然很重要。

最后，最近的很多研究试图追踪财富与权力之间的关联，提出了一些基本问题，涉及政治家究竟代表谁、福利改革的政治责任的性质，以及对当代政治经济学的影响的理论化。学术研究在政治家究竟是代表广泛的公民群体还是主要代表组织化的和富有的群体这个问题上产生了分歧。埃斯平-安德森的工作，以及那些在此基础上进行构建的人们的工作有一个非常规范的主张——理解民主政治如何为那些在经济中缺乏权力的人提供一条通向权力的途径并在这样做的过程中提供在经济本身中重塑权力的途径。一些更边缘化的群体（不管是按照收入、风险、种族、移民身份还是其他特征来定义）或一般意义上的公民在什么样的条件下能够发挥影响力，以及在什么时候发挥影响力，这些问题都至关重要，可能需要审视那些促进不同影响力和响应力的制度。

在回答这些问题的过程中，当代学者可以利用《三个世界》中的理论主张，或者使之相形失色。然而，这些宽泛的问题指明了道路，我们可以沿着这些道路去理解现代福利国家的动态，以及它们在塑造市场和政治上所起的更广泛的作用，并且很可能需要案例比较和历史的参与。

参考资料

Ahlquist, John and Christian Breunig. 2012. "Model-Based Clustering and Typologies in the Social Sciences." *Political Analysis* 20(1):92—112.

Alber, Jens. 1995. "A Framework for the Comparative Study of Social Services." *Journal of European Social Policy* 5(2):131—149.

Anderson, Christopher J. and Pablo Beramendi. 2012. "Left Parties, Poor Voters, and Electoral Participation in Advanced Industrial Societies." *Comparative Political Studies* 45(6):714—746.

Ansell, Ben W.. 2008. "University Challenges: Explaining Institutional Change in Higher Education." *World Politics* 60(2):189—230.

Arts, Wil and John Gelissen. 2002. "Three Worlds of Welfare Capitalism or More? A State-of-the-Art Report." *Journal of European Social Policy* 12(2):137—158.

Baldwin, Peter. 1990. *The Politics of Social Solidarity: Class Bases of the European Welfare State, 1875—1975*. Cambridge: Cambridge University Press.

Baldwin, Peter. 1992. "The Welfare State for Historians. A Review Article." *Comparative Studies in Society and History* 34(4):695—707.

Brooks, Clem and Jeff Manza. 2007. *Why Welfare States Persist: The Importance of Public Opinion in Democracies*. Chicago: University of Chicago Press.

Castles, Francis Geoffrey and Deborah Mitchell. 1991. *Three Worlds of Welfare Capitalism or Four?* Luxembourg Income Study Working Paper Series No. 63. Luxembourg: LIS Cross-National Data Center.

Esping-Andersen, Gøsta. 1985. *Politics Against Markets: The Social Democratic Road to Power*. Princeton, NJ: Princeton University Press.

Esping-Andersen, Gøsta. 1990. *The Three Worlds of Welfare Capitalism*. Princeton, NJ: Princeton University Press.

Esping-Andersen, Gøsta. 1999. *Social Foundations of Postindustrial Economies*. Oxford: Oxford University Press.

Esping-Andersen, Gøsta and Walter Korpi. 1984. "Social Policy as Class Politics in Post-War Capitalism: Scandinavia, Austria, and Germany." In *Order and Conflict in Contemporary Capitalism*, edited by John Goldthorpe. Oxford: Oxford University Press.

Ferrera, Maurizio. 1996. "The 'Southern Model' of Welfare in Social Europe." *Journal of European Social Policy* 6(1):17—37.

Gordon, Linda. 1990. *Women, the State and Welfare*. Madison: University of Wisconsin Press.

Gornick, Janet C. and Marcia Meyers. 2003. *Families that Work: Policies for Reconciling*

Parenthood and Employment. New York: Russell Sage Foundation Publications.

Green-Pedersen, Christoffer. 2004 . "The Dependent Variable Problem within the Study of Welfare State Retrenchment: Defining the Problem and Looking for Solutions." *Journal of Comparative Policy Analysis: Research and Practice* 6(1): 3—14.

Hacker, Jacob and Paul Pierson. 2011. *Winner-Take-All Politics: How Washington Made the Rich Richer and Turned Its Back on the Middle Class*. New York: Simon and Schuster.

Hall, Peter A. and David W. Soskice. 2001. *Varieties of Capitalism: The Institutional Foundations of Comparative Advantage*. Oxford: Oxford University Press.

Häusermann, Silja. 2010. *The Politics of Welfare State Reform in Continental Europe: Modernization in Hard Times*. New York: Cambridge University Press.

Huber, Evelyn and John D. Stephens. 2001. *Development and Crisis of the Welfare State: Parties and Policies in Global Markets*. Chicago: University of Chicago Press.

Huo, Jingjing, Moira Nelson and John D. Stephens. 2008. "Decommodification and Activation in Social Democratic Policy: Resolving the Paradox." *Journal of European Social Policy* 18(1): 5—20.

Iversen, Torben. 2005. *Capitalism, Democracy, and Welfare*. New York: Cambridge University Press.

Iversen, Torben. 2010. "Democracy and Capitalism." In *Oxford Handbook of the Welfare State*, edited by Frances Castles, Stephen Liebried, Jane Lewis, Herbert Obinger and Christopher Pierson, 183—196. Oxford: Oxford University Press.

Iversen, Torben and David Soskice. 2001. "An Asset Theory of Social Policy Preferences." *American Political Science Review* 95(4): 875—893.

Iversen, Torben and David Soskice. 2006. "Electoral Institutions and the Politics of Coalitions: Why Some Democracies Redistribute More Than Others." *American Political Science Review* 100(2): 165—181.

Iversen, Torben and David Soskice. 2009. "Distribution and Redistribution: The Shadow of the Nineteenth Century." *World Politics* 61(3): 438—486.

Iversen, Torben and John D. Stephens. 2008. "Partisan Politics, the Welfare State and Three Worlds of Human Capital Formation." *Comparative Political Studies* 41 (5): 600.

Iversen, Torben and Anne Wren. 1998. "Equality, Employment and Budgetary Restraint:

The Trilemma of the Ser vice Economy." *World Politics* 50(4):507—546.

Jensen, Carsten. 2008 . "Worlds of Welfare Services and Transfers." *Journal of European Social Policy* 18(2):151—162.

Korpi, Walter. 1983. *The Democratic Class Struggle. London*: Routledge & Kegan Paul.

Korpi, Walter. 2000. "Faces of Inequality: Gender, Class, and Patterns of Inequalities in Different Types of Welfare States." *Social Politics: International Studies in Gender, State & Society* 7(2):127—191.

Korpi, Walter and Joakim Palme. 2003. "New Politics and Class Politics in the Context of Austerity and Globalization: Welfare State Regress in 18 Countries, 1975 — 1995." *American Political Science Review* 97(3):425—446.

Levy, Jonah. 1999. "Vice into Virtue? Progressive Politics and Welfare Reform in Continental Europe." *Politics and Society* 27(2):239—273.

Lewis, Jane, ed. 1997. *Lone Mothers in European Welfare Regimes: Shifting Policy Logics*. London: Jessica Kingsley.

Lupu, Noam and Jonas Pontusson. 2011. "The Structure of Inequality and the Politics of Redistribution." *American Political Science Review* 105(2):316—336.

Lynch, Julia. 2006. *Age in the Welfare State: The Origins Of Social Spending On Pensioners, Workers and Children*. New York: Cambridge University Press.

Manow, Philip. 2004. *The Good, the Bad and the Ugly: Esping-Andersen's Regime Typology and the Religious Roots of the Western Welfare State*. MPifG Working Paper. No. 4/3. Cologne: Max Planck Institute for the Study of Societies.

Mares, Isabela. 2003. *The Politics of Social Risk: Business and Welfare State Development*. Cambridge: Cambridge University Press.

Marshall, Thomas H. 1964. *Class, Citizenship and Social Development*. New York: Doubleday.

Martin, Cathie Jo and Duane Swank. 2012. *The Political Construction of Business Interests: Coordination, Growth, and Equality*. Cambridge: Cambridge University Press.

Meltzer, Allan H. and Scott F. Richard. 1981. "A Rational Theory of the Size of Government." *Journal of Political Economy* 89(5):914—927.

North, Douglass C.. 1990. *Institutions, Institutional Change and Economic Performance*. Cambridge: Cambridge University Press.

Offe, Claus. 1982. "Some Contradictions of the Modern Welfare State." *Critical Social Policy* 2(5):7—16.

Organization for Economic Co-operation and Development. 2013a. *Income Distribution and Poverty Database*. Paris:OECD.

Organization for Economic Co-operation and Development. 2013b. *Social Expenditures Database*. Paris:OECD.

Orloff, Ann Shola. 1993. "Gender and the Social Rights of Citizenship: The Comparative Analysis of Gender Relations and Welfare States." *American Sociological Review* 58 (3):303—328.

Orloff, Ann Shola and Theda Skocpol. 1984. "Why Not Equal Protection? Explaining the Politics of Public Social Spending in Britain, 1900—1911 and the United States, 1880s—1920." *American Sociological Review* 49(6):726—750.

Palier, Bruno, ed. 2010. *A Long Goodbye to Bismarck?: The Politics of Welfare Reform in Continental Europe*. Amsterdam: Amsterdam University Press.

Pierson, Paul. 1996. "The New Politics of the Welfare State." *World Politics* 48(2): 143—179.

Pierson, Paul. 2001. *The New Politics of the Welfare State*. Oxford: Oxford University Press.

Pierson, Paul. 2004. *Politics in Time: History, Institutions and Social Analysis*. Princeton, NJ: Princeton University Press.

Polyani, Karl. 1944. *The Great Transformation*. New York: Rinehart.

Pontusson, Jonas. 2005. *Inequality and Prosperity: Social Europe vs. Liberal America*. Ithaca, NY: Century Foundation, Cor nell University Press.

Quadagno, Jill. 1987. "Theories of the Welfare State." *Annual Review of Sociology* 13: 109—128.

Rehm, Philipp, Jacob S. Hacker and Mark Schlesinger. 2012. "Insecure Alliances: Risk, Inequality, and Support for the Welfare State." *American Political Science Review* 106 (2):386—406.

Rueda, David. 2007. *Social Democracy Inside Out: Partisanship and Labor Market Policy in Industrialized Democracies*. Oxford: Oxford University Press.

Scruggs, Lyle A. and James P. Allan. 2008. "Social Stratification and Welfare Regimes for the Twenty-First Century: Re visiting the Three Worlds of Welfare Capitalism." *World*

Politics 60(4):642—664.

Scruggs, Lyle, Detlef Jahn and Kati Kuitto. 2013. *Comparative Welfare Entitlements Dataset 2. Version xx*. University of Connecticut and University of Greifswald. http://cwed2.org/Data/Codebook.pdf.

Stephens, John D.. 1979. *Transition from Capitalism to Socialism*. Basingstoke: Macmillan.

Svallfors, Stefan. 1997. "Worlds of Welfare and Attitudes to Redistribution: A Comparison of Eight Western Nations." *European Sociological Review* 13(3):283—304.

Svallfors, Stefan. 2010. "Public Attitudes." In *Oxford Handbook of the Welfare State*, edited by Frances Castles, Stephen Liebfried, Jane Lewis, Herbert Obinger, and Christopher Pierson, 241—251. Oxford: Oxford University Press.

Swenson, Peter A.. 2002. *Capitalists against Markets: The Making of Labor Markets and Welfare States in the United States and Sweden*. Oxford: Oxford University Press.

Thelen, Kathleen. 2014. *Varieties of Liberalization and the New Politics of Social Solidarity*. New York: Cambridge University Press.

Titmuss, Richard Morris. 1974. *Social Policy*. London: Allen & Unwin.

van Kersbergen, Kees. 1995. *Social Capitalism: A Study of Christian Democracy and the Welfare State*. London: Routledge.

Visser, Jelle. 2011. ICTWSS: *Database on Institutional Characteristics of Trade Unions, Wage Setting, State Intervention and Social Pacts in 34 Countries between* 1960 *and* 2007. Amsterdam Institute for Advanced Labour Studies (AIAS). Amsterdam: University of Amsterdam.

Wilensky, Harold L.. 1974. *The Welfare State and Equality: Structural and Ideological Roots of Public Expenditures*. Berkeley: University of California Press.

Williamson, Oliver E.. 1985. *The Economic Institutions of Capitalism*. New York: Free Press.

4. 不只是什么，还有何时（及如何）：威权主义持久性研究的比较分析方法

斯蒂文·列维茨基　卢坎·A. 韦

在将近20年的时间里，制度研究几乎完全聚焦民主化，这之后，学术研究的注意力在21世纪初期转回了威权主义。[1] 面对威权主义统治在中东、中国及其他地方的持久存在，以及它在俄罗斯及其他苏联国家的（重新）出现，学者们开始研究长期威权主义的起源。

最近的研究吸引人们关注一系列对威权主义稳定性有贡献的因素，包括自然资源租金[2]、经济表现[3]，以及政治制度，比如政党、选举和立法机关。[4] 其中大多数分析建立在“常因”（constant cause）解释的基础上，在这样的解释中，关键因果要素（1）必须对于被观察的预测结果是当下的，（2）必须被视为有普遍的而不是语境依赖的效应。[5] 这一研究产生了一些重要洞见。然而，一批新近出现的研究暗示，标准的经济和制度变量被历史因素和语境因素所

1　例如，参见 Geddes（1999），Herb（1999），Wintrobe（2000），Brownlee（2002，2007），Levitsky and Way（2002，2010，2012），Schedler（2002，2006，2013），Slater（2003，2010），Bellin（2004），Fish（2005），Smith（2005，2007），Way（2005，2015），Magaloni（2006，2008），Lust-Okar（2007），Greene（2007），Gandhi（2008），Gandhi and Lust-Okar（2009），Pepinsky（2009），Blaydes（2010），Magaloni and Kricheli（2010），Stacher（2012），Svolik（2012），Dmitrov（2013）。

2　Ross（2001），Morrison（2009）。

3　Przeworski et al.（2000），Magaloni（2006），Reuter and Gandhi（2011）。

4　参见 Geddes（1999），Magaloni（2006，2008），Brownlee（2007），Gandhi and Przeworski（2007），Lust-Okar（2007），Gandhi（2008），Blaydes（2010）。

5　关于常因与历史原因的比较，参见 Stinchcombe（1968）。

调和,比如威权主义政权何时(相对其他变量的开始)及如何出现或被巩固。[1]这种日益增长的对时机和语境的学术关注——在最近的制度研究(Capoccia and Ziblatt,2010)的“历史转折”中可以看到——凸显了比较历史分析的持续活力。实际上,正如我们下文将要显示的,最近的比较历史研究为理解威权主义持久性的根源提供了强有力的工具。

本章将审视比较历史分析对最近威权主义研究的贡献,着重强调通过密切关注政权起源、定时和排序而得到了什么。我们认为,这些因素有助于解释有着类似制度安排的政权为什么在持久性上如此千差万别,以及独裁政府为什么以千差万别的方式回应类似的经济资源或自然资源“震动”。然后,本章将转向比较历史分析研究所面对的一项重大挑战:奠基性的遗产如何被复制,以及花多长时间复制?我们认为,奠基性的遗产很少像人们有时候所假设的那样是静态的或自我永存的。相反,其中很多遗产是被限定的,因为它们的影响随着时间的推移而弱化或消失,即便在缺乏外生性改变时,也是如此。另外一些遗产则是动态的,因为它们触发了一些因果链序列,随着时间的推移而强化政权。最后,本章将讨论对威权主义复制机制的关注如何能帮助我们识别政权的脆弱点。

历史原因与威权主义的持久性

最近一波对集权统治的研究产生了一系列新的理论,其目标在于解释威权主义的持久性。其中大多数新理论基于常因解释,在这样的解释中,重要变量(1)对于被观察的预测结果必须是当下的,(2)必须被假设在不同的时间和空间有类似的效应(Stinchcombe,1968,101—103)。这样说来,这些研究很少关注关键变量可能以什么方式被历史语境所调和。我们认为,这种对时机和语境的忽视,让这些理论的能力局限于政权稳定性的变异。

---

1 关于时机、顺序和历史语境的作用,参见 Mahoney(2001a,2001b),Pierson(2004),Ziblatt(2006),Falleti and Lynch(2009),Capoccia and Ziblatt(2010),Grzymala-Busse(2011),Falleti and Mahoney(本书第8章)。

例如，最近的一些研究凸显了制度在维持威权主义统治上的作用。[1] 首先是盖德斯(1999)颇有影响的发现：一党政权比多党政权或人格化政权更稳定，一些学者指出了执政党增强威权统治持久性的方式。[2] 很多这样的分析聚焦执政党在维持精英凝聚力上所起的作用，[3]这被广泛视为对维护威权主义统治至关重要。[4] 因此，像盖德斯(1999)、杰森·布朗利(Jason Brownlee，2007)和比阿特丽斯·麦格罗尼(Beatriz Magaloni，2008)这样的学者认为，执政党通过提供制度机制来调整公职分脏，从而有助于限制精英内部冲突。通过提供未来飞黄腾达的机会，执政党拉长了时间视野，鼓励精英合作而非背叛(Brownlee，2007，13；Geddes，1999)。[5]

尽管制度主义理论包含一些重要洞见，但它们得到的经验支持是良莠不齐的。例如，研究发现，基于政党的威权主义政权在持久性上千差万别(Levitsky and Way，2010，2012；Smith，2005)。有些执政党是强有力的和有凝聚力的组织，给几十年的威权主义稳定奠定了基础，而另外一些执政党则刚一出现威胁的迹象便立即土崩瓦解。这一变化在后冷战时期尤其明显。整个东欧的共产主义政权在 1989 年及之后崩溃了，而中国、古巴、老挝、朝鲜和越南类似的基于政党的政权却幸存了下来。同样，在很多撒哈拉沙漠以南非洲国家(例如，马拉维、塞内加尔、赞比亚)，威权主义执政党纷纷下台，而在其他实例中(例如，莫桑比克、坦桑尼亚、津巴布韦)却被证明惊人地持久。

另外一条研究路线聚焦持久威权主义的经济基础。例如，一些学者强调

1　特别是参见 Geddes(1999)，Magaloni(2006，2008)，Brownlee(2007)，Gandhi and Przeworski(2007)，Gandhi(2008)，Svolik(2012)。

2　参见 Geddes(1999)，Smith(2005)，Magaloni(2006，2008)，Brownlee(2007)，Gandhi(2008)，Levitsky and Way(2010)，Reuter and Gandhi(2011)，Svolik(2012)，也可以看 Huntington(1968，1970)的经典作品。

3　例如，参见 Geddes(1999)，Brownlee(2007)，Magaloni(2008)，Levitsky and Way(2010，2012)，Svolik(2012)。

4　参见 O'Donnell and Schmitter(1986)，Geddes(1999)，Brownlee(2007)。

5　另一些学者认为立法制度对于威权主义持久性是必不可少的(Gandhi，2008；Gandhi and Przeworski，2007)。例如，据詹妮弗·甘地(Jennifer Gandhi，2008)说，立法机关充当了“受控交易”的竞技场，帮助独裁者疏导异议，拉拢反对派(78)。

经济表现在塑造威权主义政权的命运上所起的作用。[1] 因此，经济危机据说侵蚀了执政党给统治精英分配恩惠和给选民分送恩主侍从关系好处的能力（Magaloni，2006；Reuter and Gandhi，2011）。另一项研究审视了自然资源财富的影响。[2] 石油财富据说增强了独裁统治者的力量，给他们提供自由处置的收入，可以用来收买效忠者，拉拢反对者，并给强有力的强制结构提供经费。迈克尔·罗斯（Michael Ross，2001）在他的一篇研讨会论文中把“食租效应”（rentier effect）理论化了：独裁统治者使用石油财富拉拢公民社会，抑制公民的参政要求；还有“压制效应”（repression effect）——经费充裕的安全部队帮助镇压反对派。[3]

然而，与在制度的实例中一样，对于经济变量如何塑造（以及何种程度上塑造）政权结果存在相当可观的变异。独裁统治在抵御经济危机的能力上千变万化。[4] 例如，在后冷战时期的阿尔巴尼亚、贝宁、印度尼西亚、乌克兰和赞比亚，经济衰退侵蚀了威权主义政权的基础，而在古巴、马来西亚、朝鲜和津巴布韦，独裁统治被证明在面对经济危机时惊人地强壮。

同样，最近的一些研究重新审视了“资源诅咒”，凸显了常因解释的局限，并暗示了财富与威权主义之间更复杂的关系。[5] 利用一直追溯到 1800 年的时间序列数据，哈伯和梅纳尔多（Haber and Menaldo，2011）发现，很少有证据证明资源依赖型增长转变成更大的独裁。而且，正如我们下文将要讨论的，最近的比较分析研究显示，资源财富的效应取决于资源被发现和利用的那一

---

1 Gasiorowski(1995)，Haggard and Kaufman(1995)，Przeworski and Limongi(1997)，Geddes(1999)，Przeworski et al. (2000)，Magaloni(2006)，Reuter and Gandhi(2011)，Tannenberg，Stefes and Merkel(2013)。

2 参见 Bellin(2004)，Jensen and Wantchekon(2004)，Smith(2004，2007)，Herb(2005)，Luong and Weinthal(2006，2010)，Ulfelder(2007)，Dunning(2008)，Morrison(2009)，Haber and Menaldo(2011)。

3 莫里森(Morrison，2009)提出了类似的论证，尽管他发现，非税收入对所有政权都有“稳定性”影响，不管它们是威权主义的还是民主的。

4 参见 Pepinsky(2009)，Levitsky and Way(2010，2012)，Slater(2010)，Tannenberg，Stefes and Merkel(2013)。

5 参见 Luong and Weinthal(2006，2010)，Smith(2007)，Dunning(2008)，Haber and Menaldo(2011)。例如，邓宁(Dunning，2008)发现，在一些以极端不平等为标志的社会里，自然资源财富通过允许政府给穷人分配而不必向富人征税来减轻威权统治的压力。

刻，国家、政权和经济制度的特性。[1]

总之，尽管政治制度、经济表现和资源财富无疑对统治结果有贡献，但它们怎么做出贡献以及有多少贡献却因情况不同而差别很大。正如最近的比较历史研究所显示的，经济和制度变量的影响常常被历史语境所调和。[2] 下一节将利用这一研究，显示政权起源(威权主义政权如何出现)以及时机和顺序(相对于其他变量，政权何时出现)怎样在塑造长期威权主义的持久性上起到一种至关重要的作用。

政权起源与奠基性遗产

比较历史分析的一个重要贡献就是凸显历史原因的中心位置。根据斯廷奇库姆(Stinchcombe，1968)的原创构想，历史原因是那些“先前某个时期的原因所创造的结果成了后继时期的结果之原因”(103)。比较历史分析显示了历史原因如何帮助解释欧洲和拉丁美洲长期的治理轨道。[3] 同样，更近的关于威权主义的研究暗示，一个政权建立时期的发展结果随后可能成为政权持久性的原因。因此，政权建立期间发生的事件引发制度或联合的构造，它们成为自我巩固的或路径依赖的，或者，它们可能触发一些后果，把政权推上被证明很难推翻的路径(Mahoney，2001a，2001b)。

历史起源的重要性可以在最近对威权主义制度的研究中看到。正如上文所指出的，基于政党的威权主义政权在持久性上千差万别(Levitsky and Way，2010，2012；Smith，2005)。中国、马来西亚、墨西哥及其他地方的执政党被证明在后冷战时期引人注目地强大，而另外一些国家的执政党(例如，赞比亚的联合民族独立党、肯尼亚的非洲民族联盟、塞内加尔的社会主义党)却在面对经济危机或反对派挑战时土崩瓦解。这种变化导致学者们回看最初由亨廷顿(1968)提出的问题：“强大的政党或一党政权来自何处?”(Smith，

1 参见 Karl(1997)，Herb(1999)，Smith(2004，2007)，Wiens，Poast and Clark(2012)，Robinson and Tvorik(2011)。

2 参见 Mahoney(2001a，2001b)，Ziblatt(2006)，Falleti and Lynch(2009)，Capoccia and Ziblatt (2010)。

3 例如，参见 Moore(1966)，Collier and Collier(1991)，Luebbert(1991)，Rueschemeyer，Stephens and Stephens(1992)，Yashar(1997)，Mahoney(2001a，2001b)。

2005,198)当代制度主义分析对这个问题提出的洞见甚少。[1] 另外一些研究落入了皮尔森(2004)所说的“以行动者为中心的功能主义”,在这一理论中,制度被假设为采取现在的形式,是因为它们对关键行动者有用。[2] 这样的分析通常聚焦威权主义制度的形式结构或设计,可能遮蔽这些制度实际运转上的巨大差别。[3]

要理解强大的执政党来自何处,“回头看”(Pierson,2004,47)是很有用的。实际上,亨廷顿自己的解释就是历史的。他的开拓性分析(1968,1970)把一党政权在持久性上的差异追踪到了它的起源,尤其是追踪到执政党如何上台。据亨廷顿(1970)说,最强健的执政党是那些作为“斗争和暴力的产物”(13)而上台掌权的政党。因此,他提出了这样一个假说:持久的一党统治最有可能出自暴力社会革命,或者反对殖民统治的“长期民族主义运动”(Huntington,1968,425)。

尽管亨廷顿没有详尽说明或检验这个假说,但最近的研究似乎支持它。[4] 例如,列维茨基和韦(2012)在对基于政党的威权主义政权彼此分歧的轨道所做的比较分析中发现,革命或武装解放斗争在几个方面增强了长期政权的持久性。首先,它们培养了执政党的凝聚力。多年的暴力斗争,加上革命战争所造成的对立强化了党派身份,硬化了党派边界。对立和冲突使“敌我”的区分变得更尖锐,不断强化集团内部的联系纽带,培养同志之间“休戚与共”的感知(LeBas,2011,44—46)。当你可以令人信服地把对手与历史上的敌人联系起来的时候,抛弃执政党就被视为不忠,甚至是叛国,背叛的成本很高。精

1 布朗利(2007)是一个例外。

2 例如,甘地(2008)把制度视为领导人选择的产物,是为了解决内部经营的威胁和来自社会上的反对的问题(xix,xxii,164)。同样,格迪斯(Geddes,2005)声称,独裁者创立政党为的是“解决政权内部的冲突,不然的话,这些冲突可能终结他们自己的统治,大概还会打破政权的平衡”(2)。实际上,这些说法都是常因解释,正如那些解释制度创造的因素也揭示了它们的持久存在(参见 Thelen,2003,214)。

3 Huntington(1968)和 Levitsky and Murillo(2009)。有几个学者强调了这一点。在冷战时期,亨利·比恩(Henry Bienen,1970)批评对“苏联模式”出现在非洲的分析太过狭窄地聚焦“形式上的法律安排”,而不是聚焦实践和权力结构(100,103—104)。还可参看 Janos(1970)。更近一些时候,本杰明·史密斯(Benjamin Smith)警告,学者们必须避免“假设那些看上去类似的形式制度具有一样的能力”,因为“国家制度构造形式上的相似性可能遮蔽了其运转方式上严重的实质差别”(55)。

4 参见 Smith(2005),Levitsky and Way(2010,2012,2013),Slater(2010)。

英集团的凝聚力被武装政党的结构所增强，这些结构是多年的武装冲突和革命创始一代的存在所产生的，其合法性可以帮助全党在危机期间集合在领导层的身后。最后，暴力起源增强了执政党的镇压能力。通过革命上台掌权的政党，通常会从头开始构建国家的强制机器，创造一个党国，在这个党国中，军队、警察及其他安全部门听命于来自解放斗争的同志，结果是形成具有高度凝聚力的强制机器。由解放斗争的退伍老兵创立和提供人员的安全部队不容易政变，在面对反对派挑战时更有可能紧密地站在强制机器的身后。

列维茨基和韦利用对后冷战时期非洲不同治理结果的比较分析显示了政权起源如何被威权主义执政党回应经济危机的方式所调和。肯尼亚和赞比亚的非革命政党主要将恩惠作为一种确保精英集团合作的手段。尽管恩惠在平时可能是一个有效的凝聚力之源，但在危机期间，它常常被证明是不够的，那个时候，执政党继续分送好处的能力就变得不确定了。因此，在莫桑比克和津巴布韦，基于暴力解放的政权尽管有后冷战时期的严重危机，却依然毫发无损，而在肯尼亚和赞比亚，基于恩惠的政权却遭受了大规模的精英背叛并土崩瓦解(Levitsky and Way，2012)。

据列维茨基和韦(2012，2013)说，强健的以政党为基础的威权统治的根源是历史性的。有凝聚力的政党和国家结构很少是——即便有——富有远见的独裁者设计出来的。相反，它们出自特定的历史条件，领导人不仅对这些条件发挥的控制力相对较小，而且不可能轻而易举地被其他独裁者所取代。

托马斯·佩平斯基(Thomas Pepinsky，2009)对威权主义回应经济危机所做的分析也凸显了政权起源的重要性。佩平斯基注意到，经济危机并非一视同仁地影响所有威权主义政权，有些政权比其他政权有更好的装备，能够在危机中幸存。但他认为，影响政权结果的并不是制度，而是联合。佩平斯基的研究审视了1997年至1998年的"孪生"(货币和金融)危机在印度尼西亚和马来西亚对政权的影响。他认为，印度尼西亚政权——建立在流动资本持有者和国内固定资本持有者联合的基础上——没有能力发展出对危机的有效政策回应，因为这场危机是其委托人互不相容的要求的结果(155—191)。相比之下，因为马来西亚政权是建立在低收入马来西亚人与国内固定资本持有者联合的基础上，把流动资本的持有人排除在外，所以马来西亚政府能够对危机采用一种非正统的回应,以最小的内部冲突促进迅速恢复(Pepinsky,2009,192—224)。

佩平斯基(2009)把这两种截然不同的联合追溯到政权创立时期。像列维茨基和韦对革命政党的分析一样,他也认为,创立政权的联合是黏性的。[1]联合的组成需要相当可观的"启动成本"(Pepinsky,2009,16—17)。精英们创造"代价高昂地让人背叛现有政治安排"(17,41)的制度机制和政策机制——包括恩惠网络、群众政党组织和社会及经济政策体制,它们给予受到青睐的选民特权并增强他们的力量。基于重建恩惠网络、废除或急剧改变执政党、重新定位受到地位已经巩固的选民支持的政策体制所需要的成本,威权主义联合往往是稳定的(17)。

佩平斯基(2009)的论证因此是路径依赖的。最初在印度尼西亚的"新秩序"下与在后殖民时期的马来西亚缔造的联合一直坚持到了 20 世纪 90 年代。这些联合塑造并约束了政府回应 1997 年经济危机的方式,并且反过来解释了威权主义政权为什么幸存或崩溃。

总之,列维茨基和韦及佩平斯基的分析凸显了历史原因在解释威权主义持久性上的重要性。政权创立时期出现的执政党和联合对于理解这些政权后来回应危机的能力至关重要。因此,尽管经济危机在这两个分析中都起到了核心作用,但它们的影响被政权建立时期的制度遗产和联合遗产所调和。

时机与顺序

比较历史分析方法还强调时机和顺序的重要性(Falleti,2010;Falleti and Mahoney,本书第 8 章;Pierson,2004)。实际上,比较历史传统中最近的几项研究显示了事件的先后顺序,以及某些变量相对其他变量何时出现的问题,对于塑造长期统治结果至关重要。

例如,本杰明·史密斯(2007)的著作《富庶国度的艰难时期》(*Hard Times in the Lands of Plenty*)显示了时机和顺序如何调和后发展国家石油财富的影响。史密斯的核心洞见:石油财富并没有一个"单一的效应集"(6,

---

1 据佩平斯基(2009)说,联合"长期来看是内生性的,但短期而言是外生性的"(16)。

7)。在某些条件下,石油财富削弱国家和政权,正如提出“资源诅咒”的学者所认为的那样;然而在另外的语境中,它可能有助于“支撑政权和构建国家能力”(7)。史密斯认为,这种差异的根源在于时机,特别是在于石油财富究竟是“妨碍”还是“追随”后发展(4)。因此,至关重要的问题“不是国家是否成为石油富国,而是何时成为石油富国”(4)。

史密斯(2007)用比较历史分析方法来解释威权主义的统治轨道。他认为,统治结果常常有“时间上很遥远的”原因(44)。由于诸如国家和政党构建这样的过程,其影响“随着时间而展开”,那些“只是刚开始时才出现”的条件可能导致一些制度结构,这些结构的持久存在“有助于随着时间的推移进一步造就行动者的选择”(44),因此,“发展早期的制度遗产……在后来的经济和政治危机中约束了国家领导人并赋予他们能力”(Smith,2007,9)。

史密斯(2007)的分析集中于统治精英在后发展开始时所面对的条件。在这个重要关头,两个变量在塑造长期统治轨道上至关重要:石油财富的可用性和强大反对派挑战的存在(45)。凡是在后发展刚开始时面对强大反对派和资源匮乏的地方,他们都有强大的动力投资于国家和政党的构建,随着时间的推移,这一构建将导致更持久的统治(48—53)。那么,事实上,早期的艰苦诱使精英们投资于那些将被证明是“持久威权统治之基础”的制度。凡是创造了强健的国家和政党制度的地方,后来能够利用石油财富的机会都增强了威权统治的持久性。这个模式可以在印度尼西亚的实例中看到,在那里,统治精英在后发展刚开始时面对资源匮乏和一个强有力的共产主义反对派(Smith,2007)。在这一语境下,政权逐步增强国家征税和地方治理的能力,把执政的专业集团党转变成组织优良的群众党(87—99)。后来,石油收入的注入增强了这些国家和政党的构建过程,导致更强的政权稳定性(Smith,2007,137)。

相比之下,有利的初始条件抑制了威权主义制度的构建。凡是石油收入早期富足的地方,统治者“更有可能选择用石油财富代替国家和政权构建这个选项”,导致石油依赖型国家的发展和更脆弱的政权(Smith,2007,53,198)。例如,在伊朗,礼萨·巴列维国王在后发展刚开始时面对的反对甚少,享受了充足的石油财富(Smith,2007,104—105)。结果,他没有多少动力去构建一个强大的政党或国家。执政的诺温党天生很弱，最后土崩瓦解，国家的征税能力随着时间的推移而被显著削弱(Smith，2007，139—146)。最终，伊朗政权被证明惊人地脆弱。

时机和顺序也是丹·斯莱特(2010)分析东南亚持久威权主义根源的中心。斯莱特的研究的一个关键洞见：持久的威权主义需要一个有效的政府。威权主义国家的构建需要精英的集体行动：为了政府官员发展有效的征税和强制能力，经济精英必须乐意缴税(Slater，2010，12—13)。在斯莱特看来，这样一个结果最有可能出自一份“保护协定”，经济精英同意缴纳更高赋税，为执政党的统治机器筹集经费，以换取秩序和安全(13，16)。因此，在马来西亚和新加坡，后殖民时期的精英面对强大的阶级威胁和/或社群威胁，转向国家寻求保护，同意让渡权力和税收给突然出现的独裁者，后者随后通过构建威权主义“怪兽”来提供秩序。更强的征税能力使得独裁者能够给强有力的强制机器筹集经费，同时维持长期的财务健康，商界的支持使得强大政党机器的构建更加便利，有能力维持霸权统治。

然而，保护协定只出现在特定的历史条件下。首先，它们需要一次严重的威胁，以“地方性的”和“难以驾驭的”争论政治的形式(Slater，2010，49)。只有当阶级和社群冲突威胁到城市的控制权时，处在“极端威胁”下的经济精英才会同意让渡权力和税收给威权主义“怪兽”(Slater，2010，13，16)。其次，时机和顺序至关重要。只有在阶级和社群冲突发生在威权统治建立前的地方，才会出现保护协定，因为，只有当恐惧击中了多元化政权下的精英时，突然出现的统治者才能令人信服地声称，构建威权主义国家对于带来秩序是必不可少的(14)。

以群众为基础的威胁在特征及时机上的变化推动国家和政权走上截然不同的道路。凡是后殖民时期的精英，当他们面对在威权主义政权建立前就难以处理的地方性冲突时，就会和新兴独裁者缔结保护协定。保护协定产生“越来越多的再度掌权”，正如有庞大而持续的收入流的政权更加能够随着时间的推移维持庞大的强制机器和恩惠网络(Slater，2010，18—19)。马来西亚就是这样的情况，在那里，20 世纪 40 年代一次潜在的阶级和社群威胁给一份保护协定打下了基础(Slater，2010，74—93)。这份协定在 1969 年社群骚乱后得到了巩固,这些骚乱既触发了威权主义转向,也触发了国家强制和征税能力的增强(Slater,2010,120—123)。结果是一个强健的政权有能力在 20 世纪 90 年代晚期的经济危机和强大的反对派挑战中幸存下来(Slater,2010,211—221)。

凡是精英阶层没有面对难以处理的地方性冲突的地方,或者,凡是威胁出现在威权主义统治下的地方,国家和政权的轨道都大不相同。在这样的情况下,独裁者往往缔结“供应协定”,在这样的协定中,他们通过恩惠分配和公共支出来维护支持(Slater,2010,19)。供应协定患上了“政治意义上的‘出生缺陷’”(19)。缺少征税能力和精英凝聚力,建立在供应协定基础上的政权没能构建强大的国家和政党,而是“在面对削弱国家力量的财政危机时变得越来越脆弱”(19)。一个实例是菲律宾,在那里,阶级冲突在前威权主义时期威胁不大;精英阶层从未默认一份保护协定,因此威权主义统治是构建在一个弱势政府的基础上的(Slater,2010,94—105,163—180)。费迪南德·马科斯(Ferdinand Marcos)因此作为“一个极其弱势的威权主义‘怪兽’的指挥官”而出现(Slater,2010,200),20 世纪 80 年代,在面对金融危机、精英背叛和群众抗议时,政权便崩溃了(198—203)。

越南的情况证明了时机和顺序的重要性。因为战后的革命斗争局限于北方乡村地区,南越精英起初并没有默认一份保护协定,所以,在吴庭艳治下出现的威权主义政权类似菲律宾的政权(Slater,2010,253—260)。1968 年的春节攻势所构成的威胁让精英阶层团结一致,并触发了国家构建的努力,但由于国家强制和征税制度的弱点,这些努力都失败了(260—263)。越南的情况因此凸显了斯莱特论证的路径依赖特征:只有在一次难以处理的地方性威胁导致战后威权主义政权建立前达成一份保护协定的地方,我们才看到了一个强健的党国复合体的发展。

总结一下,史密斯(2007)和斯莱特(2010)凸显了时机和顺序在解释长期统治结果上的重要性。他们的分析显示了特定变量(对史密斯来说是石油财富,对斯莱特来说是一波波争议政治)可能对政权有着实质上不同的影响,这取决于它们相对其他变量出现在何时。这种对时机和语境的敏感,在很多论述当代威权主义的文献中是没有的。

威权主义的复制机制

比较历史分析方法凸显了起源、时机和顺序在形成长期统治轨道上的作用。奠基时期启动了因果链序列，其制度遗产或联合遗产对政权的持久性至关重要(Falleti and Mahoney，本书第 8 章；Mahoney，2001a，2001b)。

然而，任何奠基性遗产都不是永久性的。实际上，对威权主义持久性的比较历史研究所面对的一个重大挑战就在于识别支撑(或维护)奠基性遗产的复制机制。换句话说，学者必须详细说明执政党、保护协定或优势联合如何及为何历久犹存，以及这些奠基性遗产何时终结，为什么终结。在本节，我们将审视三种不同类型的奠基性制度遗产：(1)静态遗产，它被视为自我永存的，从而是稳定的，缺少某种外生性震荡；(2)受限遗产，它与时俱衰，从而在缺少外生性变革时可能促成威权主义垮台；(3)动态遗产，它触发一连串事件，让政权与时俱强，潜在地让政权能够幸存下来，尽管有外生性的变革之源。

静态遗产

奠基性制度遗产常常以静态和自我永存为特征。不管你是从功能主义的角度还是从功利主义的角度来解释它的持久存在，[1]维持威权主义统治的结构或联合都被视为——至少是暗含地被视为——仿佛它们处在一个“无限循环”中(Stinchcombe，1968，103)。因此，预期它们只有在面对外生性震荡时才会变革或崩溃。一个实例是布朗利(2007)对执政党和持久威权主义所做的分析。布朗利从历史的角度来解释威权主义执政党的出现：凡是自封的统治者在政权创立时期决定性地击败了竞争对手的地方，他们便获得了安全来构建执政党，并逐步吸收阶层广泛的亲政权政治家(40—45)。一旦就位，执政党制度就是自我永存的，因为在维护政权上，政治家们有了自己的利益(13，39)。由于制度化的执政党给飞黄腾达提供了稳定的机会，因此它们“在掌权者当中产生了这样一种感觉：一直待在党的组织内能够最好地服务于他

1 关于功能主义、功利主义与路径依赖的方法之间的区别，参见 Mahoney(2001a，9)。

们的眼前利益和长期利益”(39)。这些“长期忠诚的动机”为维护精英合作和政权稳定提供了基础。

自我永存性遗产的另一个例证可以在迈克尔·赫伯(Michael Herb，1999)对中东君主体制的研究中找到。赫伯认为，由单一家族垄断国家关键职位的王朝君主制(例如，科威特、沙特阿拉伯)比非王朝君主制更稳定，后者的统治者部分或完全把家族成员排除在政府外(例如，伊朗、伊拉克、利比亚)(7—10，235—236)。在王朝君主国，统治家族“组成了一个执政机构”，在一组精密而复杂的信息规范内通过交易来分配权力通道和“赃物”(Herb，1999，8，30—36，45—50)。这样一种安排的起源是历史性的：它出现在自封的统治者没有力量独自统治从而被迫通过分配国家公职来构建“庞大家族联合”的地方(Herb，1999，11，155—156)。一旦就位，王朝君主制度便被证明“引人注目地稳定”，因为制度化的交易和恩惠分配机制扩大了统治家族成员的时间视野，使合作“就个人而言是理性的”(Herb，1999，7—8，47)。凡是这样的制度安排在石油出现之前就已经就位的地方，后来的石油繁荣都巩固了以家族为基础的“分脏”体系，从而增强了政权的稳定性。

因此，布朗利(2007)和赫伯(1999)凸显了类似的自我永存机制。在他们的实例中，创立时期精英冲突的解决导致了相应的制度安排(就布朗利而言是执政党，就赫伯而言是王朝权力分享安排)，通过规范化获取权力和资源的通道，拉长精英的时间视野，阻遏背叛。那么，一旦就位，这些制度就被预期持续存在下去。在缺少外生性变革源的情况下，它们既不会被削弱，也不会改变。

基于静态遗产的论证遇到的一个难题：自我永存的动力学常常是宣称的，而不是证明的(参见 Thelen，2003)。分析经常没有说明这样的遗产如何被复制，也没有考量它们可能何时终结，为什么终结。然而政治中很少有无穷循环。就连最强健的威权主义制度也不是江山永固的，那些历久犹存的制度常常在结构上和联合基础上经历了重要变革。[1]

---

1 关于共产主义制度如何与时俱进，参见 Jowitt(1992)，还可参看 Mahoney and Thelen(2010)和 Slater(2010)。

受限遗产

有些奠基性遗产是受限的,因为它们的效应随着时间的推移而衰弱并完结。尽管这些遗产可能有力而持久,但它们缺少外生性的复制机制,因此最终会衰弱或消失。所以,基于这种遗产的政权是脆弱的,即使在缺乏外生性变革的情况下也容易崩溃。

受限遗产的一个实例可以在奥唐纳论述南美官僚威权主义的作品中找到。[1] 根据奥唐纳的经典表述(1973,1988),官僚威权主义(BA)政权出现在以大规模民众动员为标志的危机语境中军人攫取权力的时候。最初的"政变联合"包括国内资本和国际资本、中产阶级及新兴的技术专家阶层(O'Donnell,1973),围绕一个"心照不宣的共识"联合起来,这个共识就是:高度压制性的和排他性的统治对于恢复秩序、稳定经济和消除大众部门的"威胁"是必要的(O'Donnell,1979,296—297)。尽管大多数官僚威权主义政权最初在恢复秩序和稳定经济上成功了,但奥唐纳认为,它们的联合基础是不可持续的。随着时间的推移,当对混乱死灰复燃或大众部门"威胁"的恐惧减退时,最初的官僚威权主义联合便土崩瓦解,那个使统治能够凭借赤裸裸的强制来实施的"心照不宣的共识"也被拆穿,产生一场合法性危机(O'Donnell,1979)。尽管奥唐纳(1978)认为这一拆散的速度取决于最初危机的深度和大众部门"威胁"的水平,但他清楚地表明,政权的奠基性联合不可能无限期地维持下去(O'Donnell,1979)。

另一个实例可以在最近论述革命政权的持久性的作品中找到。正如上文所指出的,列维茨基和韦(2012,2013)认为,从暴力社会革命中脱颖而出的政权,其典型特征往往是有凝聚力的执政党,执政党与强制机器融合,巨大的强制能力,以及一代这样的领导人——他们在政权内部具有非凡的合法性和毋庸置疑的权威。这些奠基性遗产增强了政权的持久性,实际上,革命政权在 20 世纪和 21 世纪初期一直被算作最长寿的政权(Levitsky and Way,2013)。然而,很多这样的遗产是由革命一代生产和维护的——参与革命斗

1 参见 O'Donnell(1973,1978,1979,1988)。

争和夺取权力的领导人、同志和士兵。一旦革命创业一代退出舞台，作为很多革命政权的典型特征的那种联合往往也就风流云散(Levitsky and Way, 2013,13—14)。在这样的情况下，政权必须为稳定寻找另外的基础(例如，中国和越南的经济增长)。那么，在革命政权中，代际变革构成了奠基性遗产的一个清晰的终结点——对政权来说是一个清晰可辨的脆弱点。

因此，受限遗产可能构成一个内生性的政权改变之源。当奠基性遗产衰弱时，即使在缺少外生性变革之源的情况下，威权主义政权也可能变得越来越容易崩溃。

动态遗产

动态奠基性遗产触发一连串让政权与时俱强的事件。正如法莱蒂和马汉尼那一章(本书第8章)所显示的，这样的事件序列可能采取各种不同的形式。我们聚焦其中的两种形式：自我强化序列和反应性序列。

自我强化序列

在自我强化序列中，政权创立时期发生的事件触发了让政权与时俱强的正反馈动态(Falleti and Mahoney，本书第8章)。因此，早期的事件通过进一步授权精英集团或削弱反对派，启动了增强威权统治持久性的过程。这样一种动态构成了“权力生产权力”(Pierson，本书第3章)的一个实例。正如皮尔森所观察到的，早期的政治胜利可能启动一个自我强化的动态，在这一动态中，统治、资源流动或联合结盟的改变永久性地重塑了一个政治体中的权力平衡。尽管皮尔森的焦点是先进民主国家，但他描述的动态在威权主义的场景中可能更加显著。斯莱特(2010)论述东南亚威权主义“怪兽”的作品是一个清楚的例证。因此，在早期的“保护协定”中，精英阶层为换取秩序而让渡权力和赋税给自然产生的独裁者，这样的协定产生“越来越多的再度掌权”，因为“资源持续不断地从社会流向国家”，使得独裁者能够给日益强大的强制机器和执政党的机器筹集经费(Slater, 2010, 18—19)。

自我强化遗产的另一个实例可以在戴维·沃尔德纳(David Waldner n.d.)论述农村合并和政权稳定性的作品中找到。沃尔德纳认为，农村兼并，或农村非精英阶层的动员，从几个方面授权给自然出现的统治精英。首先，土地改革扩大了政府获取资源的权力和分发恩惠的机会(第 2 章,14—15)。此外,对乡村的控制为构建强健的跨阶级联合提供了方便。农村群众的支持提高了政府与城市群体谈判的地位,提供了杠杆和资源来拉拢组织化劳工,后者反过来使政府能够处于一个强势位置与资本家们讨价还价(第 3 章,23)。最后,农村兼并为构建群众整合的政党提供了方便(第 2 章)。在沃尔德纳看来,最初的农村兼并通过促进群众政党与广泛的跨阶级联合的构建——两者对于政权的长期稳定至关重要——授权统治精英。

最近研究墨西哥优势政党统治的工作凸显了威权主义统治下"权力产生权力"的另外几种方式。这些研究显示,一旦执政的革命制度党(PRI)上台掌权,它就利用自己近乎至高无上的霸权地位,削弱和遏阻反对派,增强威权统治的稳定性。[1] 例如,阿尔伯托·辛普瑟(Alberto Simpser,2013)表示,革命制度党精心策划的压倒性的选举胜利如何以随着时间推移不断增强政权稳定性的方式塑造一系列行动者的行为,包括选民、执政党政客、反对党、捐助者、商业领袖、工会和官僚。通过影响行动者对那些挑战执政党的人的前景的认知,革命制度党的巨大胜利让执政党政客们不敢背叛,让企业不敢给反对派提供经费,让反对派同情者不敢加入反对党,不敢出来投票(Simpser,2013,83—88)。它们还导致很多反对派政客"弃船(并)加入执政党"(84)。然后,通过影响"范围广泛的政治行动者后来的选择和行为"(Simpser,2013,4),选举操纵增强了政权内部的凝聚力,抑制了反对派对它们的挑战(或者先发制人)。[2]

肯尼斯·格林(Kenneth Greene,2007)指出,革命制度党早期的统治地位被证明是自我强化的另一种方式。他认为,革命制度党的优势地位对政治行动主义有着强有力的影响。一些野心勃勃的行动主义者投身政治的时候就知道,飞黄腾达的唯一途径是通过执政党;鉴于大家都认为反对党没有任何成功的机会,因此只有忠诚的意识形态分子才会加入它们。这一选择效应增强了执政党的优势地位。反对党被真正的信徒所支配,转向了意识形态极

1 例如,参见 Magaloni(2006),Greene(2007),Simpser(2013)。

2 同样,麦格罗尼(2008,58—59)认为,革命制度党压倒性的胜利削弱了反对党在很多选民眼中的可信度,从而增强了革命制度党的统治。

端，使得革命制度党能够维持对政治中心的牢固控制，直至 20 世纪 90 年代(Greene，2007)。

反应性序列

在反应性序列中，事件通过“反应/逆反应”动态关联起来(Falleti and Mahoney，本书第 8 章；Mahoney，2001a，2001b)。因此，一个初始事件触发反应和逆反应，它们是“转变性的”，而不仅仅是强化早先的事件(Falleti and Mahoney，本书第 8 章)。例如，马汉尼(2001a)在对中美洲长期统治轨道所做的分析中认为，19 世纪晚期激进的自由主义改革使危地马拉和萨尔瓦多的社会两极分化，促使精英阶层构建国家的强制机器，这样一来，后来由弱势群体领导的民主化运动触发了强硬军事独裁统治的建立。

列维茨基和韦(2013)论述革命政权持久性的作品也凸显了反应性序列的作用。由于革命政府威胁到一些强有力的利益集团，并在很多情况下威胁到地缘政治现状，因此常常以内战或外战(或两者兼而有之)的形式触发暴力反革命冲突。[1] 革命政权有时候被这些战争所摧毁。[2] 然而，对于幸存的政权来说，后革命时期的冲突产生了两个增强其长期持久性的影响。一个是，战争导致了一台更庞大、更有效的强制机器。另一个是，战争使得革命政府能够消灭竞争对手，削弱或摧毁独立的权力中心(例如，先前存在的军队、君主、教会、地主阶级)，而这些中心未来可能充当反对派动员的基础。因此，通过提高政权的强制能力，同时削弱或摧毁独立的权力中心，革命夺权触发的军事冲突实质性地增强了政权的持久性(Levitsky and Way，2013)。

动态奠基性遗产因此启动了让威权统治持久性与时俱增的事件序列，即使在面对外生性变革时，也潜在地增强了政权的稳定性。通过触发增强政权内部凝聚力和强制能力的战争，或者通过授权统治精英积累资源、拓宽联合或削弱竞争对手，早期的胜利启动了一系列事件，它们不仅复制威权主义统治，而且提高了它与时俱久的可能性。

---

1 参见 Skocpol(1979，1988)，Gurr(1988)，Walt(1996)。

2 实例包括柬埔寨的红色高棉政权和尼加拉瓜的桑地诺政权。

复制机制和政权脆弱点

对动态遗产的分析所面对的一个重大挑战在于解释这样的遗产如何终结及何时终结。很多起初自我强化的过程随着时间的推移而耗尽了自身。实际上，即便是十分成功的独裁统治，也可能播下它们最终死亡的种子。[1]

更好地理解威权主义的复制机制可能产生关于政权最终崩溃的方式和原因的洞见。例如，回到斯莱特对东南亚威权主义国家构建的研究，如果巩固威权主义"怪兽"的保护协定根源于精英的恐惧，那么，当政权成功地消除了引发这些恐惧的威胁时，这样的协定就会被解除。正如斯莱特(2010,20)所指出的，当精英阶层再也不相信如果不存在威权主义控制，大规模骚乱就会重现时，他们就可能变得"在态度上"可以为反对派所用。

佩平斯基(2009)对威权主义政权联合如何缓解经济危机的冲击所做的分析提供了另一个例证。正如上文已经指出的，佩平斯基认为，建立在不同联合基础上的政权容易受到不同种类危机的冲击。他认为，基于固定资本与流动资本联合的政权(例如，苏哈托治下的印度尼西亚)往往容易受到"孪生"银行危机和货币危机的冲击，而那些基于劳工与固定资本联合的政权可能更容易受到商品危机的冲击(Pepinsky,2009,273—274)。

辛普瑟(2013)论述选举舞弊的作品提供了第三个实例。如果说压倒性的舞弊通过鼓励现有反对派"挂靴而去"并吓阻潜在的反对派不敢进场，从而对长期政权的稳定性做出了贡献，那么，1988 年后的墨西哥政权的策略可能适得其反，这一策略是：创造可信的选举制度作为获得国内和国际合法性的一种手段(Magaloni,2006)。尽管可信的选举改革使得革命制度党能够在短期内同时赢得选举并获得合法性，但它消除了压倒性舞弊所产生的长期吓阻效应。那么，在适应后冷战时期国际环境的过程中，革命制度党可能消除了长期稳定的一个关键来源。

最后，顺序上的变化也可能提供政权脆弱性的线索。例如，尽管玻利维亚 1952 年的革命常常被认为是一场社会革命(Knight,2003)，但它并没有产

1　例如，在南非，威权主义统治下培养的快速工业化产生了一场以强有力的工人阶级为基础的运动，最终颠覆了政权(Seidman,1994)。

生其他革命实例中所观察到的那种反革命反应序列。按照革命的标准，莫桑比克国家抵抗运动(MNR)政府相当温和，至少在部分程度上正是由于这个原因，它没有触发内战和外战。在缺少反革命冲突的情况下，玻利维亚的革命政府缺少动机和手段去摧毁另外的权力中心，包括旧军队和激进的工会。这些行动者在1964年推翻新政权上扮演了核心角色。

结 论

最近15年被视为一次探索威权主义持久性之源的研究的大爆发。其中大多数研究忽视了历史原因，聚焦那些更接近常理的因素，比如形式制度、矿产资源和经济表现。本章证明，这样的解释常常言不及义，要理解威权主义政权为什么在缅甸、中国、古巴、伊朗、马来西亚、新加坡、越南和津巴布韦这些国家幸存至后冷战时期，学者们必须回归历史解释。利用古典研究和最近的比较历史研究，我们证明，威权主义持久性的根源常常在于时机和历史语境。政权何时出现——相对其他变量的出现时间——以及它们如何出现和巩固，对于解释其持久性常常至关重要。与此同时，对威权主义持久性的比较历史分析方法必须进一步超越关于奠基性遗产的静态假设，更密切地关注这些遗产如何被复制。

未来研究的一个重要领域在于奠基性遗产为何终结及如何终结的问题。比较历史分析学者常常假设，终结点是外生性驱动的，但是，正如我们已经证明的，情况未必如此。学者们在识别制度连续性之源上已经做得很好，而且近些年里，他们在推动下开始审视(渐进)制度变革之源(Mahoney and Thelen，2010；Streeck and Thelen，2005)。对比较历史分析学者来说，可能是时候更严肃地思考内生性制度崩溃之源了。

参考资料

Bellin，Eva. 2004. "The Robustness of Authoritarianism in the Middle East: Exceptionalism in Comparative Perspective." *Comparative Politics* 36(2):139—157.

Bienen，Henry. 1970. "One-Party Systems in Africa." In *Authoritarian Politics in*

Modern Society: The Dynamics of Established One-Party Systems, edited by Samuel Huntington and Clement Moore, 99—127. New York: Basic Books.

Blaydes, Lisa. 2010. *Elections and Distributive Politics in Mubarak's Egypt*. New York: Cambridge University Press.

Brownlee, Jason. 2002. "... And Yet They Persist: Explaining Survival and Transition in Neopatrimonial Regimes." *Studies in Comparative International Development* 37(3):35—63.

Brownlee, Jason. 2007. *Durable Authoritarianism in an Age of Democratization*. New York: Cambridge University Press.

Capoccia, Giovanni and Daniel Ziblatt. 2010. "The Historical Turn in Democratization Studies: A New Research Agenda for Europe and Beyond." *Comparative Political Studies* 43(8/9):931—968.

Collier, Ruth Berins and David Collier. 1991. *Shaping the Political Arena*. Princeton, NJ: Princeton University Press.

Dunning, Thad. 2008. *Crude Democracy: Natural Resource Wealth and Political Regimes*. New York: Cambridge University Press.

Falleti, Tulia. 2010. *Decentralization and Subnational Politics in Latin America*. NewYork: Cambridge University Press.

Falleti, Tulia G. and Julia F. Lynch. 2009. "Context and Causal Mechanisms in Political Analysis." *Comparative Political Studies* 42(9):1143—1166.

Fish, M. Steven. 2005. *Democracy Derailed in Russia: The Failure of Open Politics*. New York: Cambridge University Press.

Gandhi, Jennifer. 2008. *Political Institutions under Dictatorship*. New York: Cambridge University Press.

Gandhi, Jennifer and Ellen Lust-Okar. 2009. "Elections under Authoritarianism." *Annual Review of Political Science* 12:403—422.

Gandhi, Jennifer and Adam Przeworski. 2007. "Authoritarian Institutions and the Survival of Autocrats." *Comparative Political Studies* 40(11):1279—1301.

Gasiorowski, Mark. 1995. "Economic Crisis and Political Regime Change: An Event History Analysis." *American Political Science Review* 89:882—897.

Geddes, Barbara. 1999. "What Do We Know About Democratization After Twenty Years?" *Annual Review of Political Science* 2:115—144.

Geddes, Barbara. 2005. *Why Parties and Elections in Authoritarian Regimes?* Paper presented at the Annual Meeting of the American Political Science Association, Chicago, IL.

Geddes, Barbara. 2008. "Party Creation as an Autocratic Survival Strategy." Unpublished manuscript, University of California, Los Angeles.

Greene, Kenneth. 2007. *Why Dominant Parties Lose: Mexico's Democratization in Comparative Perspective.* New York: Cambridge University Press.

Grzymala-Busse, Anna. 2011. "Time Will Tell? Temporality and the Analysis of Causal Mechanisms and Processes." *Comparative Political Studies* 44(9): 1267—1297.

Gurr, Ted R.. 1988. "War, Revolution and the Growth of the Coercive State." *Comparative Political Studies* 21(1): 45—65.

Haber, Stephen and Victor Menaldo. 2011. "Do Natural Resources Fuel Authoritarianism? A Reappraisal of the Resource Curse." *American Political Science Review* 105(1): 1—24.

Haggard, Stephan and Robert R. Kaufman. 1995. *The Political Economy of Democratic Transitions.* Princeton, NJ: Princeton University Press.

Herb, Michael. 1999. *All in the Family: Absolutism, Revolution, and Democracy in the Middle Eastern Monarchies.* Albany: State University of New York Press.

Herb, Michael. 2005. "No Representation without Taxation? Rents, Development and Democracy." *Comparative Politics* 37(3): 297—316.

Huntington, Samuel P.. 1968. *Political Order in Changing Societies.* New Haven, CT: Yale University Press.

Huntington, Samuel P. 1970. "Social and Institutional Dynamics of One-Party Systems." In *Authoritarian Politics in Modern Society: The Dynamics of Established One-Party Systems*, edited by Samuel Huntington and Clement Moore, 3—47. New York: Basic Books.

Janos, Andrew C.. 1970. "The One-Party State and Social Mobilization: East Europe between the Wars." In *Authoritarian Politics in Modern Society: The Dynamics of Established One-Party Systems*, edited by Samuel Huntington and Clement Moore, 204—238. New York: Basic Books.

Jensen, Nathan and Leonard Wantchekon. 2004. "Resource Wealth and Political Regimes in Africa." *Comparative Political Studies* 37(7): 816—841.

Jowitt, Ken. 1992. *New World Disorder: The Leninist Extinction*. Berkeley: University of California Press.

Karl, Terry Lynn. 1997. *The Paradox of Plenty: Oil Booms and Petro-States*. Berkeley: University of California Press.

Knight, Alan. 2003. "The Domestic Dynamics of the Mexican and Bolivian Revolutions." In *Proclaiming Revolution: Bolivia in Comparative Perspective*, edited by Merilee Grindle and Pilar Domingo, 54—90. London: Institute of Latin American Studies and David Rockefeller Center for Latin American Studies.

LeBas, Adrienne. 2011. *From Protest to Parties: Party-Building and Democratization in Africa*. New York: Oxford University Press.

Levitsky, Steven and María Victoria Murillo. 2009. "Variation in Institutional Strength." *Annual Review of Political Science* 12:115—133.

Levitsky, Steven and Lucan A. Way. 2002. "The Rise of Competitive Authoritarianism." *Journal of Democracy* 13(2):51—65.

Levitsky, Steven and Lucan A. Way. 2010. *Competitive Authoritarianism: Hybrid Regimes After the Cold War*. New York: Cambridge University Press.

Levitsky, Steven and Lucan A. Way. 2012. "Beyond Patronage: Violent Struggle, Ruling Party Cohesion, and Authoritarian Durability." *Perspectives on Politics* 10(4): 869—889.

Levitsky, Steven and Lucan A. Way. 2013. "The Durability of Revolutionary Regimes." *Journal of Democracy* 24(3):5—18.

Luebbert, Gregory. 1991. *Liberalism, Fascism, or Social Democracy*. New York: Oxford University Press.

Luong, Pauline Jones and Erika Weinthal. 2006. Rethinking the Resource Curse: Ownership Structure, Institutional Capacity and Domestic Constraints. *Annual Review of Political Science* 9:241—263.

Luong, Pauline Jones and Erika Weinthal. 2010. *Oil Is Not a Curse: Ownership Structure and Institutions in the Soviet Successor States*. New York: Cambridge University Press.

Lust-Okar, Ellen. 2007. *Structuring Conflict in the Arab World: Incumbents, Opponents, and Institutions*. New York: Cambridge University Press.

Magaloni, Beatriz. 2006. *Voting for Autocracy: Hegemonic Party Survival and Its Demise in Mexico*. New York: Cambridge University Press.

Magaloni, Beatriz. 2008. "Credible Power Sharing and the Longevity of Authoritarian Rule." *Comparative Political Studies* 41(4—5):715—741.

Magaloni, Beatriz and Ruth Kricheli. 2010. "Political Order and One Party Rule." *Annual Review of Political Science* 13:123—143.

Mahoney, James. 2001a. *The Legacies of Liberalism: Path Dependence and Political Regimes in Central America*. Baltimore, MD: Johns Hopkins University Press.

Mahoney, James. 2001b. "Path Dependent Explanations of Regime Change: Central America in Comparative Perspective." *Studies in Comparative International Development* 36(1):111—141.

Mahoney, James and Kathleen Thelen. 2010. "A Theory of Gradual Institutional Change." In *Explaining Institutional Change: Ambiguity, Agency and Power*, edited by James Mahoney and Kathleen Thelen, 1—37. New York: Cambridge University Press.

Moore, Barrington. 1966. *Social Origins of Dictatorship and Democracy: Lord and Peasant in the Making of the Modern World*. Boston: Beacon Press.

Morrison, Kevin. 2009. "Oil, Non-Tax Revenue and the Redistributional Foundations of Regime Stability." *International Organization* 63:107—138.

O'Donnell, Guillermo. 1973. *Modernization and Bureaucratic-Authoritarianism: Studies in South American Politics*. Berkeley: Institute of International Studies, University of California.

O' Donnell, Guillermo. 1978. "Reflections on Patterns of Change in the Bureaucratic Authoritarian State." *Latin American Research Review* 12(1):3—38.

O'Donnell, Guillermo. 1979. "Tensions in the Bureaucratic-Authoritarian State and the Question of Democracy." In *The New Authoritarianism in Latin America*, edited by David Collier, 285—318. Princeton, NJ: Princeton University Press.

O' Donnell, Guillermo. 1988. *Bureaucratic Authoritarianism: Argentina 1966—1973 in Comparative Perspective*. Berkeley: University of California Press.

O'Donnell, Guillermo and Philippe C. Schmitter. 1986. *Transitions from Authoritarian Rule: Tentative Conclusions about Uncertain Democracies*. Baltimore: Johns Hopkins University Press.

Pepinsky, Thomas B.. 2009. *Economic Crisis and the Breakdown of Authoritarian Regimes: Indonesia and Malaysia in Comparative Perspective*. New York: Cambridge University Press.

Pierson, Paul. 2004. *Politics in Time: History, Institutions and Social Analysis.* Princeton, NJ: Princeton University Press.

Przeworski, Adam, Michael E. Alvarez, José Antonio Cheibub and Fernando Limongi. 2000 . *Democracy and Development: Political Institutions and Well-Being in the World, 1950—1990.* New York: Cambridge University Press.

Przeworski, Adam and Fernando Limongi. 1997. "Modernization: Theories and Facts." *World Politics* 49(2): 155—183.

Reuter, Ora John and Jennifer Gandhi. 2011 . "Economic Performance and Elite Defection from Hegemonic Parties." *British Journal of Political Science* 41(1): 83—110.

Robinson, James and Ragnar Torvik. 2011. *Institutional Comparative Statics.* NBER Working Paper No. 17106. Cambridge, MA: National Bureau of Economic Research.

Ross, Michael L. 2001. "Does Oil Hinder Democracy?" *World Politics* 53(3): 325—361.

Rueschemeyer, Dietrich, Evelyne Huber Stephens and John D. Stephens. 1992. *Capitalist Development and Democracy.* Chicago: University of Chicago Press.

Schedler, Andreas. 2002. "The Menu of Manipulation." *Journal of Democracy* 13(2): 36—50. ed. 2006. *Electoral Authoritarianism: The Dynamics of Unfree Competition.* Boulder, CO: Lynne Rienner.

Schedler, Andreas. 2013. *The Politics of Uncertainty: Sustaining and Subverting Electoral Authoritarianism.* New York: Oxford University Press.

Seidman, Gay. 1994. *Manufacturing Militance: Workers' Movements in Brazil and South Africa.* Berkeley: University of California Press.

Simpser, Alberto. 2013. *Why Governments and Parties Manipulate Elections: Theory, Practice and Implications.* New York: Cambridge University Press.

Skocpol, Theda. 1979. *States and Social Revolutions.* New York: Cambridge University Press.

Skocpol, Theda. 1988. "Social Revolutions and Mass Military Mobilization." *World Politics* 40(2): 147—168.

Slater, Dan. 2003. "Iron Cage in an Iron Fist: Authoritarian Institutions and the Personalization of Power in Malaysia." *Comparative Politics* 36(1): 81—101.

Slater, Dan. 2010. *Ordering Power: Contentious Politics, State-Building and Authoritarian Durability in Southeast Asia.* New York: Cambridge University Press.

Smith, Benjamin. 2005. "Life of the Party: The Origins of Regime Breakdown and

Persistence under Single-Party Rule." *World Politics* 57(3):421—451.

Smith, Benjamin. 2007. *Hard Times in the Lands of Plenty: Oil Politics in Iran and Indonesia*. Ithaca, NY: Cornell University Press.

Stacher, Joshua. 2012. *Adaptable Autocrats: Regime Power in Egypt and Syria*. Stanford, CA: Stanford University Press.

Stinchcombe, Arthur. 1968. *Constructing Social Theories*. New York: Harcourt, Brace and World.

Streeck, Wolfgang and Kathleen Thelen. 2005. "Introduction: Institutional Change in Advanced Political Economies." In *Beyond Continuity: Institutional Change in Advanced Political Economies*, edited by Wolfgang Streeck and Kathleen Thelen. New York: Oxford University Press.

Svolik, Milan W.. 2012. *The Politics of Authoritarian Rule*. Cambridge: Cambridge University Press.

Tannenberg, Dag, Cristoph Stefes and Wolfgang Merkel. 2013. "Hard Times and Regime Failure: Autocratic Responses to Economic Downturns." *Contemporary Politics* 19(1): 115—129.

Thelen, Kathleen. 2003. "How Institutions Evolve: Insights from Comparative Historical Analysis." In *Comparative Historical Analysis in the Social Sciences*, edited by James Mahoney and Dietrich Rueschemeyer, 208 — 240. New York: Cambridge University Press.

Ulfelder, Jay. 2007. *Natural - Resource Wealth and the Survival of Autocracy. Comparative Political Studies* 40(8):995—1018.

Waldner, David. n. d.. "Democracy and Dictatorship in the Post - Colonial World." *Unpublished manuscript, Department of Political Science*, University of Virginia, Charlottesville.

Walt, Stephen. 1996. *Revolution and War. Ithaca*, NY: Cornell University Press.

Way, Lucan. 2005. " Authoritarian State Building and the Sources of Regime Competitiveness in the Four th Wave." *World Politics* 57(2):231—261.

Way, Lucan. 2015. *Pluralism by Default: Weak Autocrats and the Rise of Competitive Politics*. Baltimore: Johns Hopkins University Press.

Wiens, David, Paul Poast and William Roberts Clark. 2012. "Is There a Political Resource Curse? A Theoretical and Empirical Re-Evaluation." Unpublished Manuscript.

Wintrobe, Ronald. 2000. *The Political Economy of Dictatorship*. New York: Cambridge University Press.

Yashar, Deborah. 1997. *Demanding Democracy: Reform and Reaction in Costa Rica and Guatemala, 1870's—1950's*. Stanford, CA: Stanford University Press.

Ziblatt, Daniel. 2006. "How Did Europe Democratize?" *World Politics* 58(22): 311—338.

第三部分

时间分析工具

5. 权力与路径依赖

保罗·皮尔森

在有人对这一学科撤出权力研究提出尖锐批评(Moe,2005)的十年后,“免谈权力的政治学”的证据比从前任何时候都更加广泛。至少像它在美国政治这一领域所实践的那样——这一实践在塑造这一学科的整体轮廓上起到了重要作用,权力和影响力依然是难以捉摸的、无益的和边缘化的概念。当美国主义者去寻找“权力”(对那些有更多资源的人来说是决定性的政治优势)时,他们多半没有找到。没有多少证据表明,竞选捐款或议会游说系统性地影响了国会的记名投票(Schlozman,Verba and Brady,2012)。斯蒂芬·安索拉贝赫(Stephen Ansolabehere)、约翰·德·菲格雷多(John de Figueiredo)和詹姆斯·施奈德(James Snyder)挑衅性地问道:“为什么美国政治中钱那么少?”他们发现,尽管这在部分程度上是因为捐款引发了大规模集体行动的难题,但同样是因为金钱似乎对选举结果影响甚微(Ansolabehere,de Figueiredo and Snyder,2003)。一些重要学者对利益集团的议会游说所做的一项广泛而精细的研究最近报告,“在(集团)资源与结果之间几乎找不到任何关联”(Baumgartner et al.,2009)。当然,考虑到在过去一代人的时间里美国的经济不平等非同寻常地增长,在经验研究里找不到权力就尤其令人困惑了。

权力的难以捉摸不仅仅是个经验问题。从根本上讲,权力实际上并不适合研究美国政治的主导框架。这些框架典型地把权力描绘为流动的或“可塑的”。选举遵循的是达尔文主义的逻辑：这一轮的输家经过调整，成为下一轮的赢家。撇开任期不谈，大卫·梅休(David Mayhew)注意到，在过去一个世纪左右的时间里，总统选举基本上是两党之间掷硬币(Mayhew，2002)。立法机关受阿罗投票悖论的影响，以至于任何立法斗争中的输家都有很好的机会循环回到赢家的位置。选民的观点通常被认为是对政策制定者的一种强大约束，他们随着稳健的政策步伐来回摆动。选民偏好的运转就像一个恒温器，把政治体制带回中间道路(Erikson，MacKeun and Stimson，2002)。不管焦点是集中于选民、立法机关还是政党，暂时优势而非持久优势似乎是规则。哈克尔和我提出，主流框架对待政治就像是电影《土拨鼠之日》(*Groundhog Day*)所描述的那样，每天过去之后，比尔·默里(Bill Murray)醒来，再次发现自己身在庞克瑟托尼，实际上没有什么重要的事情被改变，所有参与者都只是从头开始(Hacker and Pierson，2014)。

一方面是迅速增长的社会不平等，另一方面是政治学不能察觉权力的不平等，两者之间引人注目的并列在美国政治的研究中最为明显，其并不局限于这一领域。最近比较政治经济学领域的发展揭示了类似的趋势。在一种哈尔(Hall，2010)描述为“熊彼特主义”的趋势中，比较分析学派的学者告别了更“结构化的”框架，转向更原子化、更流动的框架。比较政治经济学离开了探索组织化利益调解体系，转向行为主义和选票主义的聚焦选民偏好与政策结果之间的关联。像他们的美国主义同行一样，他们如今把政治家与选民之间的接合(以选举制度与立法制度的结构为中介)看作政治的核心——实际上几乎是全部。与此同时，作为整体的学科，其对于实验的和准实验的方法有一种新的痴迷，这些方法强有力地引导研究转向调查一组有限的可以直接观察到的微观现象。

对于权力研究，我认为，这些都是不幸的转向。权力就像一座冰山，任何时刻，其大部分在水面下，构成社会核心的制度结构和组织结构。要想让这种影响力变得清晰可见，只能通过有理论根据的分析和恰当的研究设计去了解潜藏在大多数当代政治学所关注的可直接观察的行为下的东西。

事实上，为了向前进，我们首先需要往回走，并在那些源自老的共同体权力争论的洞见的基础上构建理论。那场争论可能提醒我们，很多当代学术研究的非时间微观导向为什么让影响力如此难以看见。共同体权力争论结束于一条死胡同,但那里有令人兴奋的机会,可以构建新一代系统性的影响力研究。这些机会部分源自理性选择制度主义中一些重要的理论发展。然而,它们严重依赖比较历史分析方法中核心框架的扩展。比起坚持不懈地聚焦微观行为的研究,比较历史分析方法非常适合权力研究。这在部分程度上是因为它强调分析宏观结果,这些结果凸显并试图解释社会上持续存在的结构差异。我认为,更重要的是它聚焦审视历史过程。向前走,过程研究随着时间而展开,强调关键节点和路径依赖动态,可以对重新开始并有所增强的权力审视做出核心贡献。

共同体权力回顾

权力的边缘化并不总是政治学的典型特征。相反,多元论者与其批评者之间围绕政治影响力的性质和分配的争论是这一学科历史上最著名的争论之一。即使在半个世纪后,共同体权力争论也依然是开始重新审视政治影响力这个主题的最佳处,因为它凸显了争论的维度,这些维度对于任何试图把权力置于政治分析中心的努力依然是必不可少的。

这场围绕多元主义的争论开始被称作"共同体权力"争论,人们对它依然足够熟悉,这里只需要快速勾勒一下它的大致轮廓。像达尔(Dahl)和林德布洛姆(Lindblom)这样的多元主义者坚持认为,权力广泛分布于现代政治中(Dahl,1961;Dahland Lindblom,1953)。他们强调,各种各样政治资源的存在以及利用五花八门的政治活动(尤其是美国"麦迪逊主义的"制度安排)现场的潜在可能阻止了权力的集中。影响力的分配是不平等的,但分布是广泛的。

共同体权力的批评者则反击说,这一分析依赖过度狭隘化权力的概念(Bachrach and Baratz,1962;Crenson,1971;Lukes,1974),特别是那些在围绕政治选择公开论争中明显可见的影响力的形式。反多元主义者把这一公开论争描述为权力的"第一"维或面,他们认为,还有另外一些维度不那么明显但更重要。典型地,那些维度被称作第二维或第三维。

第二维指的是这样的情况:竞争的利益得到承认(至少是被无权者所承

认),但公开论争并没有因为权力的不对等而发生。这一维度被打包在偏见动员(mobilization of bias)这个总括性的术语中,在大多数构想中不只是有点模糊。它可以很有用地分为两个截然不同的组成部分,凸显潜在影响力的不同维度。第一个部分可以称为非决策(nondecision),指的是正式或非正式的决策规则可能以什么方式照顾一些行动者的关切而忽视另一些行动者的关切。在杜撰这个术语上,巴克拉克(Bachrach)和巴拉茨(Baratz)仿效的是沙特施奈德(Schattschneider),他的原创构想依然值得在这里详细引述:

> 遏制冲突上升的一条令人信服的途径,不过就是不给冲突提供场地,或者不创立有权对冲突做任何事情的公共机构……一切立法程序都装备了控制爆炸性材料流入政府机关的装置。一切形式的政治组织都有偏见青睐利用某些种类的冲突而压制另一些冲突,因为组织就是对偏见的动员。某些议题被组织到政治中,而另一些议题被组织在政治外。(Schattschneider,1960,69)。

在当代社会科学中,我们会说,影响力的这一维度指的是议程控制。人们如今已经清楚地懂得,这是制度可能有利于特定行动者的主要方式之一。麦凯尔维(McKelvey,1976)开拓性的研究证明,给定几个现实主义的关于偏好分配的假设,议程控制的结构可以决定最终的结果。麦凯尔维的工作催化了丰富的研究文献。议程控制的分配确实可以有效地把某些议题(或团体)组织到政治中,而另一些则被组织在政治外。

第二维中的另一个核心机制是预先反应机制。在这里,一些潜在议题也被"组织"在政治外,但这事发生的方式有根本上的不同。有时候,公开论争之所以没有发生,是因为弱势行动者鉴于他们的弱势地位而理性地选择不参与。论争是有代价的,这既是因为需要耗尽资源,也是因为——如果你处于弱势的话——有力者会报复这一前景。为了强调我们所想的,报复可能意味着丢掉工作、社会放逐,或者针对你、你的家人或朋友的身体暴力。考虑到这些代价,如果看上去有可能失败的话,选择不行动就可能完全合理。关键点是,决策并不是在权力关系的阴影下发生的争论。如果一个奴隶不选择反叛,我们就不应该把缺少公开论争看作这里面不涉及权力的一个标志。再一次,这一动态在某些现代语境中被广泛认识到——预先反应是标准博弈论分析中的显著特征——但它并没有被很好地整合到对民主政治中政治影响力的核心理解中。[1]

典型地被称作第三维的,涉及权力的观念成分。有权力的行动者可以在其他人身上灌输那些对他们有利的观点,从而获得优势。本质上,这涉及马克思所说的虚假意识(false consciousness)。那些控制着媒体、学校、教会或其他关键文化机构的人,可以在其他人身上培养那些服务于有权者利益的信念(关于什么是可欲的或什么是可能的)。再一次,表面上看似一致同意的那种东西,可能反映了影响力的潜在不平等。

多元主义者坚持认为,焦点应该集中在公开冲突上。正如多元主义者纳尔逊·波尔斯比(Nelson Polsby,1980)认为的,看看究竟是谁在做决定中占优势"似乎是确定哪些个人或团体在社会生活中'更有'权力的最佳方式,因为行动者之间的直接冲突呈现了这样一个情境:它最接近对他们影响结果的能力的实验检测"(4)。权力的三个维度的接合代表了对影响力这个概念的一次强有力的进攻。反多元主义者的核心主题:表面现象只是表面现象。如果你照单全收,它们可能是理解社会中权力结构的高度误导性的向导。

反多元主义者批评的力量依赖一个决定性的洞见:权力的运用常常不是采取公开论争的形式。实际上,这一点可以说得更有力一些:凡是权力分配十分不平等的地方,我们将预期看到*很少甚至没有公开论争*。相反,议程控制、预先反应和文化操纵的某种组合平息了冲突,并使冲突局限于潜在议题的一个更狭窄、更非本质的子集。大多数时候,冲突只是发生在权力平衡相对比较公平(或者人们相信比较公平)的那些问题上和那些人之间。因此一点也不奇怪,对于这个被扭曲的可能冲突的子集,经验研究并没有揭示清晰的结果模式。多元主义者过去是,现在依然是在完全错误的地方寻找权力。对于研究公开冲突——大多数美国主义的影响力研究就是仿效这一研究——他们在方法论上的坚持系统地让他们的结论产生倾斜。正如科皮(1985)总结的,"由于显在冲突的可能性随着行动者之间权力资源差别的增加而减少,因此把权力研究的焦点集中于涉及显在冲突的情境相当可观地增

---

1 例如,在大多数语境中,它和投票行动的相关性似乎有限,在主流政治学中常常作为对影响力的最高运用来处理。

加了发现‘多元主义’权力结构的可能性”(36)。

然而，批评者的洞见被证明是一把“双刃剑”。多元主义者通过一系列颇有影响的反驳而发起的反击被浓缩为一个可怕的回应：你不可能研究你看不到的东西(Polsby，1980；Wolfinger，1971)。由于反多元主义者似乎聚焦并没有发生的事情，因此他们不可能系统地观察他们声称正在运转的那些机制。对多元主义者来说，声称强者默不作声地主宰弱者，不过是乔装为社会科学的意识形态自负——是一系列关于所有这样一些事情(进步的或激进的)的断言：大众会在缺乏隐藏的权力结构的情况下执行这些事情。

到20世纪70年代晚期，争论似乎陷入僵局，大多数政治学家乐意继续进行。[1] 正如莫伊(Moe，2005)指出的，“20世纪60年代的共同体权力争论，加上大批有争议的论述权力的哲学著作，似乎使这一学科的很多人相信，权力不可能严谨地被定义或研究”(226)。同样重要的是，行为主义革命和理性选择革命使得这一学科的焦点转向了政治学的一个更原子化的版本，强调个人的选择及合作，共同围绕有利的制度安排。

把权力请回来

具有讽刺意味的是，正当权力作为学科内的一个关切而淡出时，我们今天实际上处在一个更加强大的位置上，可以识别多元主义最初的批评者们所探索的那种影响力。理论的进步使得反多元主义者的某些主张变得更容易处理。社会科学家如今有能力看到更多潜藏在水面下的东西。然而，这一学科的很多人没能利用这些机会，恰好是因为当代研究原子化的微观导向削弱了社会科学家刚刚出现的系统研究影响力的能力。

如果他们大量利用源自比较历史分析的洞见，就很有可能抓住系统研究权力的新机会。实际上，在这一学科长时间地撤离权力研究的那段时间，比较历史分析作为一个例外而显得超群出众。它的定义性特征——对实质性

1 在向一组不同的知识关切的转变中，几乎被忽视的是两个最著名的多元主义者罗伯特·达尔(Robert Dahl)和查尔斯·林德布罗姆(Charles Lindblom)的立场改变，他们在后来的研究中(Dahl，1982；Lindblom，1977)实际上叛逃到了反多元主义阵营。

高风险的结果感兴趣，它围绕仔细比较大规模案例的研究设计——始终明显适合审视那些根深蒂固的、极其重要的权力结构。今天，有一些令人兴奋的机会，可以把它和日益精细的研究隐藏政治的工具结合起来，从而增强它与众不同的研究权力的能力。

影响力为什么成了一个更容易处理的问题呢？部分功劳应当归于理性选择制度主义，这一学派成功地拆开并研究了上文讨论过的权力第二面的两个截然不同的维度（议程控制和预先反应）。正如我们已经指出的，它让我们更加丰富地认识到了议程控制的重要性，以及特定的统治结构如何给不同的议程分配权力。

我们现在知道，特定的制度安排将会系统地青睐某些观点和利益的代表。不妨考量两个基本的、得到了透彻研究的实例：

● 独立中央银行的建立很可能通过授权特定的行动者集，并减少他们面对特定种类政治压力时的脆弱性，从而以可预期的方式持久地改变货币政策（例如，Franzese，1999）。

● 立法机关领导人可以使用他们手里“负面议程控制”的权力，把那些将会分拆其联合的事项排除在议程外，获得一些否则将不可承受的结果（Cox and McCubbins，1993）。

预先反应的观念也是如此。对这个现象的认识明显遭遇理性选择制度主义的兴起（Friedrich，1963）。然而，博弈论让社会科学家们更精细地理解了预先反应在政治中的作用。这反过来鼓励了研究谈判权力的技术的发展，这一技术把“非决策”看作政治的一个完全在预料中的、可以研究的方面（Cameron，2000）。实际上，系统性地关注预先反应可以给政治学者提供一个强有力的手段来识别重要场景中影响力分配的改变（Broockman，2012；Hacker and Pierson，2002）。

然而，就大部分而言，这些理论的发展没能让权力研究重新充满活力。相反，它们很不自在地与更广泛地转向原子化的、微观导向的、免谈权力的政治学共存。它们以一种有限的方式被应用于一个有限的问题集，或多或少在讨论的边缘经营，强调合作、对公民偏好的响应性，以及政治安排的一般流动性（Hacker and Pierson，2014）。

权力不应被推到边缘，而应当处在政治学的核心。这正是莫伊(2005)的推理，他广泛批评了理性选择学派的学者们从经济学那里引入制度主义变种并让权力问题处于从属地位。莫伊指出，理性选择制度主义的核心论证——这些论证强调制度如何促进协调、强加义务并方便从贸易中获取——依赖自愿交换的假设。尽管有些人可能比其他人获得更多，但每个人都会由于这些安排而得到改善。如果个人不会得到改善，他们就会选择不参与。莫伊反驳道，尽管这些框架产生了一些关于制度如何帮助特定政治联合的关键洞见，但它们忽视了政治的一个关键特征。不像市场交换的情况，在政治中，一个赢家联合开始使用政治权力，它可能利用这一权力把结果强加给输家。这些输家常常没有可行的退出选项。无视(或贬低)这一至关重要的差别就漏掉了很多处于政治核心的东西，并让论争看上去远比其典型状态更加温和。

莫伊坚持认为，在政治中，赢家可能对输家运用权威，其含意十分深刻(Gruber，2000)。从根本上讲，这个前提暗示了必须承认，政治论争既是一场争取控制政治权威的战斗，也是一场使用政治权威把优势制度化的斗争，也就是说，为未来的胜利打基础。简言之，它要求评估政治影响力常常如何被投资。权威的运用并不只是权力的运用，它潜在地是一种产生权力的方式。我想要暗示的是，莫伊的分析给影响力研究指出了一个颇有希望的方向。他还提出，推动这个议程需要知识议程的进一步发展，在长期，这正是比较历史分析的典型特征。

最根本的要点是，权力是与时俱进的，并在不断发展的同时变得越来越看不见。要认识这一点，我们可以把莫伊关于赢家对输家行使权威的论证与约翰·加文塔(John Gaventa，1982)对权力的分析结合起来。在《权力与无力：阿巴拉契山谷的静止和反叛》(*Power and Powerlessness*：*Quiescence and Rebellion in an Appalachian Valley*)中，加文塔发展了一个精明的策略来捍卫反多元主义的立场，反击多元主义者的这样一个观点：你不可能研究你看不到的东西。他对一个特定场景中的政治冲突进行了一次仔细的经验主义研究——一个贫穷的采矿共同体的明显标志是同时存在表面上多元主义的政治制度和巨大的经济不平等——以有助于识别影响力是如何被调动的。

《权力与无力：阿巴拉契山谷的静止和反叛》是对多元主义者的一个持久

的方法论回答。加文塔认为，你可以研究并未发生的事情，只要你能清晰地解释权力的这些维度是通过什么样的机制运转的，并详细说明权力行使能够观察到的含意可能是什么。至关重要的是，加文塔强调那些含义有明显的时间维度。我们可以通过历史分析来揭示权力的"隐藏"维度。随着时间的推移，公开的反叛会以可预期的方式让位于静止，我们可以系统地研究这个历史过程。

不幸的是，加文塔的犀利论证来得太晚，没能在政治学者中发挥太大影响。话题已经从权力问题转向了制度研究。然而，加文塔的分析提供了一座必不可少的桥梁，架通共同体权力争论——在这场争论中，多元主义的批评者正确地认为，政治权力类似一座冰山，其主体的大部分潜藏在水面下——与同时代的试图构建对影响力不平等更敏感的理论的努力。加文塔转向历史分析不只是一次方法变动。有一点倒是真的，他令人信服地证明，我们可以通过追踪历史过程来查明政治影响力。加文塔的分析还是一次理论变动，因为它强调影响力的一些重要形式常常与时俱增。用比较历史分析的术语来说，权力潜在地服从正反馈或自我强化。正是在让这些动态变得更加明确的过程中，我们拥有了最佳的机会来扩大加文塔和莫伊的洞见。

路径依赖与权力

考量一下下面这些极为简短的历史概述：

● 随着 1876 年有争议的总统选举实现妥协，围绕后内战时期重建的斗争也到达了一个决定性的阶段。为了回报把白宫拱手让给共和党人，民主党赢得了一次重要的政策胜利。共和党人同意从南方撤走联邦军队，他们之前在那里为非裔美国人的民权和投票权提供保护。结果并不是立即结束南方重建。相反，它开启了一个"不安定和纷争的时期，参与和试图排斥并存的时期"。直至 19 世纪 90 年代，"共和党坚持了下来，而且规模很大，即使数量不断减少的黑人继续行使选举权"。1877 年的妥协开启了一场残酷的 15 年消耗战，在这场战争中，隔离主义者缓慢却稳步获得了最终具有压倒性的优势(Keyssar，2000，107—108)。

● 1954 年，一位睿智的（个人也深受欢迎的）总统艾森豪威尔（Eisenhower）私下嘲笑想要中止新政的愿望：

> 假如有任何政党试图废除社会保障、失业保险并取消劳动法和农场计划，你们就再也不会在我们的政治史中听到该党的名字。当然，有一个极小的分裂团体相信你们能够做这些事情。其中就有 H. I. 亨特（H. I. Hunt）（你们大概知道他的背景），另有少数几个得克萨斯石油百万富翁，以及偶尔个把来自其他地区的政客或商人。他们的数量可以忽略不计，他们是愚蠢的[Eisenhower，1970（1954）]。

艾森豪威尔的观点是，新政已经实现了持久的胜利。尽管他自己赢得了大选，但他和其他共和党人如今在一个这样的政策空间里经营：民主党人巩固之前的胜利从根本上改变了这一空间。已经没有回头的余地。

● 对 20 世纪 70 年代初期的政治挫折感到惊恐，美国商业社群在前所未有的规模上动员了起来，以增强它在华盛顿的影响力（Edsall，1984；Hackerand Pierson，2010；Vogel，1989）。在 1978 年和 1979 年与组织化劳工及公共利益集团进行的一连串战斗中，新近活跃起来的商业团体赢得了惊人的胜利。最初的胜利是防御性的胜利，阻遏了期待已久的自由主义的主动权。然而，这些早期的胜仗为一些更具进攻性的、大体上成功的努力奠定了基础，这些努力试图通过解除管制并降低对最富美国人征税来重塑美国政治经济的整体轮廓。

这些实例都是从美国历史中选取的，但类似的动态可以在任何政治体中找到。类似的主题出现在新闻记者戴维·雷姆尼克（David Remnick）最近对以色列移民者的主要政治组织耶沙议会主席达尼·戴安（Dani Dayan）的采访中：

> 戴安……被移民者当中那些执行“价格标签”报复行动的暴徒弄得进退两难：火烧清真寺，砍倒橄榄树，骚扰和殴打阿拉伯人。但是，从意识形态上讲，他在越来越自信的右翼以色列人的大合唱中是一个号角之声，告诉巴勒斯坦人和全世界：移民者已经实现了他们的目标，他们是“地面上的事实”，将会把定居点从巴勒斯坦国划掉。“我们是关键选手——或许是唯一的关键选手，”他说，“我们是焦点。每件事情都是对

我们所作所为的回应。我们在这里，并在这里发展，这个事实是设定现实的最终政治策略。我们为什么占上风？我们达到了不可逆转的关键点。”(Remnick，2013)

所有这些花絮都有两个共同的关键特征。第一，它们强调对抗力量之间(常常是残忍的)的政治竞争，在这样的竞争中，一方赢，另一方输。第二，它们强调胜利的一方并不是在一场遭遇战中赢得胜利——即使有一场遭遇战或一连串遭遇战可能是“关键性的”。决定性的胜利是通过一个随着时间展开的更复杂、更漫长的过程来实现的。当然，这个“关键节点加反馈”的模板对于比较历史分析来说是一个非常熟悉的模板(Capoccia and Keleman，2007)。我在这里想要聚焦的恰恰是如何把这个关键节点/路径依赖机器与令人气馁的研究权力的问题关联起来。

权力分配本身可能是路径依赖的，这并不是什么新观念。我自己论述这一主题的作品就经常提到赢家和输家，并建议把路径依赖与对权力的关切关联起来。然而，正如马汉尼(2000)正确地指出的，皮尔森(2000)主要审视涉及“功利主义”动态的自我强化过程，比如网络外部性和适应性期望。皮尔森(2004，36—37，47—48，71—74)在这方面做得要好一点，但他没能系统地发展关于权力动态的论证。

把权力关系设想为路径依赖、设想为权力可能产生权力的动态是不是讲得通呢？马汉尼(2000)认为是讲得通的，对此我表示同意。本节试着以一种更持久的方式致力于这一主张，凸显这样一个动态中可能涉及的特定机制、它们与现有相关研究的关联，以及它们暗示值得我们关注的种种经验问题和理论问题。

我将围绕政治胜利——公开论争中一个集团获得某种实质性优势的时刻——的概念来固定这一讨论(正如更广泛地论述关键节点的文献所预期的那样)。当然，在很多情况下，这是莫伊从不同角度凸显的相同时刻——一个行动者集(“赢家”)开始对另一个行动者集(“输家”)行使政治权威的时刻。

问题：关于接下来可能发生什么，以及那个最初的结果可能以什么方式影响尚未出现的辩论，我们能不能说点什么？事实上，我们可以很有用地把权力产生权力区分为5种方式：(1)资源存量的转移；(2)资源流的转移；(3)关于政治对手相对力量的信号;(4)对政治讨论和社会讨论的改变;(5)诱导改变偏好的投资。区分并阐述这些可能性不仅使仔细的经验研究更加便利,而且使凸显下面三者之间的关联成为可能:关于路径依赖权力动态的论证,围绕多元主义权力关系构想的古老争论中的著名论证,以及上文概述的更近一些的权力分析中的进步。

资源存量的转移

一场最初的胜利赖以产生额外权力的最明显的机制是直接影响政治资源的分配。正如人们所说,"战利品归胜利者"。赢家获得资源,他们在未来的几轮论争中可以调动这些资源;当然,输家只好眼睁睁地看着自己的资源减少。在某些语境中,特别是那些涉及直接使用强制手段的语境中,这一资源存量的转移本身可能足以产生逐步增长的资源不平等,作为未来几轮论争的结果。你或许能够以这种方式分析战争、内战及各种形式的造反。它们自身的决定性胜利以增加未来额外胜利的可能性的方式改变了资源的分配。

资源流的转移

来自胜利的战利品可能引发正反馈,如果最初的胜利不只是导致一次转移,而是资源流随着多轮竞争不断扩大,就尤其可能这样。很多政治胜利不仅改变了固定资源存量的控制权,而且改变了资源流的控制权。[1] 实际上,这一直是比较历史分析的核心关注。围绕核心制度安排或关键政策结果所取得的胜利使得未来几轮论争的战场发生了倾斜,扩大了竞争一方获胜的可能性(或胜利的可能规模)。1877 年的交易在结束南方重建上是决定性的,因为它确保了未来围绕南方政治经济所发生的冲突会发生在不同的场地(各州),免于联邦政府的干预。新的场地严重偏向隔离主义者。尽管他们并没有立即取得胜利,但他们占了上风。

1　正如很多长期饱受父母之苦的人能够告诉你的那样,垄断的游戏就有这个品质。一个玩家在某个关键节点获得决定性的结构优势,导致越来越多资源随着时间的推移而稳定地流向自己。接下来是一个漫长的收官阶段,在这个阶段,获得优势的一方缓慢却不可避免地把另外的玩家碾压在他的脚下。

在这里，对自我强化的权力的分析与反多元主义的观念的"偏见动员"和更近一些社会科学家对议程控制的兴趣关联起来。新的制度或政策管理常常是关键节点期间奖赏给胜利者的战利品(Hacker and Pierson，2014)。这些新的安排为某些行动者创造了对其他行动者的优势，把某些议题组织进来，而把另一些议题排除在外。在比较政治学的领域，胜利者所口授的最著名的制度安排是民主制本身——这是一个新的权威构造，持久地改变了分配政治权威的规则。新的决策规则降低了基于财产拥有或强制能力的政治资源的价值，增加了基于绝对数量的资源的价值(Acemoglu and Robinson，2012；Rueschemeyer，Stephens and Stephens，1992)。具体的宪政安排可能有持久有利于特定行动者的类似效应，例如，通过创造修宪的绝对多数要求(Starr，2014)。

在一个不那么宏大的规模上，"让比赛场发生倾斜"是通过建立新的政策安排来运作的，这些安排可能构成社会生活中一个特定领域的某种微型宪法。埃斯克里奇和费雷约翰(Ferejohn and Eskridge，2001)创造了"超法规"(super statute)这个术语，以区分那些在法学和规范上发挥强大引力的非常法律，但是，当你更宽泛地审视政策重塑政治环境的能力时，微型宪法的队伍便戏剧性地扩大了(Pierson，2006)。例如，在埃里克·帕塔什尼克(Eric Patashnik)的《改革之后》(*After Reform*，2008)中，航空业的解除管制在部分程度上是通过撤销民用航空局而得以巩固的，在这个管制场地上，老牌航空公司有最大的优势。与此同时，新的立法释放了引发一场消耗战的市场力量，逐步把高成本的航空公司(它们是解除管制的最强烈的反对者)赶出了竞赛场。这只是现代政策的普遍特征的一个实例。在比较政治经济学中，比较历史分析强调这样一些微型宪法深远的结构作用——以政策为基础的规则体系。这些规则体系包括社会计划(Esping-Andersen，1990)、产业关系管制(Thelen，2004)和法人治理结构(Gourevitch and Shinn，2007)。一切都被理解为深刻塑造了家庭生活，不仅强有力地影响了表面上中立的、与政治无关的市场如何分配报酬和风险，而且影响了互相竞争的利益集团未来的政治前景。

作为信号的胜利

有一个截然不同的反馈动态，关系到结果在关键节点的信号效应。在一次十分明显的冲突中获胜并不只是转移切实有形的资源存量或资源流，它还发出关于竞争者相对能力的强有力的信号。在这样的情况下，从战略上适应新的信号可能极其重要，值得区分一下可能采取的形式：

● 行动者可能背叛输的一方，走向赢的一方。

● 先前一直袖手旁观的行动者(或许出于漠不关心，或者出于害怕押错赌注)如今可能积极加入赢的一方。

● 站在输的一方的行动者考虑到未来失败日益增长的可能性，以及与继续动员相关联的日益增长的风险，或者两者兼而有之，从而选择“静止不动”(加文塔)。[1]

哈克尔和我关于 20 世纪 70 年代晚期美国“组织化战斗”中不断改变的平衡所做的论证强调了这些信号动态(Hacker and Pierson，2010)。1977 年和 1978 年的典型特征是一连串激烈战斗，在这些战斗中，新近振作起来的民主党人——他们在国会中的多数席位 8 年来第一次配上了对白宫的控制权——对商业社群摆出攻击的架势，后者完成了一项进攻性的五年计划，以加强它的组织能力。很多观察者认为这场竞争的政治结果是高度不确定的。商业团体干劲十足地游说最保守的或在选举上最脆弱的民主党人。最后，他们在一些议题上赢得了一连串令人震惊的胜利——从消费者保护，到产业关系改革，再到税收(就后者而言，卡特政府的温和递进提议遭到劫持，被资本所得税的急剧削减所取代)。我们提出，这些出乎意料的事件给政治参与者发出了一个强有力的信号，产生了上文描述的种种调整。最引人注目的是两个主要政党都重新定位它们的政策立场，更积极地回应商业团体的要求。

改变讨论

当行动者调动资源来改变其他人关于何为可欲或何为可能的观点，让那

1　当然，一次重大失败还可能触发反动员和反击的政治。尽管这个问题不可能在这里得到解释，但是，分析政治失败可能产生静止或反击的条件应该是那些研究权力的人的研究议程的一个重要组成部分。

些产生这些观念改变的人获益时，传统上所说的权力的“第三”维便出现了。这些社会资源可能在不同的领域塑造信息和论证的传播，包括学校、媒体和宗教组织。沃思诺(Wuthnow,1989)证明，“讨论共同体”在很短的时间里出现，开始分享、制度化和复制意识形态。伯曼(Berman,2003)对激进伊斯兰教的传播做出了类似的论证。极端分子控制了文化生产的关键机构，他们随后利用这一控制来激发公民世界观中的革命性转变。最近一份关于哈马斯控制的各省引入新的教科书的报告提供了一个当代例证(Akram and Rudoren,2013)。这些教科书把耶路撒冷的西墙描述为“伊斯兰财产”，不承认现代以色列，没有提及《奥斯陆和平协定》(*Oslo Peace Accords*)。

这些转变与上文讨论的关于信号和预先反应的论证密切相关。在民主政治中，产生这些改变的一个重要机制是诺埃尔-诺依曼(Noelle-Neumann,1984)所说的“沉默的螺旋”(spirals of silence)。当行动者看到某个特定观点变得边缘化时，他们就不太愿意清楚地表达这个观点。诺埃尔-诺依曼的社会心理学分析强调个人渴望与社会保持一致。然而，可能有另外的激励结构涉及不平等的权力。当一些特定观点变得不太盛行时，表达这些观点就可能变得代价更高。如果行动者得出结论：持有某个特定观点的人甚少，而且不断蔓延的沉默产生了一个虚假的共识，当特定的论证和观点在公共讨论中变得越来越罕见时，这个共识可能成为“真的”，这样的趋势就可能“螺旋上升”或自我强化。这个论证微观层面的证据很粗略(Lang and Lang,2012)，但你可以想象它在一些重要领域发挥作用。这一动态在某些语境中尤其可能，在这些语境中，讨论的参与者在权力关系的语境中做出战略决策。例如，如果看出了某个特定论点就要成为政治输家，他们就有强大的动机把这个论点划掉，并加入(或者至少不去挑战)正在出现的一致意见。如果精英讨论是大众意见的一个重要来源(Zaller,1992)，这些过程就可能反过来对大众文化有重大影响。

关于这样一个观念改变自我强化的过程，最近美国有一个惊人的实例，这就是对第二修正案不断演化的讨论(Siegel,2008)。从20世纪70年代开始，主张持枪权的积极分子试图推翻美国法律中的一个长期共识：第二修正案并没有为个人持枪权提供保护。他们发起了一场多方面的、资金充裕的努力,试图建立相反立场在学术上的可信度,然后在保守派中传播对这一立场的支持。这一努力最终产生了 2008 年 5∶4 的海勒案裁决,在这份裁决中,5 个保守派法官推翻了 70 年的法律先例。当“第二修正案权利”的文化基因获得力量时,政治家们(包括那些支持控枪的政治家)越来越发现,采用占优势的修辞是审慎的。[1] 他们的行为促进了讨论的迅速改变。紧接着持久而坚实地运用组织化压力后,对一个核心宪法议题的一致理解彻底反转了。[2]

有一点大概并不奇怪:随着行为主义和经验主义的兴起,意识形态的概念在经验主义的政治研究中失去了地位。意识形态通常是逐步发展的,需要广泛而持久的动员。行为主义者典型地聚焦所观察到的个人态度。到了态度改变已经很普遍的时候,资源动员的影响很可能就被遮蔽了——要么潜藏在过去,要么深深嵌入表面上中立或与政治无关的结构中。正如科皮(1985)指出的,“分析意识形态和信仰在权力语境中的作用,很容易被吸收到权力研究的行为主义方法中”(39)。任何研究权力“第三面”的成功方法都可能需要关注文化权力在漫长时间里的生产和复制。

诱发新投资

确定权力如何通过文化结构导致对偏好的操纵极其微妙。一个明显的权力诱发偏好改变的机制可能更容易处理一些。实际上,这一机制对路径依赖论证在社会科学中调动的方法至关重要。关键节点的结果,比如新的政策结构,诱发了投资于一些完全不同的社会安排的模式,比如特定的资产类别和组织。这些投资一旦做出,就会改变相关行动者的偏好。

这些论证(包括在我自己的阐述中)在很大程度上利用了制度经济学的工作。它们通常被表述为涉及物质刺激的改变。然而,与关于权力平衡的论证的潜在关联是直接的和深层的。竞争权力的联合可能承认,政治权威可以

1 Google Ngram 的一项研究揭示,“第二修正案权利”这个短语在 20 世纪 70 年代晚期前几乎从未听说过。出现在 1978 年至 1982 年,与极端保守派接管全国步枪协会刚好同时。接下来,在 1982 年至 2000 年,“第二修正案权利”这个短语的使用频率增长了 5 倍。

2 再一次,这个案例凸显了考量反击和反动员动态的重要性。对眼下的目的来说,关键点是,持续调动社会资源看来对于精英和普通公民以什么方式思考与持枪权有关的问题并据此采取行动有着相当可观的影响。

被用来诱发投资。典型地是通过新的政策安排来做到这一点。像以色列移民领导人一样,政治行动者试图创造新的"地面上的事实"。他们承认,一旦确立,这些忠诚就会改变偏好的分配,让一个政治联合获得对另一个政治联合的优势。这不仅是一个改变忠诚者数量平衡的问题,而且是一个改变强度平衡的问题。那些有大笔投资的人很可能在政治上决心坚定。雷姆尼克笔下的那位移民领导人再次是一个实例:"戴安确信,移民者的忠诚水平让任何其他集团相形见绌。他说,左派通过在《国土报》(*Haaretz*)的最近一篇社论上按下'喜欢'这个按钮来表现它的忠诚。"

我自己很多关于路径依赖的思考源自我试图理解一项政策动议——《社会保障法案》(*The Social Security Act*)——的政治含义的努力。《社会保障法案》是美国福利制度的基石。在它接近80岁生日时,它依旧强大。毋庸置疑,社会保障的那个与收入挂钩的、即期支付的结构,以产生政治行为和政治偏好的实质性改变的方式(Campbell,2003)在计划参与者中产生了深刻的忠诚。把这一政策倡议在部分程度上看作一个政治联合试图围绕一组社会议题持久改变权力平衡的努力是不是正确呢?答案显然是肯定的。正如玛莎·德西克(Martha Derthick,1979)所论述的那样,富兰克林·罗斯福(FDR)就这一政策设计的关键成分亲自打电话,推翻他自己的委员会最初的计划。在回应一个后来抱怨融资体系倒退的访问者时,罗斯福强调了由受益人付钱的养老金体系在政治上的好处:

> 我猜你在经济学上是对的,但那些税款从来就不是一个经济学问题。它们完全是政治。我们把那些社保缴款放在那儿,好让缴款人有法律的、道德的和政治的权利去收集他们的养老金……有了那些税款在那儿,任何一个该死的政治家都不可能废掉我的社会保障计划。(转引自Derthick,1979,230)。[1]

休伯和史蒂芬斯(2001)把这一动态作为他们的比较福利国家发展分析的核心。政策发展不像《土拨鼠之日》,每轮过后人人都在自己最初的场地上

---

1 罗斯福并没有提到社会保障的即期支付结构,它对于改变偏好分配也是至关重要的。这个设计特征直至1939年才被纳入。

从头开始。实际上,休伯和史蒂芬斯描绘了一个“政策棘轮”,在这个装置中,政策法规使民众产生对公共福利的依恋,策划政治偏好分配的改变。所有社会行动者都必须把这一改变纳入考量,并据此改变他们的行为。这恰好就是艾森豪威尔总统试图让他的(更右翼的)兄弟在1954年理解的东西。休伯和史蒂芬斯让人几乎不怀疑这一动态应当被视为涉及一项有意识的政治计划,在这项计划中,对政策的控制权被用来增强今后的政治支持。

关于这5个机制中的每一个都有更多的话可说。我在这里的目标只是区分一些重要的方式,权力可以以这些方式随着时间的推移而产生更多权力,并显示,有很好的理由认为其中每个机制都在重要的社会过程中运转。当然,值得强调的是,这些机制(遵照加文塔的说法)可以帮助充实权力的非多元主义维度(并使之在经验上容易处理)。因此,第二维的聚焦预先反应常常通过动员强者、遣散弱者的信号动态而逐步展开。关键节点之所以是“关键的”,常常是因为它们所产生的“偏见动员”,通过改变议程控制(权力第二维的另一个方面)的新制度来运转。权力的第三维聚焦偏好的形成,可以通过意识形态动员、沉默的螺旋以及新制度建立后改变偏好的资源投入来运转。归到一起,这些机制显示,随着时间的推移而产生的权力不平等如何缩小了强弱之分会产生的公开冲突的程度。

方法论含义很清楚。公开冲突并不是寻找关于权力分配的证据的最佳场所,除非这些冲突被当作可观察到的关注隐藏过程的理论含义的一个子集。预先反应和议程控制的运转可以系统地研究。比较历史分析的工具——对历史过程敏感并聚焦大规模结果——很适合这一研究议程。可以成果丰硕地把它们与博弈论及制度分析中一些发展得很好的方面结合起来,有一些令人兴奋的新机会,关系到诸如“大数据”分析这样一些新技术的出现,可以彻底改变试图研究大众和精英讨论的努力。权力是一个容易处理的主题,但只有当你知道去哪里寻找权力的时候,才是如此。

政治学与权力问题

这是一个古怪的情境。一些研究美国政治的学者注意到日益增长的资源不平等分配(Schlozman, Verba and Brady, 2012),但是,当他们试图去观察这种不平等分配如何转变成权力不平等时,他们却费了很大的劲来寻找它。[1]马克·史密斯(Mark Smith, 2000)的仔细研究发现,当据说有权有势的商业社群在一个重大政策议题上高度一致时,在实现其偏爱的结果上却有着非常贫血的记录。同样,一个研究重要利益集团的学者团队(Baumgartner et al., 2009)可能找不到证据来证明,有更大资源的一方在政策战中有任何明显优势。

这是因为,最初批评多元主义的人在一个关键点上是正确的:权力冰山的大部分隐藏在水面下。史密斯没有审视其他社会行动者可能对抗统一商业社群的利益的所有议题。他只审视了更加受限的议题集,在这些议题上(一旦把预先反应、倾斜比赛场地和其他障碍纳入考量),其他政治行动者相信他们有合理的成功前景,并在事实上设法推动他们的关切进入政治议程。在缺乏大震荡的情况下——这样的震荡会从根本上改变权力平衡——我们应该预期政治冲突的高度可见性只出现在竞争力量的权力资源相对平均的地方。因此,当我们审视冰山那个有点小的顶端时,应当预期看不出什么清晰的模式。

值得称赞的是,鲍姆加特纳(Baumgartner)和同事们认识到了他们分析的这一局限。正如经济学家说一家公司的股价可能包含关于该公司价值的所有信息,他们也暗示,政策现状包含了继承而来的权力分配。如果某些团体随着时间的推移而有了更大的影响力,那么我们就应当预期,现状已经反映了这一点。除非它们的相对权力继续增长(大概是通过这里所识别的一个或多个反馈机制),否则我们就不应该预期他们将会在未来发生的额外的公开冲突中获胜。现有的政策是一个均衡。简言之,他们认为,他们的发现——很少的优势源自公开调动更大的政治资源——与认为基础性权力资源分配很不平等的政治观是一致的。

---

1 我有些言过其实。美国主义者开始去寻找证据的一个地方是在关于立法议员对民意的响应性的研究中(Bartels, 2010; Gilens, 2012; Gilens and Page, 2014)。但即使在这里,研究做得更好的也只是揭示了态度与结果之间的断裂,而不是解释断裂来自何处。换句话说,如果选民不统治,那么谁统治,如何统治?

然而,其含义是,要理解这些权力不平等,我们需要不同的策略:我们需要审视随着时间而展开的过程。这正是加文塔的立场。并非巧合的是,它正是最近一些最有效的研究工作所援引的策略,以修正我们对现代社会中权力关系的理解(Broockman,2012;Carpenter,2001)。说权力并没有表达在可见的冲突中并不意味着不能研究权力。正相反,近几十年里,我们已经在很多方面取得了进步,对水面下的东西进行了探索,比共同体权力理论家们所认为的更加可行。有些这样的进步来自博弈论学家和理性选择制度主义者,但是,关于关键节点和路径依赖的论证过去一直是,将来还会是这一努力的核心。[1]

不妨考量一个来自比较政治经济学领域的简短的结尾说明。有些人从强调原子化选民的偏好和行为的角度研究不平等这个主题,他们的核心预期正是梅尔泽和理查德(1981)的预期。向最高收入群体倾斜的日益增长的不平等应该产生更平等主义的政策,因为中间选民有越来越强烈的动机投票支持再分配。正如休伯和史蒂芬斯(2012)最近所指出的,逻辑可能很漂亮,但经验主义者"完全错了"(11)。正是最平等主义的社会做出最大的努力使收入平等化。此外,当社会变得更不平等时,它们常常减少而不是增加它们的再分配努力。正如休伯和史蒂芬斯所强调的:"中等收入与平均收入之间的更大差距往往伴随着更倾斜的政治权力分配,以及对再分配要求更低的响应性。"

在这里,休伯和史蒂芬斯利用权力资源理论的核心观念强调科皮(1986)所说的"交换中的'马太效应':凡有的,还要加给他"(36)。这里讨论的所有权力增强机制都有助于解释这个惊人的结果。这个实例澄清了比较历史分析为什么典型地强调有差别的政策管理——要么增强,要么挫败平等主义的压力——的重要性。从更根本上说,它指向这样一个需要:必须聚焦权力如何成为持久社会结构的组成部分,而不是完全在公开冲突的层面上运转。只有通过解释关键节点的结果如何产生社会安排中持久的(但不是永久的,也

1　像莫伊(2005,229)一样,我也相信,如果社会分析聚焦权力,那么"理性选择学派的理论家们和历史制度主义者就会比之前任何时候有更多的共同之处,而且,理论家和经验主义者很可能以更加富有成果的方式走到一起"。

不是一成不变的)改变,我们才能让影响力的不平等变得清晰可见。实际上,可以说,比较历史分析对社会科学最重要的贡献是它致力于理解权力的不平等以什么方式被深深地构建到现代社会的隐藏结构中。

参考资料

Acemoglu, Daron and James Robinson. 2012. *Why Nations Fail*. New York: Crown Books.

Akram, Fares and Jodi Rudoren. 2013. "To Shape Young Palestinians, Hamas Creates Its Own Textbooks." *New York Times*, November 4, p. A1.

Ansolabehere, Stephen, John de Figueiredo and James Snyder. 2003. "Why Is There So Little Money in American Politics?" *Journal of Economic Perspectives* 17:105—130.

Bachrach, Peter and Morton S. Baratz. 1962. "The Two Faces of Power." *American Political Science Review* 56:947—952.

Bartels, Larry. 2010. *Unequal Democracy*. Princeton, NJ: Princeton University Press.

Baumgartner, Frank R., Jeffrey M. Berry, Marie Hojnacki, David C. Kimball, and Beth L. Leech. 2009. *Lobbying and Policy Change: Who Wins, Who Loses and Why*. Chicago: University of Chicago Press.

Berman, Sheri. 2003. "Islamism, Revolution, and Civil Society." *Perspectives on Politics* 1:257—272.

Broockman, David. 2012. "The 'Problem of Preferences': Medicare and Business Support for the Welfare State." *Studies in American Political Development* 26(2):83—106.

Cameron, Charles. 2000. *Veto Bargaining*. Cambridge: Cambridge University Press.

Campbell, Andrea. 2003. *How Policies Make Citizens*. Princeton, NJ: Princeton University Press.

Capoccia, Giovanni and Daniel Keleman. 2007. "The Study of Critical Junctures: Theory, Narrative, and Counterfactuals in Historical Institutionalism." *World Politics* 59: 341—369.

Carpenter, Daniel. 2001. *The Forging of Bureaucratic Autonomy*. Princeton, NJ: Princeton University Press.

Cox, Gary and Matthew McCubbins. 1993. *Legislative Leviathan: Party Government in the House*. Berkeley: University of California Press.

Crenson, Matthew A.. 1971. *The Un-Politics of Air Pollution: A Study of Non-Decision-Making in the Cities*. Baltimore: Johns Hopkins University Press.

Dahl, Robert A.. 1961. *Who Governs? Democracy and Power in an American City*. New Haven, CT: Yale University Press.

Dahl, Robert A.. 1982. *Dilemmas of Pluralist Democracy*. New Haven, CT: Yale University Press.

Dahl, Robert A. and Charles E. Lindblom. 1953. *Politics, Economics and Welfare: Planning and Politico-Economic Systems Resolved into Basic Social Processes*. Chicago: University of Chicago Press.

Derthick, Martha. 1979. *Policymaking for Social Security*. Washington, DC: The Brookings Institution.

Edsall, Thomas. 1984. *The New Politics of Inequality*. New York: W. W. Norton.

Eisenhower, Dwight D.. (1954) 1970. "Letter to Edgar Newton Eisenhower." Document #1147, November 8. In *The Papers of Dwight David Eisenhower*, Vol. XV, edited by Louis Galambos. Baltimore: Johns Hopkins University Press.

Erickson, Robert, Michael MacKuen and James Stimson. 2002. *The Macro Polity*. Cambridge: Cambridge University Press.

Eskridge, William and John Ferejohn. 2001. "Super Statutes." *Duke Law Journal* 50:1215.

Esping-Andersen, Gøsta. 1990. *Three Worlds of Welfare Capitalism*. Princeton, NJ: Princeton University Press.

Franzese, Robert. 1999. "Partially Independent Central Banks, Politically Responsive Governments and Inflation." *American Journal of Political Science* 43:676—681.

Friedrich, Carl J. 1963. *Man and His Government*. New York: McGraw-Hill.

Gaventa, John. 1982. *Power and Powerlessness*. Champaign-Urbana: University of Illinois Press.

Gilens, Martin. 2012. *Affluence and Influence*. Princeton, NJ: Princeton University Press.

Gilens, Martin and Benjamin I. Page. 2014. "Testing Theories of American Politics: Elites, Interest Groups and Average Citizens." *Perspectives on Politics* 12(3):564—581.

Gourevitch, Peter A. and James Shinn. 2007. *Political Power and Corporate Control: The New Global Politics of Corporate Governance*. Princeton, NJ: Princeton University

Press.

Gruber, Lloyd. 2000. *Ruling the World: Power Politics and the Rise of Supranational Institutions*. Princeton, NJ: Princeton University Press.

Hacker, Jacob and Paul Pierson. 2002. "Business Power and Social Policy: Employers and the Formation of the American Welfare State." *Politics and Society* 30:277—325.

Hacker, Jacob and Paul Pierson. 2010. *Winner-Take-All Politics: How Washington Made the Rich Richer and Turned Its Back on the Middle Class*. New York: Simon and Schuster.

Hacker, Jacob and Paul Pierson. 2014. "After the 'Master Theory': Downs, Schattschneider, and the Rebirth of Policy-Focused Analysis." *Perspectives on Politics* 12(3):643—662.

Hall, Peter A.. 2010. "Politics as a Process Structured in Space and Time." Paper presented at the Annual Meeting of the American Political Science Association, Washington, DC, September 2—5.

Huber, Evelyn and John Stephens. 2001. *Development and Crisis of the Welfare State*. Chicago: University of Chicago Press.

Huber, Evelyn and John Stephens. 2012. *Democracy and the Left: Social Policy and Inequality in Latin America*. Chicago: University of Chicago Press.

Keyssar, Alex. 2000. *The Right to Vote*. New York: Basic Books.

Korpi, Walter. 1985. "Power Resources Approach vs. Action and Conflict: On Causal and Intentional Explanations in the Study of Power." *Sociological Theory* 3(2):31—45.

Lang, Kurt and Gladys Engel Lang. 2012. "What Is This Thing We Call Public Opinion? Reflections on the Spiral of Silence." *International Journal of Public Opinion Research* 24(3):368—386.

Lindblom, Charles E.. 1977. *Politics and Markets*. New York: Basic Books.

Lukes, Stephen. 1974. *Power: A Radical View*. London: Macmillan.

Mahoney, James. 2000. "Path Dependence in Historical Sociology." *Theory and Society* 29(4):507—548.

Mayhew, David. 2002. *Electoral Realignments: A Critique of an American Genre*. NewHaven, CT: Yale University Press.

McKelvey, Richard. 1976. Intransitivities in Multidimensional Voting Models and Some Implications for Agenda Control." *Journal of Economic Theory* 12(3):472—482.

Meltzer, Alan H. and Scott F. Richard. 1981. "A Rational Theory of the Size of Government." *Journal of Political Economy* 89(5):914—927.

Moe, Terry M.. 2005. "Power and Political Institutions." *Perspectives on Politics* 3:215—233.

Noelle-Neuman, Elisabeth. 1974. "The Spiral of Silence: A Theory of Public Opinion." *Journal of Communication* 24:43—51.

Patashnik, Eric. 2008. *After Reform*. Princeton, NJ: Princeton University Press.

Pierson, Paul. 2000. "Increasing Returns, Path Dependence, and the Study of Politics." *American Political Science Review* 94:251—267.

Pierson, Paul. 2004. *Politics in Time: History, Institutions and Social Analysis*. Princeton, NJ: Princeton University Press.

Pierson, Paul. 2006. "Public Policies as Institutions." In *Rethinking Institutions: The Art of the State*, edited by Stephen Skowronek, Ian Shapiro, and Daniel Galvin, 114—134. New York: New York University Press.

Polsby, Nelson. 1980. *Community Power and Political Theory: A Further Look at Problems of Evidence and Inference*. 2nd ed. New Haven, CT: Yale University Press.

Remnick, David. 2013. "The Party Faithful: The Settlers Move to Annex the West Bank and Israeli Politics." *The New Yorker*, January 21.

Rueschemeyer, Dietrich, Evelyn Stephens and John Stephens. 1992. *Capitalist Development and Democracy*. Princeton, NJ: Princeton University Press.

Schattschneider, E. E.. 1960. *The Semi-Sovereign People*. New York: Holt, Rinehart and Winston.

Schlozman, Kay Leyman, Sidney Verba and Henry E. Brady. 2012. *The Unheavenly Chorus: Unequal Political Voice and the Broken Promise of American Democracy*. Princeton, NJ: Princeton University Press.

Siegel, Reva B.. 2008. "Dead or Alive: Originalism as Popular Constitutionalism in Heller." *Harvard Law Review* 122:191—245.

Smith, Mark. 2000. *American Business and Political Power*. Chicago: University of Chicago Press.

Starr, Paul. 2014. "Three Degrees of Entrenchment: Power, Policy, Structure." Unpublished manuscript, Princeton University Department of Sociology.

Thelen, Kathleen. 2004. *How Institutions Evolve*. Cambridge: Cambridge University

Press. Vogel, David. 1989. Fluctuating Fortunes. New York: Basic Books.

Wolfinger, Raymond E.. 1971. "Nondecisions and the Study of Local Politics." *American Political Science Review* 65:1063—1080.

Wuthnow, Robert. 1989. *Communities of Discourse*. Cambridge, MA: Harvard University Press.

Zaller, John R.. 1992. *The Nature and Origins of Mass Opinion*. New York: Cambridge University Press.

6. 关键节点与制度变革

乔凡尼·卡波西亚

关键节点分析在比较历史分析方法中很受欢迎,因为它为研究政治起源和对社会及政治环境发挥持久影响的重要制度安排的改革提供了工具。本章将澄清一些理论问题和概念问题,探索关键节点方法的力量和弱点,为从比较的视角研究关键节点提出一个方法论策略。

需要通过提出两个初步观察结论来定义讨论的范围。第一,关键节点分析所固有的历史发展"双重"模型——较短的流动和改变的阶段与较长的稳定和适应期交替出现——被应用于范围广泛的结果和实体,从个人生活史到团体和组织的发展及整个社会的演化(例如,Swidler,1986,280)。[1] 在本章,我将聚焦关键节点的概念在制度发展语境中的使用,这些制度被宽泛地定义为组织、正式规则、公共政策、政治治理和政治经济。无论是在政治学中,还是在社会学中,这些都是比较历史分析方法中关键节点分析的对象。

第二,在比较历史分析方法中,关键节点的概念仅应用于路径依赖制度的分析,而不应用于所有形式的制度发展。关键节点的分析是路径依赖论证的一部分,根据这一分析,在某个时间点上实现的制度安排变得牢固,因为它们有能力塑造受制度影响的行动者和团体的动机、世界观及资源。在这一分析语境中,关键节点被描述为一些特定时刻,在这些时刻,一项制度安排的未

1 有时使用诸如"危机""转折点""动荡时期"这样的同义词,我在这一整章都是指关键节点。

来的不确定性给政治行动者留出了空间，对于选择依照某个发展路径设立一项制度发挥决定性的作用，这条路径随后将坚持很长一段时间。[1]

本章首先识别关键节点分析的组成要素，接受来自研究文献的一些重要方法实例，澄清其对一些非历史方法的优势，并把这些优势与比较历史分析的关键特征联系起来。在核心的一节，本章将提出一个理论框架，使处于关键节点核心的机构和偶发事件在分析上容易处理，并讨论作为结果的这一框架的理论报偿和方法论报偿。本质上，这里发展出来的概念提醒学者们注意关键节点期间制度创设政治的几个特征，这些关键节点对于路径依赖型制度的创立或改革有着重要的因果意义。首先，理解关键节点期间政治企业家(political entrepreneur)在为制度变革组建联合上的重要性，这一方法吸引人们关注在推动很多制度创新的过程中源自组织化政治场景的约束和诱因。此外，通过指出制度结果与在场最有力行动者的初始偏好之间可能的脱节，关键节点分析避开了一个陷阱：把制度结果归因于这样的偏好，而且，它揭示了一些政治动态，在不确定的情境中，常常正是这些动态引导政治行动者的策略。最后，通过聚焦这样一些情境：在这样的情境中，那些有影响力的行动者利用不确定情境，通过策略上促进相关社会规范的改变来操纵重要社会团体的偏好，关键节点分析吸引人们关注社会行动者的制度偏好的文化结构在制度创设中可能起到的潜在重要作用。在所有这些实例中，对关键节点期间的政治行动者和决策的仔细分析产生了一些新的经验发现，促进了关于制度变革的学术对话。从方法论上讲，“险些失手”改革的概念为学者们发掘制度变革的负面案例提供了理论透镜，这些案例可以增强比较研究设计的力量。

本章组织如下：在下一节，我将参考这一领域的重要比较分析工作，说明关键节点方法的主要特征。之后，我将澄清几个理论问题，并讨论这一方法的理论报偿和方法论报偿。然后，我将为关键节点的比较研究提出方法论建议。在结论部分，我将总结本章的要点，并讨论比较历史分析中关键节点方

1　我指的是那些基于递增收益逻辑的路径依赖论证。关于看待路径依赖的一个更广阔的视角，参见 Mahoney(2000)。论述路径依赖的理论文献数量庞大，讨论这个超出了本章的范围。选择少量著述如下，经济学：North(1990)，Arthur(1994)，David(1985，2000)；社会学：Goldstone(1998)，Mahoney(2000)；政治学：Pierson(2000，本书第 5 章)，Page(2006)。有一份对于国际关系领域使用这一概念的评论，参见 Fioretos(2011)。

法的局限,指出进一步理论化的途径。

关键节点与历史解释

关键节点方法因为贝林斯·科利尔(Berins Collier)和科利尔论述拉丁美洲劳工整合模式的重要著作而获得了它当前在比较历史分析领域所占据的重要位置。其关键性的理论举措就是明确地把他们的分析看作研究制度发展的一般方法的一个特例,在这个特例中,关键节点产生了*路径依赖*,这是从制度经济学引入政治学中的一个概念工具(例如,Arthur,1994;David,1985;North,1990)。在这些作品及后来的作品中,对关键节点和制度发展的分析明确地与路径依赖的经济学研究相关联(例如,Berins Collier and Collier,1991,27;Lieberman,2003,23;Mahoney,2001,7;Yashar,1997,3)。这是一次重要改变,不同于利普塞特(Lipset)和罗坎(Rokkan)最早对这个概念的使用:他们把西欧政党体制的起源追溯到三个"关键节点",定位于各国历史上早得多的时期,在此期间,"决策和发展"形成了未来几十年里这一地区的大众政治(Lipset and Rokkan,1967,37—38)。然而,他们的分析很大程度上是用宏观解构主义的语言来表达,没有给决策和发展分析留下多少空间,相反还在事后重构了历史变化的根源,从重要结果的变化开始,在时间上向后看(Berntzen and Selle,1990)。

参考路径依赖理论,连同它对一些机制(递增收益、网络效应、锁定及其他,制度安排正是通过这些机制来塑造其社会基础从而变得牢固)的强调,不仅给了关键节点分析学者一种强有力的语言来支持*远端原因*的主张,即这样一个论题:遥远过去的决策和发展对制度安排有着持久的影响,这个论题构成了关键节点方法的实质,而且需要从根本上把分析视角从事后变为事前。制度经济学家们提出了一个理论:一些"偶然小事件",尽管在制度复制时期通常影响甚微,但在制度路径的开端却有可能发挥决定性的作用(例如,David,1985,2000)。这一理论导致政治学家和社会学家明确理论化了关键节点期间拓展的不同可能性,以及那些并不决定后来制度发展的类型和方向的初始条件(例如,Goldstone,1998;Mahoney,2000)。这一分析视角导致学者们——尽管有时候只是暗含地——不仅考量关键节点期间选择的制度路径，而且考量那些貌似可能采取，但实际上并没有采取的路径。

卡波西亚和凯莱门（Capoccia and Kelemen，2007）添加了关键节点方法的另一个构件，他们指出，经济学家的"偶然小事件"模型，作为毫无关联的微观决策累积起来创造制度"锁定"状态，很不适合捕捉关键节点期间制度路径选择的政治动态（参见 Capoccia and Kelemen，2007 中的讨论，354）。他们指出，在诸如关键节点这样的社会和政治流动的时刻，关键行动者的决策和选择比在"固定"时期更自由，在引导制度发展上更有影响力（Swidler，1986）。换句话说，在分析时把偶发事件的概念与政治决策制定者的选择、策略和决定联系起来，而不是与一连串个人的自下而上的微观决策联系起来，研究者更有可能捕捉到某些动态，在大多数实例中，这些动态影响了选择一个制度解法而不是关键节点期间可用的其他解法。[1] 这为关键节点的定义提供了理论基础，它把关键节点定义为相对较短的一段时间，在此期间，行动者的选择很有可能会影响重要的结果。卡波西亚和凯莱门所说的"相对较短的一段时间"是指节点持续时间相对它所激发的路径依赖过程（这个过程最终导致重要结果）的持续时间必定很短。行动者的选择对重要结果发挥影响的可能性跟关键节点之前和之后的可能性比起来必定较高。这个定义既捕捉到了下面这个观念——在一个短暂的阶段，行动者面对比典型范围更广泛的可行选项，也捕捉到了这样一个观念——他们从这些选项中做出的选择很可能对后来的结果有重要影响（Capoccia and Kelemen，2007，348）。

这一理论工作创造了下面的解释路径：一个事件或一系列事件典型地对重要制度是外生性的，[2] 并导致一个政治不确定的阶段，在这个阶段，有不同

1　偶发事件有时候与不确定时期发生的事件和决策有关联。然而，正如下文将要讨论的，把偶发事件与决策联系起来，不仅使这个概念在分析上更容易处理，而且凸显了下面这个事实：在关键节点，具有决定性的常常是关键行动者如何对意外事件做出反应，倘若遵照文本中给出的关键节点的定义，行动者有不同的选项。如果一个事件消除了除一个选项外的其他所有选项，并因此让行动者别无选择，那么，最好是把这一情境概念化为一个序列，而不是一个关键节点（相关讨论参见 Mahoney，本书第 8 章；Mahoney，2000）。

2　为了简单起见，本章的讨论仅涉及作为关键节点触发装置的外生性震荡。然而，很有可能，一项给定制度发展中的一个关键节点是由掌权者内生性地产生的，他们可能为了实现政治目标而破坏现有的制度平衡。例如，科利讨论了英迪拉·甘地（Indira Gandhi）如何故意把印度联邦州的制度去制度化，以追求她的政治议程（Kohli，1997，331）。

的选项对于激进的制度变革是可行的；先在条件定义了决策制定者可用的制度选项的范围，但没有决定哪个选项被选择；其中一个选项被选择；它的选择产生一项持久的制度遗产。

最近遵循这一倾向的比较分析工作的某些实例说明了这一方法的力量。亚沙尔在她的《苛刻的民主：哥斯达黎加和危地马拉的改革与反动》(*Demanding Democracy*: *Reform and Reaction in Costa Rica and Guatemala*)中比较了威权主义的危地马拉与民主制度的哥斯达黎加的不同政治轨道，以探索民主为什么建立和持久的问题。她的论点：持久的民主制依赖新兴民主力量是否在民主过渡期间(这是她的分析框架中的关键节点)抓住机会，打造跨阶级联合(Yashar，1997，3，235)，并进行有限制的再分配改革，这些改革将削弱农村精英的权力，同时考虑到传统的社会力量在政治中继续发挥作用的可能性。民主过渡所特有的不确定性被威权主义精英中的分裂所触发(O'Donnell and Schmitter，1986)，使传统精英有可能信心十足地反对这样的改革，因为他们对未来并没有足够清晰的看法，不可能指望可靠的政治盟友。因此，这种改革在过渡时期的实施减少了传统精英的权力，并授权其他社会团体，使民主体制更有可能在关键节点之后很好地坚持下来。如果试图通过民主改革的努力反而被推迟，既定的力量就会有权力和资源来反对改革，恢复威权主义统治。公民社会的高水平发展为民主化精英在关键节点期间组建跨阶级联合贡献了一个必不可少的联合，因为这些联合的力量来自政治上可动员的大众(Yashar，1997，22—23)。但与此同时，亚沙尔清楚地表明，这个有利的先在条件使得亲民主的联合成为可能，但是，“行动者可能被证明恰恰在向民主过渡的政治时刻是最重要的……在行动者不是在民主过渡的时刻采取行动的事件中，他们失去以持久的方式重塑制度的历史机遇”(Yashar，1997，22)。

对中美洲制度变革的研究也是马汉尼的《自由主义的遗产：中美洲的路径依赖和政治制度》(*The Legacies of Liberalism*: *Path Dependence and Political Regimes in Central America*)的核心。在他的分析中，20 世纪的自由主义寡头统治时期构成了关键节点，在此期间，政治发展造就了接下来几十年里中美洲各国五花八门的政权(洪都拉斯和尼加拉瓜发展出来的传统独裁体制，危地马拉和萨尔瓦多的军事威权统治，以及哥斯达黎加的民主制）。在马汉尼的解释中，已经增长的对中美洲本土农业产品的世界需求，以及技术进步使得远程船运易腐产品成为可能，为这些国家的农业发展拓展了新的可能。自由主义的总统及其政治盟友在关键节点期间关于农业发展所做出的选择在按照不同路径设定这些国家的政治制度上至关重要。重要的是，马汉尼证明，这些初始选择——其中有些选择由于外国干涉而没能促进农业发展，而另外一些选择则成功了，但程度依据他们所寻求的是快速发展还是逐步发展而有所不同——让那些影响农村地区阶级关系的制度和政策建立到位。这些阶级关系反过来创造了社会支持，巩固了最初制度选择的持久性，以可预期的方式构建了政治动态，并鼓励那种维持不同农业发展模式的国家类型的发展。正如亚沙尔解释的那样，先在条件在关键节点期间是一个重要背景，但并不决定政治行动者的决策（Mahoney，2001，14）。马汉尼强调自由主义总统所做出选择的“历史偶然性”，他认为，直接影响其决策的是维护或扩大权力的迫切政治需要，而不是想要打造长期坚持的社会联合的愿望（Mahoney，2001，42）。

李伯曼的《巴西和南美税收政治中的种族和地方主义》（*Race and Regionalism in the Politics of Taxation in Brazil and South Africa*）致力于这样一个问题：国家在向更富裕的社会阶层征税的能力上为什么各不相同？他的论点：不同类型的“税收国家”（重要的税收政策及其执行）作为宪法秩序发展中关键节点的遗产而出现，特别是公民权的正式规则。李伯曼把这样的节点定义为基本时刻，在这样的时刻，国家政治共同体（NPC）的边界设定了，即识别究竟谁有、谁没有一个公民的权利和义务的“我们”和“他们”的观念在社会上构建起来并在想法和正式规则中得到巩固。这样的分类牢固确立在正式制度中，以及在一些重要的符号意义携带者中，比如地图、度量衡、人口普查规则和媒体讨论，“在未来投下一道长长的影子，甚至初始条件已经改变”（Lieberman，2003，14）并启动了路径依赖的财政制度发展过程，产生了有国家特色的税收政策模式，以抵制重大变革（Lieberman，2003，19）。巴西和南非的精英阶层在世纪之交短暂的制宪时期所做的选择导致了对国家政治共同体的不同定义：南非盛行种族分类，导致黑人被排除在公民权外，而在巴西，并不强调种族分类，地区分类盛行，并被牢固确立在强烈联邦化的政策中(Lieberman，2003，80—84)。李伯曼清楚地表明，两个维度上的替代选择不仅是可能的，而且在这两个实例中都得到了严肃的考量："比较历史分析揭示，关于国家政治共同体如何定义，这两个国家都没有任何预先设定的东西；奴隶制、种族通婚和几百年的国内冲突制造了一些重要的政治分裂，在巴西和南非遮蔽了民族身份的任何明显基础"(Lieberman，2003，70—71)。在南非，基于种族的公民身份定义在白人当中创造了阶级之间的团结，使得社会上更富裕的群体(他们是白人)觉得自己有义务出于团结更穷的白人而缴税。在巴西，并没有为定义公民身份而突出种族标准，官方歧视被禁止，种族通婚的官方政策得到促进，但事实上的种族歧视在社会上依然存在；作为结果，贫穷的白人更有可能被(白人)富裕群体的成员认为是穷人，而不是白人。此外，高度显著的种族身份、强大的联邦制度和地区间的收入差别使得富裕群体很可能觉得税收是从"我们"(从地区上定义)这里抽取资源给"他们"(其他地区的人)。同样，地区差别的突出使得贫穷的多数人很难对更加累进的税收提出统一的要求。这些模式塑造了组织化的政治景观，并对税收政策有着强有力的影响，在南非导致更多进步主义的长期遗产，在巴西则导致更少进步主义的长期遗产。

这些工作及其他工作显示，严格应用关键节点方法可能有着重要的对其他非历史路径的优势，后者典型地聚焦重要制度结果在同时代的社会(或国际)的相互关联。一般而言，关键节点分析检验了下面这个假说：与重要制度结果互相关联的国内社会因素可能对一些在早先时候为了与这些因素不相干的理由而做出的政治决策是内生性的。例如，马汉尼证明，农村阶级关系的模式——可以认为是20世纪中美洲政治制度关键性的决定因素——在很大程度上是先前自由主义领导人方面选择一种特定农业发展模式的结果。这些选择对当时占优势的阶级利益并不是内生性的，它们也不仅仅是回应初期农村资本主义生产模式的"客观"需要。中美洲自由主义国家通常以人格化的独裁者为首，他们能够独自做出决策，而不用与来自公民社会的阶层和团体谈判或商议，他们的主要兴趣在于维护和扩大他们自己的个人权力(Mahoney，2001，19)。除了证明"纯结构分析……明显是不完备的"

(Lieberman,2003,2—3)之外,[1]李伯曼聚焦关键节点及其制度遗产还使他能够证明:宏观的和文化的因素处于征税能力的可选解释的核心,比如“国家信用”(Levi,1988,1997)、社会资本的扩散(Putnam,1993),以及与国家进行不同“税收谈判”的团体的力量和偏好(Levi,1988),在很大程度上对国家政治共同体的早期定义是内生性的(Lieberman,2003,22—32)。总之,聚焦关键节点及其遗产显示,在塑造重要制度安排上发挥作用的可能不是关联原因,而是远端原因:在时间上早很多的决策和事件产生了塑造其社会基础并因此随着时间的推移而坚持下来的路径依赖型制度。

关键节点方法提供了对非历史解释的重要矫正,其力量取决于其对比较历史分析某些关键工具的依赖(Thelen and Mahoney,本书第1章)。对案例的第一手了解对于关键节点分析是必不可少的,不仅要划掉特定案例的备选解释,[2]而且更重要的是要识别重要制度发展中的关键节点,要对产生路径依赖遗产的准确机制提供一个令人信服的解释。此外,对关键节点及其遗产的分析代表了某种形式的时间分析,并且类似比较历史分析中所有这样的分析,它迫使学者聚焦某件事情究竟何时发生,为的是确定它对于待解释事物是否发挥及如何发挥更具因果性的力量。在关键节点/路径依赖方法的语境中,这有三个主要后果。第一,这一方法用实例证明了波拉尼的名言:在历史上的某些瞬间,“世界扩大了……我们的分析也必须如此”(Polanyi,1944,4)。时间的这种扩大凸显了下面这个事实:关键节点期间发生的一个事件对结果有巨大的影响,即使同一事件在制度发展的晚期阶段,当变革成本更高时,也可能没有什么重要后果(David,2000;North,1990),从而鼓励学者对关键节点期间发生的决策和发展进行详细的历史分析。第二,这一方法指向了这样一个可能性:转型性的制度变革(尽管不是关键节点的一个必要特征,正如下文所解释的)可能是突如其来的,并集中在相对较短的一段时间内,而不是逐

1 通过应用嵌套分析(Lieberm,本书第9章),李伯曼表示,经济发展水平——尽管不分国家地与征税能力有关——严重低估了南非的征税能力并高估了巴西的征税能力,从而不仅没能对这两个重要案例提供令人满意的解释,而且给理论构建留出了重要空间(Lieberman,2003,10—12)。

2 例如,亚沙尔(1997,12)的分析使她能够批评某些解释,这些解释认为美国卷入1954年的政变是危地马拉民主失败的一个重要原因,并证明:在这些事件中,美国“不是唯一的,甚至也不是最重要的行动者”。

步的和漫长的。第三，正如上文所讨论的，通过扩大分析的时间视野(Pierson，2004)，这一方法可以揭示：那个看上去似乎在某个时刻导致制度结果的东西，事实上可能是很早做出的、后来在制度安排中得到巩固的决策的影响。

理论报偿和方法论报偿

但这是真正的进步吗？聚焦行动者和偶发事件作为关键节点期间制度路径选择的关键性因果要素是不是为理解为什么选择某些制度而不是其他制度的理论进步和知识积累提供了基础？这一关切推动了最近的很多理论贡献，这些贡献尽管并不否认关键节点期间行动者和偶发事件的因果意义，但依然抱持这样一个观点：从分析上讲，聚焦关键节点的先在条件比聚焦政治行动者和偶发事件更有用。根据这一学说，关键节点的定义性特征不是偶发事件，而是*偏离*：关键节点分析适用于某些情境，在这样的情境中，“共同的外生性震荡”影响一系列实例(典型的是国家)，导致它们“偏离”，作为共同震荡与其不同先在条件相结合的结果，从而对结果发挥了重要的因果性力量(Acemoglu and Robinson，2012，106；Slater and Simmons，2010，888；Soifer，2012，1593)。

正如下文将会详细阐明的，对关键节点的以行动者为基础的概念化，就其约束[1]关键行动者方面一定范围的选择或使这些选择成为可能而言，把决策的结构语境纳入考量，同时不把行动者等同于政治上去内嵌化的(disembedded)行动者的独立决定(例如，Capoccia and Kelemen，2007；Katznelson，2003)，偏离乍一看似乎是一种强调。但是，就这些批评者促进一项基于路径依赖制度选择中结构性先在条件的因果性优势地位的研究计划

1　在很多情况下，结构性先在条件可能限制行动者在其他情况下可用的选择范围，结构条件可能为关键节点期间的某些发展提供必要的条件，从而使做出某些选择成为可能(例如，Yashar，1997，22；还可参看 Soifer，2012)。

而言,偏离是实质性的。[1] 的确,结构是比较政治学中最具争议和歧义的术语之一。但在这里,对这一概念进行一番综合性的理论讨论则大可不必,[2]因为这些批评者所使用的这个术语大抵指的是物质资源和技术的分配,它们对人类行动者来说是外生性的(例如,Parsons,2007,49—51),[3]这个意义与聚焦行动者的关键节点分析中典型采用的一般性定义是一样的。然而,这些限制甚至否定了此类结构性先在条件决定性的因果效力(例如 Lieberman,2003,30;Mahoney,2001,7)。

一般而言,那些强调结构性先在条件的重要性的观点提供了一个受欢迎的提醒者,提醒学者们不要轻易假设他们所比较案例的背景条件是类似的。案例可能在一些先于关键节点的重要方面是不同的,这些差别在因果关系上可能是重要的。然而,强调结构性先在条件重要性的分析焦点也导致了几个关切。首先,这条分析路线的学者们并不否认行动者(Slater and Simmons,2010,890)和偶发事件(Acemoglu and Robinson,2012,110;Soifer,2012,1573)在关键节点期间扮演潜在的重要角色。然而,这样一个角色在逻辑上与从偏离的角度对关键节点的定义不一致。偏离是关键节点的结果,在关键节点,行动者和偶发事件是原因性的,其本身不可能被用来定义它们。[4] 此外,正如上文解释的,关键节点/路径依赖假设制度对它们的社会基础发挥着因果效力,如果这些制度的选择对"长期结构性力量"是外生性的,那么这个断言就有些微妙,在很多情况下,结构性力量很可能继续影响这些制度就位

---

1 法莱蒂和林奇(Falleti and Lynch,2009,1155)把卡波西亚和凯莱门(2007)提出的行动者概念解释为"与语境脱离关联"并哀叹它的徒劳无益。索菲尔(Soifer,2012,1593)认为,关于关键节点期间行动者和偶发事件与结构性因素比较起来的相对重要性,他的态度是"不可知论的"。即使斯拉特尔和西蒙斯讨论的"关键先在条件"根据这里采用的定义并非全都可以认为是结构性的,他们也明确提到,他们的意图是揭示"深层结构因素"和"长期因果要素"(Slater and Simmons,2010,887)及各种不同的同义词(892—893,895,905)所起的作用。

2 有一篇富有洞见的讨论,参见 Sewell(1992)。

3 或者,对于分析的时间范围而言,可以认为它是外生性的(参见 Parsons,2007,49—65 中的讨论)。

4 此外,不同案例之间的偏离是否可以被观察到取决于选择哪些案例来比较。有些作者在单个案例的语境中谈到"偏离",参照的是发生激进变革的情境(Slater and Simmons,2010,888;Soifer,2012,1593;也可参见 Acemoglu and Robinson,2012,106)。然而,行动者和偶发事件的因果作用与认为变革是关键节点的一个定义性成分是不相容的(参见 Capoccia and Kelemen,2007,352,以及下文关于"险些失手"的讨论)。

后的制度。最后,解构主义的解释描绘"人们以有规律的、直接的方式对他们的'物质'环境做出反应"(Parsons,2007,51);政治生活的所有方面,包括制度方面,一旦剥离了不重要的细节,就十分明确地被作为基础的结构景观所塑造。诚然,这并不意味着结构主义解释必然是决定论的:完全有可能构建或然性论证,证明在数量足够大的案例中,结构性条件与制度结果之间存在强大的相关性,在这些案例中,偏离结构条件所要求的规律性误差项被降低为衰退模型的误差项。然而,正如上文所讨论的,正是这些论证——它们依靠比较历史分析的力量——证明关键节点分析可能是不充分的或成问题的。

更一般而言,正如格雷夫(2006,33)正确地指出的,"在制度分析所涉及的情境中,不止一个行为在物理上和技术上是可能的"。"物理的和技术的"条件之间可能存在重要的组织裂口和观念裂口,这指向了两者之间一个可能是实质性的因果歧义。一方面,政治的组织景观未必反映物质资源分配所定义的社会分裂(例如,Capoccia and Ziblatt,2010,949－952)。另一方面,"不同的行动者可能具有不同的心智模型,无关结构位置的相似性"(Blyth,2003,697)。在关键节点期间,制度现状的瓦解及随之而来的对激进制度变革的要求创造了不确定性,这个因果裂口很可能越来越宽。这引发了一个风险:基于关键节点之前的长期结构性力量分析的因果论证将会十分含糊,有时候可能是误导性的。

不确定性下的决策:关键节点期间制度形成的政治

关键节点分析中的理论进步和方法论进步在很大程度上依赖如何定义偶然性。实际上,如果那些基于行动者来看待关键节点的理论家把偶然性等同于随机性,并相信关键节点的典型特征是"完全偶然性"和"白板"(Slater and Simmons,2010,890),那么,对理论贫瘠的批评就是有道理的。然而,我在之前的作品(Capoccia,2004,Capoccia and Kelemen,2007,355－357;还可参看 Katznelson,2003,277)中讨论过的论点是:以赛亚·伯林(Isaiah Berlin)对历史偶然性的定义为关键节点的研究提供了一个最有用的起始点。伯林把偶然性分析定义为"在什么可能发生的语境中研究所发生的事情"(Berlin,

1974,176)。[1] 因此,在关键节点方法的语境中,偶然性有两个关键特征。第一,正如上文所讨论的,要解释导致路径依赖选择的政治动态,应当把它与对政治选择和决策的分析关联起来,在这一点上,它简单地指向了双重反事实论证固有的貌似合理:行动者可以貌似有理地做出不同的决策;假如他们做出了不同选择,这将导致选择不同的制度发展路径。偶然性的这个定义的第二个特征指向下面这个事实:关键节点期间可能选项的范围——用伯林的话说,就是"什么可能发生"——并不是无限的,它的边界被先前的条件所定义,即在这些条件的限制内,行动者有实际的选择。分析者的任务是重构关键节点的语境,并通过对历史材料的研究,确定谁是关键决策者,什么样的选择对他们可用——在历史上可用而不只是在假说上可能,行动者多么接近选择一个可选选项,选择一个可选选项对于重要制度结果可能有什么后果(Capoccia and Kelemen,2007,355;还可参看 Katznelson,2003,282)。

在这个概念化的背景下,对关键节点期间行动者的研究所涉及的并不是通过飘忽不定的造物主不受约束的行动凭借命令实施的异想天开的制度创造,而是"(在给定条件的范围内)选择,这一选择将在很多可能性中触发一个特定的过程,而不是确保一个特定的结果"(Kalyvas,1996,262－263)。正如上文所提及的,关键节点所特有的不确定性拓宽了结构前提与制度结果之间常常存在的组织裂口和观念裂口。因此,在关键节点期间,政治决策、政治动员和组建联合的倡议,以及关键行动者之间的策略互动都很可能受到多方面的、互相矛盾的、力量各不相同的政治压力的直接影响,考虑到普遍的不确定性,这些压力很可能是含糊不清的,并迅速改变。因此,政治行动者在决定他们的最佳行动路线时,典型地实质偏向压力所迫产生的选择,而不是加以抵制。在他们的选择和互动中,明显存在意向性、解释和非故意结果的空间。行动者所面对的政治压力的不同形式与政治行动者的研究密不可分——政治行动者想要的、所想的、偏好的及实际上所做的事情改变了他们周围的社会关系——实际上构成了它的实质。与此同时,这样的政治压力并不是随机的:识别涉及类似制度选择的斗争的不同案例之间的共同性常常是可能的。

1 关于偶然性的不同定义,参见 Mahoney(2000,514) 以及 Bennett and Elman(2006)和 Shapiro and Bedi(2006)的讨论。

实际上，通过分析关键节点期间这些政治压力及行动者的回应，学者们构建了关于重要制度安排的起源和改革的令人信服的中间理论论证(比较历史分析中大多数论证的典型范围)。这些论证常常导致一些新的洞见，洞察它们具体的研究对象，以及启发其他案例研究的理论报偿和比较研究设计中的方法论进步。下一节将讨论并说明关键节点期间制度形成的政治的三个典型模式，并显示它们在推进关于重要政治制度的起源和变革的学术对话上的成就及潜力。

制度变革之路：联合工程、赢集外的结果和观念的政治

政治企业家与联合工程

结构性条件可能并没有清楚地反映政治创造的政治景观，这个洞见给政治企业家能力的分析留出了空间：在不确定的时期，多个制度选项可用，政治行动者在决定哪些联合形式支持什么类型的制度变革及何时变革上扮演了关键角色。更宽泛地讲，聚焦结构集群与制度安排之间的裂口凸显了组织化的政治景观作用，在关键节点期间，这样的政治景观在产生约束政治企业家寻求制度改革的限制和诱导上扮演着可能是决定性的角色(Capoccia and Ziblatt，2010)。尽管松散的政治组织或许使行动者能够利用其内部的分歧和流动性获得有利于他们所偏爱的制度改革的政治重组，但组织化的忠诚有时可能约束创新型的联合，政治组织中的既得利益集团可能构成阻挠改革的有力障碍。即使在这些实例中，碎片化的组织景观也未必阻挡了经由富有创造力的联合工程的制度改革之路。在某些环境下，不确定的情境加上碎片化的组织景观，给“heresthetic”(译者注：这是 W. H. 赖克于 1986 年创造的一个单词，指的是一种政治操纵技术)政治企业家能力(Riker，1986)打造支持特定改革的联合(Hausermann，2010)提供了机会。[1]

1　豪瑟曼(2010)表示，政府如何能利用养老金政策的多维性——在这样的政策中，福利水平、融资类型和资格标准在很大程度上互相独立——并利用社会和政治组织碎片化的总体水平把吸引某个社会联合的改革提议“打包”。

对这些动态的一个生动说明是埃特曼(Ertman,2010)最近对英国1832年改革法案的分析,他把这一法案解释为一个关键节点的结果,在这个关键节点,一次“没有预料到的政治制度的根本性改变,作为少数几个行动者的决策的结果,发生在一段相对较短的时间”(1001)。在他对1827年至1835年激烈政治互动的仔细重构中,埃特曼着重强调了政治选择的重要性,特别是那些重要领导人所做出的选择,比如皮尔(Peel)和威灵顿(Wellington)在为选举改革组建一个打破党派界限的联合上所做出的选择(1009);与此同时,他嵌入他对关键分裂中政治行动者的详细分析,这些分裂是那个时期英国政治的典型特征,特别是宗教少数派的解放和反对“老腐败”的战斗。埃特曼清楚地表明,这些分裂在几十年的英国政治中十分显著,“对议会改革的要求自18世纪中叶以来就在民众和精英的层面上提出”,而且“这种要求的强度实质性地起伏波动,在经济危难和/或预算危机时期不断增长,但在民族危急或繁荣时期却不断下降”(1008)。埃特曼的分析对关于英国民主化的争论有着重要意义。除了其他事情外,他还证明,1827年至1835年的改革,特别是1832年的改革法案,并不像其他人所认为的那样(例如,Morrison,2011)是“长期而持续的累积压力”的结果,而是一系列决策和政治互动的结果,通过这样的互动,政治领导人为了支持打破传统党派界限而联合。

赢集外的结果与策略互动

聚焦关键节点期间的政治互动和决策可能揭示这样的情境:制度结果并没有反映政治现场任何一个关键行动者的偏好,甚至没有反映他们之间的妥协——用形式分析的语言来说,结果落在了行动者偏好所定义的“赢集”(winset)外(Tsebelis,2002)。在这种情况下,客观社会结构条件可能授权特定的社会团体,它们彼此互动,奋力争取其偏爱的制度解法。然而,由于情境的高度政治不确定性和互动本身的性质,结果并没有反映参与制度创设过程的任何一个关键行动者的偏好。理解这些情境至少需要两个分析步骤:第一步,仔细拆解客观宏观结构条件对政治行动者和政治组织的影响力的实际影响;第二步,近距离聚焦政治行动者和互动(制度创设的政治),以及这个过程的制度结果。通过避免把行动者和互动置于一个“黑匣子”中,这个过程的第二步——在因果关系上可能是决定性的一步——可能产生从解构主义的视角无法解释的结果。

这一类分析的一个重要说明显示了政治策略和互动的一些规模更小、时间更近的决定因素在形成新的制度安排上如何可能是决定性的——该说明来自卡利瓦斯(Kalyvas)对西欧忏悔派政党(confessional party)的出现所做的比较分析。[1] 虽然他并没有明确地使用关键节点的语言,但卡利瓦斯从比较的视角分析了这样一个情境:对制度创新的要求是当下的,有几个选项在一个相对短暂的机会窗口期可用。卡利瓦斯在他的分析中显示了保守派精英和天主教会的选择及策略对于忏悔派政党的形成如何可能是决定性的。与此同时,卡利瓦斯利用大量历史证据证明,天主教会和保守派政治家,根据对成本和收益的理性评估,都反对组成忏悔派政党。忏悔派政党的形成因此是这两类行动者为回应19世纪晚期自由主义的反教权主义所做出的策略之举的非故意结果(Kalyvas,1996,262)。卡利瓦斯把他的很大一部分讨论拿来证明结构性的先在条件——比较政治和比较历史中几个主要理论(例如,Lipset and Rokkan,1967)认为这些条件对于忏悔派政党的出现在因果上是决定性的——对结果充其量只有间接的影响。在卡利瓦斯的解释中,结果的变异(即忏悔派政党在法国没有组成,而在其他国家组成了)并非被结构性条件所驱动。相反,这个变异是环境的产物:在第三共和国建立后的一些年里,法国天主教会(它们的偏好类似西欧其他国家教会的偏好)相信,君主政体很快会恢复,教会的特权也会随之恢复。这个信念源自后革命时期法国政权快速变更的历史,影响了教会的风险评估,并因此影响了它对不同策略所获得报偿的评估,诱使它决定——与西欧其他国家教会的行动背道而驰——反对创立天主教群众组织来回应反教权者的进攻。这最初的举措使得教会在后来的阶段更难(尽管并非不可能;Kalyvas,1996,151,160)资助在法国创立成功的天主教群众组织,即使在其信念发生改变并开始相信共和国的稳定后。

教会最初相信法兰西第三共和国的短命应当视为影响决策的几个时间

1 另一个实例是叶尔马科夫(Ermakoff,2008)发展出的对民主议会自我退位的分析。

上很近的、不断改变的(几年后便逐步消失)政治因素之一。[1] 卡利瓦斯在这一点上非常明确:教会原本可能创立了天主教群众组织,并屈从于法国社会中天主教势力要求它这样做的重要压力(例如,Kalyvas,1996,124,131,134):"天主教群众组织的缺席主要是一些因素的结果,这些因素并不依照[教会的]意志而独立……潜力就在那儿。法国教会原本可以创造群众组织,但它选择不这样做"(Kalyvas,1996,137)。卡利瓦斯的分析指向双重反事实的貌似合理,基于上文讨论过的伯林的偶然性概念:在关键时刻,教会原本可以做出不同的选择,假如它这样做了,法国也就像其他西欧国家一样,有了一个忏悔派政党。

从卡利瓦斯的分析中得出的最重要的理论洞见来自他通过"近距离聚焦行动者"来拆解分裂形成、身份形成和政党形成的过程(Kalyvas,1996,262)。一旦创立,忏悔派政党便离开了教会,拥抱民主政治,为了保护它们的自治而重新定义它们的身份。它们以一种越来越一般化的、含糊的和世俗的方式重新解释天主教,这使得它们能够把原先被剥夺公民权的选民大众整合到民主制中,从而变得有能力联合,更容易接触权力。这意味着世俗化、整合和对民主的接受并不是这些政党"适应"世俗的和正在世俗化的环境的结果,而是新的政党为回应外生性约束而做出的选择的副产品,这些约束成了其形成过程的组成部分(Kalyvas,1996,261)。在处理这些约束的过程中,忏悔派政党对它们的政治环境和社会环境的世俗化和民主化做出了贡献。卡利瓦斯本人扩展了这些洞见,以指导他自己关于宗教运动在哪些条件下在其他语境中变成民主运动(Kalyvas,1998,2003)。

观念的政治与规范改变的促进

支持制度安排的现有的规范理解和价值体系可能很难抹去(例如,

1 基于这个原因,假设行动者方面的工具理性和利益或权力最大化偏好有一个本质上是结构性的逻辑,因为结果的变化只能被外部条件的变化所给定而不能被行动者所给定,所以这样的论证(例如,Parsons,2007,55;还可参看 Blyth,2003)不适用于卡利瓦斯的分析,在他的分析中,结果的变化被非结构性因素所驱动。更一般地讲,理性选择论证是否回应结构逻辑——是不是假设关键节点期间模型互动中的理性证实了结构性先在条件的因果效力——取决于推动策略互动的因素究竟是结构性的(像卡利瓦斯的案例那样)还是不同性质的。

Steensland，2006）。制度现状的瓦解，以及随之而来的作为关键节点典型特征的不确定性，可以为其他情况下不太可能出现的规范改变创造可能。取得战略定位的行动者可以利用他们有影响力的位置来传播那些把特定制度创新合法化的观念，并通过这一过程来战胜受制度变革影响的其他人，包括那些规模可能更大的社会群体。这种对社会建构的操纵在某些路径依赖制度的选择上可能是决定性的，这些选择并不反映受这些制度影响的社会行动者的“客观”（例如，结构上既得的）利益。

例如，布莱思（Blyth）分析了“大萧条”和 20 世纪 70 年代西方民主国家经济衰退时期的关键节点，目的在于解释新的宏观经济政策为什么在经济危机后出现。他认为，危机并不只是经济脱位（例如，通货紧缩或负增长）的“客观”反映，而且被那些强有力的行动者在社会上构建为某种类型的危机——同样是这些行动者，随后促进新的制度，以“解决”这样定义的危机（Blyth，2002）。在布莱思的解释中，诸如国家（20 世纪 30 年代）或企业（20 世纪 70 年代）这样的集体行动者在政治上采取行动，在公共领域促进、传播和强化某些观念，这些观念既定义危机，也提供“解决”危机的制度处方，在这样做的过程中，他们试图说服有着不同“客观”利益的社会团体。[1] 打赢这场观念战后就着手构建新制度的集体行动可能要依靠范围比聚焦结构性先在条件所预期的更广泛的支持者（Blyth，2002，esp. 152－166 and 209－219）。参照 20 世纪 70 年代的经济危机——在这次危机期间，企业成功地促进了反通货膨胀的和货币主义的政策——布莱思证明：“其他行动者的利益必须被重新解释，以便它们变得与企业的利益是同质的，这样的同质性既不是明显的，也不是在结构上被决定的”（Blyth，2007，86；也可参看 Blyth，2003）。

正是观念的政治最终决定了一个关键节点的制度结果，这一洞见指向下面这个可能性：在出现制度不确定性的情境期间，强有力的行动者在战略上

1　值得强调的是，尽管他的分析聚焦集体行动者的互动，但布莱思并没有把行动者归为抽象实体。例如，他通过解释美国和瑞典的企业如何推进新自由主义的观念来定义 20 世纪 70 年代的经济危机并提供解决经济危机的制度“解法”，这一解释在详细描述商业世界的内部动态上极其准确，显示了一些重要捐助者、组织、基金、保守派媒体及其他行动者如何以协调的方式采取行动，促进亲商业观念。他的历史分析从经验上显示，在 20 世纪 70 年代的关键节点期间，商业“作为一个阶级而行动起来”（Blyth，2002）。

促进新的社会规范，以操纵社会团体的偏好，可能比稳定时期有更多成功的机会。除了布莱思的宏观经济政策决策外，这一洞见还被用于其他语境。例如，克雷布斯(Krebs)把一个类似的框架应用于他对“有限战争”的国内制度后果的分析，它们可能构成行政权力改革的关键节点。在他的解释中，政治领导人在关于此类战争的目的和结果的公开辩论中所促进的规范立场决定性地塑造了行政分支的改革(Krebs，2010；Kierand Krebs，2010，15；还可参看即将出版的 Capoccia 中的讨论)。

方法论报偿：险些失手与负面案例

对关键节点期间行动者和偶发事件的分析不仅产生了创新的理论报偿，可以指导关于重要制度的起源和改革的研究，而且有重要的方法论获益。强调偶发事件作为关键节点的一个定义性要素，其逻辑结果：尽管看似违反直觉，但变革并不是一个关键节点的必要成分。如果变革是可能的、考虑过的、寻求的和险些没能实现的，那么就没有理由不认为这一情境是一个关键节点(Capoccia and Kelemen，2007，350—351)。这样的“险些失手”的关键节点可能源自两组主要环境。

首先，险些失手的关键节点可能源自上文讨论过的政治企业家能力和联合的动态：改革的社会基础和政治基础可能存在，但政治企业家或许没能动员必要的联合来实现改革(Ertman，2010，1008；还可参看 Yashar，1997，22)。[1] 这个模式的一个生动说明可以在尼克尔斯和迈尔斯(Nichols and Myers，2010)最近再论斯考龙克(Skowronek，1993)的美国“重构型总统”(reconstructive presidency)理论的作品中找到。尼克尔斯和迈尔斯认为，并非所有“未加入脆弱政权”的美国总统都抓住了机会来“重构”政治秩序，也就是说，改变党派分裂的主轴，组建一个新的多数联合。总统们可能没能这样

1 索菲尔(2012)把这样的情境视为“没有变革的危机”(即没有关键节点)，从而是在一个部分程度上有所不同的框架中致力于解决一个类似的理论问题。这里提出的方法需要更严格的理论条件才能把这样的案例视为“负面案例”，从而可以十分有用地与变革的“正面”案例相比较：推动变革的社会力量必须是当下的，通过动员、联合或决策制定来激活这些力量应当是险些失手的。

做，在这样的情况下，重构依然可能发生，但是以一种更拖延的方式。

险些失手的关键节点的第二个来源是，在这样的实例中，支持制度变革的政治力量险些输掉推动有利稳定的斗争，换句话说，在这样的实例中，在不确定和制度流动的阶段围绕选择不同制度的选项而展开的政治斗争导致再平衡而不是变革。例如，卡波西亚(2005)在对两次世界大战之间那些年的民主危机的研究中，比较了民主崩溃的实例与民主制幸存下来的实例，尽管极权主义政党对它们的继续存在提出了严重挑战。通过对政治过程的仔细分析，他识别了一些关键的政治行动者，他们在关键时刻的决策和行动在引导政治危机的结果是走向民主制的幸存还是崩溃上是决定性的。

险些失手的关键节点的概念给比较历史分析学者的工具箱里添加了一个重要的方法论工具，让他们有可能在他们的比较研究设计中为英国历史学家休·特雷弗-罗珀(Hugh Trevor-Roper，1988)所说的"遗失的历史瞬间"(the lost moments of history)留出空间：在潜在重要的"负面案例"(negative case)中，制度变革是可能的，却没有发生，它们可以提高分析的力量。在上文举出的实例中，通过把险些失手的关键节点概念应用于他们的研究对象，尼克尔斯和迈尔斯(2010)及卡波西亚(2005)都揭示了原先看不见的负面变革案例，从而提出了一个新的分析视角，在看似已经被人踏平的学术地带得出新的经验主义结果。

构建关键节点论证：逻辑步骤与比较设计

在这个点上总结一下，关键节点分析可以给非历史方法提供重要的整合与矫正，可以产生创新的理论洞见和方法论进步。本节将概述关键节点分析的方法论，举例说明它的逻辑步骤，包括讨论横截面比较和纵向比较的问题，总体目标是构建和检验中间理论论证，这些论证致力于解决重要政治制度的起源和改革问题。

厘清分析单位

关键节点研究的第一步是识别分析单位，这在比较历史分析中典型地是某个制度设置：一个组织，一项公共政策，一组正式规则，一个政党政权(Capoccia and Kelemen，2007，349—350)。在考量一系列事件和决策是否构成一个关键节点时，要问的初步问题："什么是发展中的一个关键节点?"有时候，学者们识别了相对较短的重大政治、社会或经济剧变的时期，并断言，这些就是一般意义上的关键节点(例如，Dion，2010，34)。然而，这个断言可能是误导性的，因为不同性质的外部震荡可能影响某些决策现场，对另外一些决策现场则没有影响(例如，Cortell and Peterson，1999，187)。同样，即使当整个政治体制面对"悬而未决的时期"时，体制内的很多制度也可能依然不受影响(Streeck and Thelen，2005，8—9)。实际上，如果你同意斯科罗内克(1995)的观点，"从历史的/制度的观点看，政治是由制度排序当中持久的不协调和摩擦来构建的"(95)，那么这就一点也不奇怪了。在一个分析层面上的事件可能同时影响另外一些分析层面，重要的是要让它们保持分离，并小心地根据具体的利益单位来定义关键节点(Shermer，1995，71；Thelen，1999，213)。

识别"候选"关键节点

分析单位一旦识别，学者们就应该研究那个制度的历史，以识别"候选"关键节点——它们是制度现状受到挑战、激进制度变革的要求开始出现的那些时刻。触发装置(通常被贴上"震荡"的标签)对于制度常常是外生性的，可能采取各种不同的形式，这取决于所分析的制度(例如，Cortell and Petersen，1999)。在研究文献中已经将相关制度标识为关键节点的那些时刻可以算作"候选"关键节点，但是要记住，它们对重要制度的破坏性影响应当从经验上显示，而不要先验地假设。例如，在前面讨论过的李伯曼的(2003，79—105)研究中，他考量(并打了折扣)民主过渡及劳工联合对巴西和南非不同"税收国家"的潜在影响。这些对政治体制和工业关系体系来说是关键节点，其在某些解释中被认为对于税收国家具有重要含义。

检验结构效应

一旦识别了此类挑战和激进制度变革的时刻，就应当检验下面这个假说:结构性先在条件而非行动者推动制度变革。制度结果究竟是否是被可用选项之间的政治选择所推动,就像表面看上去的那样,或者像贝林斯·科利尔和科利尔(1991,27)所指出的,这些选择只是“假设的”而不是真实的?从逻辑上讲,关键节点期间行动者和选择之间潜在的不相关可能采取两种形式,它们反过来产生可检验的假说。第一,结构性的和非人格的条件可能隔绝选择:把所有选项从一个给定情境中可以想到的选择范围中排除掉,只剩下一个选项。除了是传统结构逻辑的标志外,正如上文所讨论的,这个可能性还在社会结构主义的某些版本中被强调,这些版本认为,发散的文化规范为特定环境中的决策者提供了认知的和道德的脚本(例如,March and Olsen,1989)。例如,卡茨施泰因(Katzenstein)对“9·11”事件后德国和日本安全政策的比较分析指向了根深蒂固的、根本不同的脚本在解释这两个国家对类似外生性震荡做出反应的不同方式上的重要性(Katzenstein,2003)。第二,先在结构条件胜过选择:在关键节点期间崛起的行动者和可用选项对于长期运转的结构条件来说可能完全是内生性的。这指向了下面这样的情境:重要可选选项的可用性只是虚幻的——在关键节点期间做出了一个选择,但因基础性的结构条件而立即被推翻。一个实例是卢贝特(Luebbert,1991)对西欧政治发展所做的经典结构分析。谈到那些自由主义劳工安排的国家工人阶级领袖的选择,他写道:“始终有可能推测:一组不同的领导人会产生不同的政策,有着不同的结果。但必须记住的是,他们晋升到党的领导层并不只是盲打误撞的结果。”(230)他指出,选择政治决策者对于结构性条件来说可能是内生性的,因此对重要的制度结果没有独立影响,除此之外,他还评论道,谈到非自由社会的自由主义政治官员,比如意大利的吉奥利蒂,有时候领导人在理论上可以做出不同的选择,但这些选择无论如何注定要因结构性条件的主流力量而失败。在行动者从表面上看来正在扩张的时刻,结构性先在条件究竟是隔绝还是胜过选择,完全可以经受经验的检验。如果是肯定的,这样的检验就会证伪假设的行动者的因果作用,并证实结构性先在条件在这些时刻的因果效力,还澄清究竟是哪些非人格化的先在因素对于结果来说至关重要,以及它们如何产生重要结果。一般而言,这一研究检验不应当太过烦琐,因为对政治选择的深入分析可能集中相对较短的(候选)关键节点时期。

纵向比较“候选”关键节点并选择最“关键的”节点来分析

上文概述的检验应当划掉某些“候选”关键节点，并帮助把注意力聚焦行动者和政治动态在选择制度发展路径上扮演重要角色的那些时刻。即使有可能使用一个研究设计，把一个以上关键节点包含在相同的空间单位里（例如，Lynch，2006，Nichols and Myers，2010），研究者也可以问，一旦识别了不同的潜在关键节点，哪一个在形成重要制度的关键性持久特征上发挥的影响力最大。卡波西亚和凯莱门（2007）通过聚焦两个成分来操作“候选”关键节点的“关键性”。首先是这样一个可能性：在关键节点的末尾，制度获得了其持久的路径依赖特征，在关键节点行动者的持续存在期间可以观察到。另一个是关键节点相对其行动者的持续时间。他们建议，分析首先从那些对结果影响最大并较早发生的关键节点开始（关于这一操作的形式化，参见 Capoccia and Kelemen，2007，360－363）。尽管并没有使用关键节点的语言，但有一个实例是格兹马拉-布斯（Grzymala-Busse）对后共产主义民主国家继任共产党的发展所做的分析。她表示，那些选择让知识界和无党派成员在政府中占据高位以回应影响共产主义政权的危机的政党，比起那些以关闭和镇压来回应之前危机的政党，其更有可能在危机后再造自己。由于政权危机期间的早期关键节点（例如，1956 年的匈牙利，1968 年的捷克斯洛伐克）激发了来自共产主义政党的明显不同的反应，因此对于党的组织和意识形态在新的民主政权中的塑造比过渡时期的（候选）关键节点更加关键，在过渡时期，政党精英的选择受制于他们早先决策的结果。[1] 更宽泛地讲，这个从“最关键的”关键节点着手分析的策略还提供了一个操纵杆来处理人们经常提及的无穷回归问题——在某个时间点（关键节点）上开始分析的随意性，以及不探索先前事件和发展的重要性。对“候选”关键节点的“关键性”的这种纵向比较并不罕见

1　这个实例经常被人援引，作为对关键节点期间先在条件决定性因果意义的一个生动说明（例如，Slater and Simmons，2010）。从这个观点看，1989 年的政权过渡被视为一个关键节点，而且，这个案例中的这种单位是党组织，没有理由不把共产主义时期更早的政权危机概念化为关键节点。这些政权危机导致执政的共产党分裂，并让党内精英面对重要的选择。接下来，这一概念化使我们有可能比较两个关键节点对重要结果的关键性，并聚焦（就像格兹马拉-布斯正确地做的那样）那个更关键的节点。

(即使有时候是隐含的),学者们可以构建而且确实构建了关于哪个"候选"关键节点对于其重要结果更为"关键"的论证(例如,参见 Lynch,2006,59—63;Mahoney,2001,26—27)。在上文提到的那个实例中,李伯曼(2013,105)已证明,民主过渡和劳工联合时期后的关键节点对于巴西和南非不同"税收国家"的出现和持续事实上远没有更早的定义国家政治共同体的宪政时刻关键。

重构被选择关键节点中的政治过程

一旦为了分析而识别出了关键节点,学者们就应该"向前读史"(Capoccia and Ziblatt,2010),识别主要决策者及其互动,并重构当时有哪些制度选项在政治上是可行的。行动者可能是个体,也可能是集体。在集体的情况下,学者不应该毫无疑问地把行动者归属于社团或社会群体,而应把集体行动者的领导层与他们的社会和政治基础之间的关联问题化,并重构导致集体行动者追求一致行动路线的动态(Sewell,1992,145)。[1] 学者们应当进一步厘清哪些社会和政治力量站在选项的背后,厘清哪些决策在形成结果上影响力最大。依照上文讨论过的伯林的偶然性概念,研究者还应当分析在制度结果的选择中"没有选择的道路"(以及可能貌似有理地选择的道路),以及事实上选择的道路。[2]

执行反事实分析

后面这一举动把我们带入了反事实分析的领域,在几十年相当可观的怀疑论之后(例如,Carr,1961),这一分析恢复了它在历史学和历史编纂中(例如,Bulhof,1999;Bunzl,2004)以及在历史导向的社会科学中(例如,Fearon,1991;Lebow,2000a,2000b,2010;Tetlock and Belkin,1996)的正当地位。在关键节点方法的语境中,反事实分析的目的是确立下面这个双重反事实论证的貌似合理性:第一,原本可以选择不同的制度安排;第二,假如是这样的情

1 上文讨论过的卡利瓦斯(1996)论述天主教会的那些话,以及布莱思论述经济集体行动者的那些话,提供了如何做这件事的绝佳实例。

2 手头有几个方法适合这项任务:过程追踪(例如,Bennett and Checkel),"分析叙事"(Bates et al.,1998),以及一般意义上任何形式有结构的、理论指导的叙事。

况，该项制度安排会有一笔持久遗产。研究文献为构建貌似有理的反事实剧本详细制定了一整套逻辑的和方法论的标准，把一些很有启发价值的反事实与那些属于虽然引发思考却不够严谨的“虚拟历史”领域的反事实区别开来（例如，Lebow，2010，52—57；Tetlock and Belkin，1996，23—24）。除了一般性的清晰和逻辑一致的标准外，对关键节点分析来说，最相关的标准是理论一致性和历史一致性。关于*理论一致性*，马汉尼（2000）解释道，分析应当聚焦“关键节点期间实际可用而且根据理论应当被采用的反事实前提，”（513；还可参看 Mahoney and Goertz，2004）。*历史一致性*也被称作“最小重写规则”（minimal-rewrite rule），在几个方面约束了反事实思考：只包括那些可用的、经过考量的政策选项，这些选项要么不是相关行动者所追求的，要么是险些过不了关的；只考虑那些原本可以貌似有理地做出，但因为某个原因而没有做出的决策；把前因和后果在时间上相距遥远，以至于令人很难相信其他事情依然相等的反事实排除在外。正如几个作者所强调的，关于貌似有理的反事实论证，能找到的历史证据可能和事实论证的证据一样多（例如，Lebow，2000b，559；Turner，1999）。同样，可能有足够多的证据用来产生有根有据的思考，至少是关于实际上原本可以做出的其他决策的直接制度结果的思考（Lebow，2000a）。

显示被选择的制度有着持久遗产

关键节点分析是路径依赖制度研究的一个组成部分。正如前面讨论过的一些关键节点研究的实例所证明的，学者们劳心费力地试图从经验上证实那些支撑关键节点的持久制度遗产的机制。

关键节点的横截面比较

上文的所有讨论都可以——在任何时候只要是可能的和适当的——在比较分析的语境中做。正如前面讨论过的实例所显示的，这样的比较分析通常基于一个在不同制度单位中识别类似历史过程的设计，在这样的制度单位中，同类行动者在更广泛的类似背景条件下采取行动，面对类似的挑战，其最终的变种是关键节点期间发生的决策和策略互动的产物。从比较的视角分析关键节点具有几个重要优势。首先,在一个单位中的反事实论证在另一个单位中可能是事实论证。换句话说,如果关键节点在类似条件下出现在类似的单位中,那么,相同行动者的不同决策可能产生不同的结果,使得变异成为可能,并增加了分析的整体力量。其次,比较使得负面案例的识别更加方便,也就是说,一些节点呈现结构流动性和行动者声望卓著的相同特征,但实际上并没有产生彻底的变革。最后,比较类似的节点(可能有不同的结果)凸显了哪些行动者、时刻和选择是重要的,哪些语境细节是不那么相关的。如果研究涉及不同空间单位中和不同时间点上的类似节点,那么,政治的学习和传播可能对所比较案例的独立性有影响(Weyland,2010),因为后面这种情况所涉及的行动者可能知道较早案例的结果,并因此调整他们的行为(Buthe,2002)。在这样的环境下,研究者必须解释此类较早节点对较晚节点的结果的潜在影响。

结论:把关键节点分析置于制度发展的比较研究中

在最近一篇论述美国政治发展的理论创新的文章中,斯科罗内克和格拉斯曼(Skowronek and Glassmann,2008)写道:"今天的任何方面都对那些援引脱离实体的历史力量或政治过程的解释不大耐烦……如何把行动者置于舞台中央并依然对更大的整体保持关照,如何评估那些违反长期标准在瞬间产生效应的变革——这些都是显著的挑战"(2)。关键节点方法是比较历史分析中可以应对这些挑战的一条途径,特别是在路径依赖制度分析的语境中。在综合中,这一方法为研究一个给定制度的历史中相对罕见的政治开放瞬间提供了一个框架,在此期间,行动者和选择在落实那些有着持久遗产的制度安排方面具有决定性的作用。本章勾勒了这一方法的基本特征,讨论了它相比另外的制度变异分析方法的力量,并提供了关于如何把这一方法应用于比较分析的指示。本章的主要论题:通过采用恰当的方法把偶然性理论化为指称个体的和集体的行动者,通过聚焦它们在关键节点典型的不确定性中的因果效力,为重要制度安排的创造和改革的比较历史分析提供重要的理论报偿。

在结尾，我将简短地把这一分析形式置于比较历史分析方法中研究制度发展的其他方法的语境中。本质上，关键节点方法的关键力量，即路径依赖是它的主要局限。一方面，制度路径依赖理论为学者们提供了一种强有力的语言来佐证关于远端因果关系的主张。另一方面，最近关于"弱制度"和内生性制度变革模型的学术研究凸显了路径依赖的概念工具可能并不总是提供一幅制度发展的现实图景。考虑到关键节点与路径依赖之间的密切关联，这几股对制度发展的理论化间接质疑了关键节点方法的分析力量，并暗示了未来理论工作关键性的优先事项。

在论述"弱制度"的理论工作中，列维茨基和穆里洛(Murillo)指出，路径依赖假设了"制度的力量"，即一项政策中正式规则的持续执行和高度坚持让行动者产生了这样的预期：投资于技能、技术和组织，需要成功的制度参与，不会白白浪费(Levitsky and Murillo，2009，123)。在发展中世界，"制度软弱的政治"是典型模式(Levitsky and Murillo，2005)，制度路径依赖受到抑制，制度变革最有可能采取"崩溃和替代"的形式(Levitsky and Murillo，2009，128)。在这一语境中，关键节点分析提供的力量甚少：制度安排源自围绕制度设计而展开的政治斗争，其不大可能持久(或者，就算持久的话，也很可能依然是非强制的)，围绕制度设计、修订现有规则和建立新的正式规则而展开的新的论争可能很快死灰复燃。

内生性制度变革理论(Streeck and Thelen，2005；Thelen，2004)批评路径依赖理论是展示一个"稳定基础"，把变革归因于外生性震荡。在试图把变革纳入制度发展的理论解释的努力中，遵循这一传统的学者们把制度概念化为"冲突的竞技场"，而不是均衡。制度持续不断地被某些群体所重塑，这些群体试图让制度屈从于他们自己的优先考量和偏好，为实现这个目标而诉诸可以辨识的全套策略，包括零星改革(层化)和重新解释(转换)。这些内生性的制度变革过程——学者们为它们提供了广泛的经验支持——不是短期展开的，而是逐步发生的，从长期来看根本性地改变了制度(Hacker，Pierson and Thelen，本书第 7 章)。关键节点在这一理论文献中几乎阙如，原因：如果制度一直是脆弱的，容易接受零零碎碎的修改和重新解释，而且它们的形态随着相关行动者的权力和影响力的改变而不断改变(Mahoney and Thelen，2010)，那就没有多少理由详细研究制度起源的政治。

尽管有这些把制度及制度变革概念化的可选方法,但路径依赖理论和关键节点概念在比较历史分析中都继续深受欢迎。诚然,这些可选方法并不互相排斥,而且适用于不同的环境,但与此同时,这些方法如今被简单地并置在比较历史分析学者的理论工具箱里(Capoccia,2012)。关于它们各自适用的条件,需要更强健的理论化,特别是这样一些条件:它们激励适应预期和特定投资的路径依赖逻辑,并因此推高了制度颠覆的成本。还有这样一些条件:相反,它们借助行动者方面为争夺权力而随时展开的连续不断的策略行动来产生渐进的,却是转变性的制度变革。这条阵线上的进步还要走很长的路才能连同比较历史分析中制度变革分析的其他路径一起厘清关键节点概念的范围、潜力和局限。

参考资料

Acemoglu,Daron and James A. Robinson. 2012. *Why Nations Fail. The Origins of Power,Prosperity and Poverty*. London:Crown Business.

Arthur,Brian. 1994. *Increasing Returns and Path Dependence in the Economy*. Ann Arbor:University of Michigan Press.

Bates,Robert H., Avner Greif, Margaret Levi, Jean-Laurent Rosenthal and Barry R. Weingast. 1998. *Analytic Narratives*. Princeton,NJ:Princeton University Press.

Bennett,Andrew and Jeffrey Checkel. *Process Tracing:From Metaphor to Analytic Tool. Cambridge*:Cambridge University Press.

Bennett,Andrew and Colin Elman. 2006. "Complex Causal Relations and Case Study Methods:The Example of Path Dependence." *Political Analysis* 14(3):250—267.

Berins Collier, Ruth and David Collier. 1991. *Shaping the Political Arena:Critical Junctures,the Labor Movement,and Regime Dynamics in Latin America*. Princeton, NJ:Princeton University Press.

Berlin,Isaiah. 1974. "Historical Inevitability." In *The Philosophy of History*,edited by P. Gardiner,161—186. London:Oxford University Press.

Berntzen,E. and P. Selle. 1990. "Structure and Social Action in Stein Rokkan's Work." *Journal of Theoretical Politics* 2(2):131—150.

Blyth, M.. 2002. *Great Transformations: Economic Ideas and Institutional Change in the Twentieth Century*. Cambridge: Cambridge University Press.

Blyth, M.. 2003. "Structures Do Not Come with an Instruction Sheet: Interests, Ideas and Progress in Political Science." *Perspectives on Politics* 1(4): 695—706.

Blyth, M.. 2007. "When Liberalisms Change: Comparing the Politics of Inflations and Deflations." In *Neoliberalism: National and Regional Experiments with Global Ideas*, edited by R. Roy, A. Denzau, and T. Willet, 71—96. London: Routledge.

Bulhof, J.. 1999. "What If? Modality and History." *History and Theory* 38(2): 145—168.

Bunzl, M.. 2004. "Counterfactual History : A User's Guide." *American Historical Review* 109(3): 845—858.

Buthe, T.. 2002. "Taking Temporality Seriously: Modeling History and the Use of Narratives as Evidence." *American Political Science Review* 96(3): 481—493.

Capoccia, G.. 2004. "Structuralism, Contingency and Regime Survival: Evidence from Interwar Europe." Paper presented at the Conference of Europeanists, Chicago, March.

Capoccia, G.. 2005. *Defending Democracy: Reactions to Extremism in Interwar Europe*. Baltimore: Johns Hopkins University Press.

Capoccia, G.. 2012. "Historical Institutionalism and the Politics of Institutional Change." Manuscript, University of Oxford.

Forthcoming. "Critical Junctures." In *The Oxford Handbook of Historical Institutionalism*, edited by T. Falleti, O. Fioretos and A. Sheingate. Oxford: Oxford University Press.

Capoccia, G. and R. D. Kelemen. 2007. "The Study of Critical Junctures: Theory, Narrative and Counterfactuals in Institutional Analysis." *World Politics* 59(3): 341—369.

Capoccia, G. and D. Ziblatt. 2010. "The Historical Turn in Democratization Studies: A Research Agenda for Europe and Beyond." *Comparative Political Studies* 43(8/9): 931—968.

Carr, E. H.. 1961. *What Is History*? New York: Random House.

Cortell, A. and S. Peterson. 1999. "Altered States: Explaining Domestic Institutional Change." *British Journal of Political Science* 29(1): 177—203.

David, P.. 1985. "Clio and the Economics of QWERTY." *American Economic Review* 75(2): 332—337.

David, P.. 2000. "Path Dependence, Its Critics, and the Quest for 'Historical Economics.'" In *Evolution and Path Dependence in Economic Ideas: Past and Present*, edited by P. Garrouste and S. Ioannides, 15—40. Cheltenham, UK: Elgar.

Dion, M. L.. 2010. *Workers and Welfare: Comparative Institutional Change in Twentieth-Century Mexico*. Pittsburgh: University of Pittsburgh Press.

Ermakoff, I.. 2008. *Ruling Oneself Out: A Theory of Collective Abdications*. Durham, NC: Duke University Press.

Ertman, T.. 2010. "The Great Reform Act of 1832 and British Democratization." *Comparative Political Studies* 43(8/9): 1000—1022.

Falleti, T. G. and J. F. Lynch. 2009. "Context and Causal Mechanisms in Political Analysis." *Comparative Political Studies* 42(9): 1143—1166.

Fearon, J.. 1991. "Counterfactuals and Hypothesis Testing in Political Science." *World Politics* 43(2): 169—195.

Fioretos, O.. 2011. "Historical Institutionalism in International Relations." *International Organization* 65(2): 367—399.

Goldstone, J. A.. 1998. "Initial Conditions, General Laws, Path Dependence and Explanation in Historical Sociology." *American Journal of Sociology* 104(3): 829—845.

Gourevitch, P.. 1992. *Politics in Hard Times: Comparative Responses to International Economic Crises*. Ithaca, NY: Cornell University Press.

Greif, A.. 2006. *Institutions and the Path to the Modern Economy: Lessons from Medieval Trade*. Cambridge: Cambridge University Press.

Grzymala-Busse, Anna. 2002. *Redeeming the Communist Past: The Regeneration of Communist Parties in East-Central Europe*. Cambridge: Cambridge University Press.

Hausermann, S.. 2010. *The Politics of Welfare State Reform in Continental Europe: Modernization in Hard Times*. Cambridge: Cambridge University Press.

Kalyvas, S. N.. 1996. *The Rise of Christian Democracy in Europe*. Ithaca, NY: Cornell University Press.

Kalyvas, S. N. 1998. "From Pulpit to Party: Party Formation and the Christian Democratic Phenomenon." *Comparative Politics* 31(2): 293—312.

Kalyvas, S. N. 2003. "Unsecular Politics and Religious Mobilization." In *European Christian Democracy: Historical Legacies and Comparative Perspectives*, edited by T. A. Kselman and J. Buttigieg, 293—320. Notre Dame, IN: Notre Dame University Press.

Katzenstein, P.. 2003. "Same War, Different Views: Germany, Japan and Counter-Terrorism." *International Organization* 57(4):731—760.

Katznelson, I.. 2003. "Periodization and Preferences: Reflections on Purposive Action in Comparative Historical Social Science." In *Comparative Historical Analysis in the Social Sciences*, edited by J. Mahoney and D. Rueschemeyer, 270—303. Cambridge: Cambridge University Press.

Kier, E. and R. Krebs. 2010. "Introduction: War and Democracy in Comparative Perspective." In *In War's Wake: International Conflict and the Fate of Liberal Democracy*, edited by E. Kier and R. Krebs, 1—21. Cambridge: Cambridge University Press.

Kohli, Atul. 1997. "Can Democracies Accommodate Ethnic Nationalism? The Rise and Decline of Self-Determination Movements in India." *Journal of Asian Studies* 56(2): 325—344.

Krebs, R.. 2010. "International Conflict and the Constitutional Balance: Executive Authority After War." In *In War's Wake: International Conflict and the Fate of Liberal Democracy*, edited by E. Kier and R. Krebs, 187—210. Cambridge: Cambridge University Press.

Lebow, R. N.. 2000a. "Contingency, Catalysts, and International System Change." *Political Science Quarterly* 115(4):591—616.

Lebow, R. N.. 2000b. "What's So Different about a Counterfactual?" *World Politics* 52(4):550—585.

Lebow, R. N.. 2010. *Forbidden Fruit: Counterfactuals and International Relations*. Princeton, NJ: Princeton University Press.

Levi, M.. 1988. *Of Rule and Revenue*. Berkeley: University of California Press.

Levi, M.. 1997. *Consent, Dissent and Patriotism*. Cambridge: Cambridge University Press.

Levitsky, S. and M. V. Murillo. 2005. *Argentine Democracy: The Politics of Institutional Weakness*. University Park: Pennsylvania State University Press.

Levitsky, S. and M. V. Murillo. 2009. "Variations in Institutional Strength". *Annual Review of Political Science* 12(1):115—133.

Lieberman, E.. 2003. *Race and Regionalism in the Politics of Taxation in Brazil and South Africa*. Cambridge: Cambridge University Press.

Lipset, S. M. and S. Rokkan. 1967. "Cleavage Structures, Party Systems and Voter Alignments." In *Party Systems and Voter Alignments: Cross-National Perspectives*, edited by S. M. Lipset and S. Rokkan, 1—64. New York: Free Press.

Luebbert, G. M.. 1991. *Fascism, Liberalism and Social Democracy: Social Classes and the Political Origins of Regimes in Interwar Europe*. Oxford: Oxford University Press.

Lynch, J.. 2006. *Age in the Welfare State: The Origins of Social Spending on Pensioners, Workers and Children*. Cambridge: Cambridge University Press.

Mahoney, J.. 2000. "Path Dependence in Historical Sociology." *Theory and Society* 29 (4): 507—548.

Mahoney, J.. 2001. *Legacies of Liberalism: Path Dependence and Political Regimes in Central America*. Baltimore: Johns Hopkins University Press.

Mahoney, J. and G. Goertz. 2004. "The Possibility Principle: Choosing Negative Cases in Comparative Research." *American Political Science Review* 98(4): 653—669.

Mahoney, J. and K. Thelen. 2010. *Explaining Institutional Change: Ambiguity, Agency and Power*. Cambridge: Cambridge University Press.

March, J. G. and J. P. Olsen. 1989. *Rediscovering Institutions: The Organizational Basis of Politics*. NewYork: Free Press.

Morrison, B.. 2011. "Channeling the Restless Spirit of Innovation: Elite Concessions and Institutional Change in the British Reform Act of 1832." *World Politics* 63 (4): 678—710.

Nichols, C. and A. Myers. 2010. "Exploiting the Opportunity for Reconstructive Leadership: Presidential Responses to Enervated Political Regimes." *American Politics Research* 38(5): 806—841.

North, D. C.. 1990. *Institutions, Institutional Change and Economic Performance*. Cambridge: Cambridge University Press.

O'Donnell, G. A. and P. C. Schmitter. 1986. *Transitions from Authoritarian Rule: Tentative Conclusions about Uncertain Democracies*. Baltimore: Johns Hopkins University Press.

Page, S.. 2006. "Path Dependence." *Quarterly Journal of Political Science* 1 (1): 87—115.

Parsons, C.. 2007. *How to Map Arguments in Political Science*. Oxford: Oxford

University Press.

Pierson, P.. 2000. "Increasing Returns, Path Dependence and the Study of Politics." *American Political Science Review* 94(2):251—268.

Pierson, P.. 2004. *Politics in Time: History, Institutions and Social Analysis*. Princeton, NJ: Princeton University Press.

Polanyi, K.. 1944. *The Great Transformation: The Political and Economic Origins of Our Time*. Boston: Beacon Press.

Putnam, R. D.. 1993. *Making Democracy Work: Civic Traditions in Modern Italy*. Princeton, NJ: Princeton University Press.

Riker, W.. 1986. *The Art of Political Manipulation*. New Haven, CT: Yale University Press.

Sewell, W. H.. 1992. "A Theory of Structure. Duality, Agency and Transformation." *American Journal of Sociology* 98(1):1—29.

Shapiro, I. and S. Bedi. 2006. *Political Contingency: Studying the Unexpected, the Accidental and the Unforeseen*. New York: New York University Press.

Shermer, M.. 1995. "Exorcising Laplace's Demon: Chaos and Antichaos, History and Metahistory." *History and Theory* 34(1):59—83.

Skowronek, Stephen. 1993. *The Politics Presidents Make: Leadership from John Adams to George Bush*. Cambridge, MA: Belknap Press of Harvard University Press.

Skowronek, Stephen. 1995. *Order and Change*. Polity 28(1):91—96.

Skowronek, Stephen and Matthew Glassman. 2008. "Formative Acts." In *Formative Acts: American Politics in the Making*, edited by Stephen Skowronek and Matthew Glassman, 1—9. Philadelphia: University of Pennsylvania Press.

Slater, D. and E. Simmons. 2010. "Informative Regress: Critical Antecedents in Comparative Politics." *Comparative Political Studies* 43(7):886—917.

Soifer, H.. 2012. "The Causal Logic of Critical Junctures." *Comparative Political Studies* 45(12):1572—1597.

Steensland, B.. 2006 . "Cultural Categories and the American Welfare State: The Case of Guaranteed Income Policy." *American Journal of Sociology* 111(5):1273—1326.

Streeck, W. and K. Thelen. 2005. "Introduction: Institutional Change in Advanced Political Economies." In *Beyond Continuity: Institutional Change in Advanced Political Economies*, edited by W. Streeck and K. Thelen, 1 — 39. Oxford: Oxford

University Press.

Swidler, A.. 1986. "Culture in Action: Symbols and Strategies." *American Sociological Review* 51(2):273—286.

Tetlock, P. and A. Belkin. 1996. *Counterfactual Thought Experiments in World Politics*. Princeton, NJ: Princeton University Press.

Thelen, K.. 1999. "Historical Institutionalism in Comparative Politics." *Annual Review Political Science* 2:369—404.

Thelen, K.. 2004. *How Institutions Evolve: The Political Economy of Skills in Germany, Britain, the United States and Japan*. Cambridge: Cambridge University Press.

Trevor-Roper, H.. 1988. "The Lost Moments of History" [Romanes lecture]. *New York Review of Books*, 35(16), October 27.

Tsebelis, G.. 2002. *Veto Players: How Political Institutions Work*. Princeton, NJ: Princeton University Press.

Turner, H. A.. 1999. "Human Agency and Impersonal Determinants in Historical Causation." *History and Theory* 38(3):300—306.

Weyland, K.. 2010. "The Diffusion of Regime Contention in European Democratization, 1830—1940." *Comparative Political Studies* 43(8/9):1148—1176.

Yashar, D. J.. 1997. *Demanding Democracy: Reform and Reaction in Costa Rica and Guatemala, 1870s—1950s*. Stanford, CA: Stanford University Press.

7. 漂移与转换:制度变革的隐藏面

雅各布·S.哈克尔　保罗·皮尔森　凯瑟琳·瑟伦

直至最近,社会科学中关心制度的学者通常把制度视为固定的,不管是定义为政治游戏的规则、官僚机构的标准运转程序,还是指导组织化行为的规范准则,都把制度和稳定性联系在一起,都把它援引为独立变量或中间变量来解释结果中持续存在的跨国差异。然而,这一领域更晚近的工作试图为制度如何演变以及制度效应如何与时俱变提供更大的洞见。不是把制度主要视为政治环境一成不变的特征,这些论证试图阐明:何种制度变革最有可能在何种政治构造下被何种社会过程所推动?

本章将推进这一更晚近的研究议程,审视两个重要的、常见的、理论上可解释的过程,政治效应正是通过这两个过程与时俱变,我们称之为"漂移"和"转换"。漂移发生在制度或政策被故意保持原位而它们的语境却以改变其效应的方式改变了的时候。一个简单的实例是美国的最低工资,它没有被计入通货膨胀指数,因此当物价上涨时,其价值却下降了,除非制定新的联邦法律。那些希望通过漂移来影响改变的人,只需要防止现有规则的更新即可。漂移因此取决于一项制度的效应对于其语境的敏感程度,而不管政策是不是以面对不断改变的环境促进其更新的方式来设计,不管阻碍这样的更新是难是易。

相比之下,转换发生在政治行动者有能力改变制度或政策,使其朝向超越其最初意图的目的。一个实例是企业利用 1890 年的《谢尔曼反托拉斯法》

(*Sherman Antitrust Act*)来阻碍工会的能力。这项立法在人们对企业串通合谋的普遍关切中获得通过,打算拆解“妨碍贸易”的商业托拉斯。但企业设法说服联邦法院相信:组织工会是“妨碍贸易”的。在这样的情况下,那些没有参与创造正式规则的联合的行动者便重新部署这些规则,以实现他们自己的(有时候是非常不同的)目标。转换因此靠规则的模糊性和政治竞技场的多样性为食,在政治竞技场上,模糊的规则可以重新解释。

在先进工业社会,漂移和转换都很常见,也很重要。然而,学者们才刚刚开始关注这两种“隐藏”形式的制度变革,它们何时发生,为何发生,以及它们如何彼此相关。在之前的作品中,我们探索过漂移(Hacker,2005;Hacker and Pierson,2010,2011)和转换(Streeck and Thelen,2005;Thelen,2004),主要是作为单独的过程。在这里,我们将提出统一的视角来显示漂移和转换并在一起看如何增进我们对制度变革的理解,挑战我们某些最常见的关于民主政治的概念。首先,这两个被忽视的变革模式改变了我们关于正在进行的争夺统治权的斗争中谁攻谁守的概念。当制度遭受漂移或转换时,那些希望让制度保持原样的政治行动者——在偏袒现状的政治体制中他们通常占上风——突然看上去更容易受到挑战。

漂移和转换还改变了我们如何看待发生此类论争的政治现场,以及哪些类型的行动者在这些斗争中占优势。它们的发生是通过转变现有的制度,而不是通过整体性的制度替代,漂移和转换常常发生在立法政治的炫目光亮外。不仅如此,除了最细心的政治行动者外,其他所有人通常很难预见、监测和影响这些过程本身。这些特征有利于组织化利益集团,他们有着长远的时间视野和资源来玩长期游戏——这些政治行动者更有可能认识到现有正式规则中固有的机会,有最佳的位置根据这一认识采取行动,一旦漂移和转换改变了制度运作或制度效应,他们也最有能力保护他们的所得。

形成鲜明对照的是,在涉及漂移和转换的范围广泛的制度演化关键案例中,作为当代关于民主政治理论化的主要焦点的行动者,即选民不大可能是主要推动者。当然,选民可以发挥重要的约束作用,当制度变革变得更显著时,他们的重要性也随之提高。然而,典型情况是,选民较晚才进入这幅图景,而且只是在环境已经严重受制于漂移和转换过程的情况下。因此,一项严肃对待漂移和转换的研究计划需要回到基本问题:在资本主义民主国家,谁有能力塑造长期结果?我们认为,对这个问题的回答经常与美国和比较政治学的主流看法相左,后者强调投票和民意的改变是重大改革的源泉(Hacker and Pierson,2014)。

最后,这项研究计划也有重要的方法论含义。主流聚焦选民和民意——聚焦离散个体的行为——与统计和实验的方法有着密切的关联。然而,漂移和转换的过程只有在分析中才能观察到,这样的分析对于在相当重要的时期展开的变化既是构造性的,也是专注的。识别漂移和转化通常需要近距离审视多个社会活动场所之间的互动。此外,这些互动通常要花相当长的时间来展开。理论上,它鼓励朝着基于案例的构造分析和历史过程分析转变。尽管本章强调理论含义,但漂移和转换的概念强化了本书的一个更重要的结论:制度变革理论与比较历史分析之间有着紧密的一致性。

漂移、转换和制度变革

新的一波对制度变革的研究关注两个问题:第一,制度如何改变?第二,制度变革与政治结果之间是什么关系?在最近的学术研究中,一些分析发展中国家的学者记录并解释了政治结果中令人吃惊的缺少变革,尽管有重要的正式制度变革。[1] 在本章,我们将聚焦高度发展的民主国家,那里的典型情况是,正式制度规则得到遵守和执行,并关照这幅图画的另外一面:政治结果的重大改变,尽管正式制度保持稳定。换句话说,我们审视的是这样一些案例:制度中包含的正式规则依然持续,但要么是这些规则的结果(漂移),要么是解释和使用规则的方式(转换),发生了产生政治后果的改变。

我们所说的"正式制度规则",指的是这样一些规则:它们原则上是义务

1 例如,列维茨基和他的同事们的工作证明,在以"弱"制度为典型特征的发展中国家,形式("纸上的")规则的改变在既定政治动态中常常并不产生预期的改变,或者说,实际上根本不产生任何改变(Levitsky and Slater,2011,1;还可参看 Helmke and Levitsky,2006;Levitsky and Murillo,2009)。列维茨基和穆里洛(例如,2009)探索了在关系到正式规则与非正式规则相互作用的不同场景中,正式制度的"力量"变化之源。

性的,服从于第三方强制。[1] 此外,我们相信,就其在法律上体现了可强制的规则,创立了有国家做后盾的决策权或强制权或两者兼而有之的新组织而言,认为公共政策构成正式制度是讲得通的(Pierson,2006)。[2] 这一概念解释清楚地表明,某些政策构成政治景观的持久特征,应当以类似传统国家制度的方式来研究。它还把立法政治理论(典型地聚焦权威性公共法律的生产)和制度设计理论关联起来(典型地关注更加包罗万象的政治制度)。

漂移和转换的基本来源都是民主政治很多方面强大的现状偏袒。在那些有着数量庞大的现有政策和计划的根基牢固的民主国家,有一系列因素妨碍新制度的轻易创造。这些因素包括党派对立,制度规则需要高层次的协定,或者把特定的否决权赋予参与者,现有安排的既得利益捍卫者的存在,以及那些支持改革的人所面对的集体行动和协调问题。这些因素,加上其他因素,使得有权威地取代现有制度变得困难,从而使漂移和转换作为制度变革的一条途径相对更有吸引力。就漂移而言,变革的触发装置是语境中断,出现了现有制度穷于应付的环境改变。就转换而言,触发装置是行动者中断,那些没有参与(在某些情况下甚至不想参与)规则创造的行动者试图把规则重新导向新的目的。我们依次考量每一种情况。

漂移

漂移的定义:当正在改变的环境以那种至少被某些政治行动者认识到的方式改变正式规则的社会效应时,相关决策者却没能更新这些规则(Hacker,2004,2005;Hacker and Pierson,2010,2011;延伸阅读可参看 Beland,2007;Falleti and Lynch,2009;Lynch,2006;Mahoney and Thelen,2010;Streeck and Thelen,2005)。我们所说的正式规则,指的是权威公共决策所创造的特

1 很多制度主义者效法诺斯(1990)采用宽泛的制度定义,既包括正式制度也包括非正式制度,但列维茨基和穆里洛的工作表明,如果我们不把这两者合并到同一个名头下,就会好很多。只有把正式(强制性的)制度与非正式规范(基于共同的理解和习俗)区分开来,我们才能探索这两者之间的联系。因此,不否认非正式习俗的重要性,我们的论证服从特定的范围条件,它们具有列维茨基和穆里洛(2009)所说的那个意义上的制度"力量",包括法律规则和执行正式规则的国家能力。

2 这样的政策既包括那些为社会互动设定通过行使公共权力来执行的规则的政策,也包括那些建立组织或机构(例如,大多数国家的中央银行)的政策,它们的存在得到公开保证,它们的行动得到国家权威的支持。

定操作语言。我们所说的不断改变的社会环境，指的是这些规则正在改变的语境。当这样的变化改变了规则的结果而没有改变规则本身时，漂移便发生了。

漂移因此不只是单纯的政治停滞。它需要:(1)围绕政策或制度的环境以那种改变这些政策或制度的当下效应的方式发生改变;(2)这一结果的改变被认识到了;(3)有一些可选的规则将会改变这些结果改变的程度(换句话说，这些改变潜在地是可以补救的);(4)试图更新这些规则的努力没有着手进行，或受到阻碍。[1]

仅举一个有说服力的实例，漂移是美国2008年经济危机前解除金融管制过程中密不可分的一环。1997年，美国联邦储备委员会主席艾伦·格林斯潘(Alan Greenspan)在注意到动态的金融经济与僵硬的监管政策制定之间日益增长的不匹配时赞许道:

> 随着技术变革明显加速，现有的监管结构被绕开，释放出市场力量以增强财富创造和经济增长……当我们进入新世纪，稳定市场的私人监管力量将逐步取代很多笨拙的、越来越低效的治理结构。这是一个很有可能的结果，因为就其本性而言，政府不可能足够迅速地调整以适应不断改变的环境，这样的环境经常转到意料之外的方向(转引自 Johnson and Kwak，2010，101)。

当然，格林斯潘对“稳定市场的私人监管力量”的信任被证明错得离谱。然而，他的宣告准确捕捉到了联邦金融政策——没能“足够迅速地调整以适应不断改变的环境”——在何种程度上被不断改变的市场现实击败。有一点倒是真的，给金融部门解除管制的新法律在鼓励这些变化上发挥了重要作用。然而，至少一样重要的是政策漂移:政策制定者没能回应这些发展，在一

1　这个定义承认，民主多数可能支持导致漂移的互相作用。然而，在很多情况下，没能更新正式规则并不是通过民主多数的偏好来解释，反而是通过态度激烈的少数或拥有否决权的行动者的阻碍行动来解释。尽管我们这里提供了一个更容易扩展的定义，但我们继续相信，漂移最有趣的特征之一是它给政治行动者追求变革提供了一种特别有效的方式，而如果以更明显的方式来执行的话，他们很可能得不到多数支持。

定程度上是因为金融业热烈的游说阻止了这样的回应。[1]

转换

我们所说的转换，指的是任何已经存在的制度或政策通过其权力的重新定向、重新解释或重新拨款而发生了转变。像漂移一样，转换也把制度形式中的稳定成分与制度影响的改变结合了起来。还是像漂移一样，转换也让改革者有可能追求重要的实质性变革，即使面对可怕的障碍阻挠更直接的重新设计制度。然而，和漂移比起来，转换需要积极地重新解释现有的正式规则，以服务新的目的。转换在下列时候发生：(1)制度和规则足够可塑，以至于能够服务多重目的；(2)这些目的在政治上有争议；(3)政治行动者能够重新确定一项制度或政策，以服务新的职能；(4)把它的正式规则留在原地不动。

转换提醒我们，制度是“多用途工具”，可以用于不同的目的，其目标和功能因此被内部和外部的群体所争夺(Perrow，1986，11－12)。[2] 此外，不仅制度有多种可能的效应，而且这些效应经常是不曾预料的，尤其当一项制度持续很长时间时。这在一定程度上是因为这些效应常常只是缓慢地在经常很密集的制度环境中展开的，而有时是因为那些负责塑造和运作制度的行动者常常截然不同于那些创造制度者(Pierson，2004，尤其是第 4 章)。实际上，如果说漂移需要环境改变，那么，指导一项制度的关键行动者的改变则代表了至关重要的转换触发器。

在某些情况下，转换是一个政治方便的问题。例如，工党政府于 1945 年在英国掌权时重新部署了那些为了发动战争而创建的经济工具和制度，为的

---

1 事实上，管制与现实之间日益加大的鸿沟导致要求事后调整法律以容纳这些行为和惯例的压力(Johnson and Kwak，2010)。这指向了一个复杂却重要的、我们在这里不可能探讨的动态，在这一动态中，漂移可能创造出导致进一步正式制度变革的压力。在金融实例中，漂移不是充当“更新”规则以恢复侵蚀性的监管制度的催化剂，它成了一个正当的理由，证明进一步解除那些依然被旧规则所涵盖的部门的管制是有道理的。结果是一个“解除管制的棘轮”，它包含漂移、转换(对现有规则的宽松解释)和新法规的成分。

2 佩罗(Perrow)提到的是他所说的“复杂组织”，但这些洞见通常应用得更多，正如我们下文将要证明的那样。

是在和平时期追求增长和再分配的目标。[1]

然而,转换常常是那些试图直接改变甚至彻底颠覆一项制度最初的目的或功能的行动者所追求的。欧盟的发展提供了一个令人信服的实例。当时,(当时的)欧洲经济共同体的成员采用了234条,包括一个"初步裁决机制",让它们能够使用欧洲法院来"约束欧盟的立法和行政团体"(Alter,2000,491)。这个条款明显被设计为一个机制,使成员能够抵制欧盟团体的过度侵犯,这些国家的国内团体利用这个条款来挑战他们所反对的国家政策。它们在欧洲法院的成功把初步裁决机制从一个重申成员主权的工具转变成一个强有力的增加成员在欧盟法律下的义务的工具(Abbott et al.,2000,438;Alter,2000)。[2] 正如这个实例所暗示的,转换常常涉及论争竞技场的改变——离开更可见的场所(在本例中就是国内立法机关),转到不那么可见的场所(欧洲法院),离开议员和党派的高调冲突,转向那些有足够的组织、资源和耐性在非立法竞技场上赢得胜利的团体之间的低调斗争。

解释漂移和转换

如果我们能详细说明漂移和转换在什么样的条件下有可能发生,那么,识别漂移和转换所带来的分析上的好处就会增加。最近的学术研究聚焦定义清晰的制度变革过程,这鼓励了累积研究和概念提炼,极大地推进了我们对漂移和转换最有可能出现的制度场景、政治环境和社会语境的理解。这一节,我们将在最近学术研究的基础上,进一步发展更具体的主张,涉及究竟是什么让漂移和转换更有可能或更不可能。

---

1 正如英国战后工党领导人克莱门特·艾德礼(Clement Attlee)的传记作者肯尼思·哈里斯(Kenneth Harris)后来评论的那样,很多这样的政策"看上去似乎是工党政府把社会主义原则付诸实施的结果,但在很大程度上是为了打一场全面战争而被组织起来的国家遗产"(转引自Judt,2008,68—69)。

2 当然,这种转换策略不需要大规模逆转。它们还可以采取弯曲或延伸现有规则使其超出初始意图的变革形式。

漂移和转换的共同之处:现状偏袒的重要性

正如上文已经指出的,漂移和转换有一个共同的来源——直接改变正式规则的困难。因此,第一个简单命题:漂移和转换的盛行随着一个政治体制现状偏袒力量的增强而增加。但是,什么解释了现状偏袒中的变异呢? 一大批制度和选择理论文献谈到了这个问题,描绘助长权威决策停滞的制度安排、程序规则和政治偏好的分布。所有这些工作暗示现状偏袒源自基本决策制度与偏好分布的互动。例如,塞贝利斯(Tsebelis)论述否决权行使者的作品把提高了的政策稳定性与某些语境关联起来,在这些语境中,必须有更多行动者同意改变,当他们之间的意识形态距离更大时,当他们内部更有凝聚力时(Tsebelis,1995;还可参看 Immergut,1992)。基思·克雷比埃尔(Keith Krehbiel,1998)同样认为,当立法议员更两极分化、现状相对接近"关键"立法者的立场时,立法政治更有可能陷入僵局,因为"关键"立法者的投票决定了法案能否成为法律。

至关重要的是,谁是关键立法者取决于制度的结构和规则——在国家决策体系的内部,很少有人自诩为"中间选民"。在美国,政治制度制造了特别高的壁垒,阻碍新法律的制定(Stepan and Linz,2011)。权力的分离导致了分裂政府的可能性,不同的选举日程(两年任期对六年任期)和选区(人口相差65倍的选区和州在众议院的席位大致相等)助长了众议院与参议院之间的偏好分歧。在这样的混合绝对多数上,还添加了像参议院阻挠议事和总统否决权,以及政府内部日益增长的意识形态对立,而且,陷入政治僵局的趋势也很显著。然而,美国并非形单影只,很多民主国家的政治体制包含多重否决点、绝对多数要求或两者兼而有之。[1]

此外,在正式统治结构外,民主政治常常给激烈的少数派提供机会阻挠变革,即使这项变革得到了多数民众实际的或潜在的支持。组织良好的利益集团常常通过他们对关键委员会个体立法议员的影响——他们在比例代表

---

1 另外一些联邦系统常常有这样的特征[例如,正像弗里茨·沙普夫(Fritz Scharpf,2009)论述德国政治交织(Politikverflechtung)的作品所证明的],某些以双重行政和/或双重国会为特征的管辖权互相重叠的议会体系便是如此。

体系中对关键政党的重要性,或者他们参与负责提出立法建议的“专家委员会”——享有阻挠的力量。在这样的情况下,没有办法保证获得民众或立法机关多数派支持的现状外的选项能够实现。

决策规则和切入点只是影响现状偏袒强度的两个关键因素。除此之外,正如论述制度稳定性的学术文献所显示的,完全取代制度或政策常常涉及相当可观的成本和风险,即使当政治景观更宽容时。这些障碍包括:对于制度变革影响的不确定性(Shepsle,1986),现有政策的反馈效应所创造的既得利益集团(Pierson,2000),制度或政策的始作俑者试图把它们“硬接驳”以减少现在或未来反对派推翻它们的机会(Moe,1989),议程拥挤使得很难修订过去的决策(Baumgartner and Jones,1993;Kingdon,1984),根据单一改革提议创造新的联合和协调的集体行动障碍和交易成本(Hardin,1989),以及当制度或政策紧密互联时始终存在的“附带损害”的危险。所有这些考量都暗示,在牢固确立的民主体制中改变正式制度或政策是一项困难的任务,因此,漂移和转换很可能是这种装置内的常见过程。

是什么把漂移和转换区分开来:规则设计和影响策略

如果说漂移与转换之间关键的相似性是它们都是现状偏袒所促成的,那么,关键差别则涉及一项制度或政策为改变现有正式规则的解释或应用而制造的缺口。借用法律学者的语言,我们把这个变量称为一项制度或政策的“精确性”。[1] 在对现状偏袒的考量吸引人们关注正式规则的政治语境的同时,精确性的问题吸引人们关注规则本身的特征——用肯尼斯·阿伯特(Kenneth Abbott)和他的合作者的话说,它们是否“清晰地、没有歧义地说明在一个特定环境集中,对一个国家或其他行动者的预期是什么(就这两者而言也就是打算实现的目标和实现目标的手段)”(Abbott et al.,2000,412)。回到我们早先的实例,规定雇主必须支付每小时至少7.25美元最低工资的规则是精确的,而认定“限制贸易”的行动为非法的规则则远不那么精确。

1 在先前的作品中,我们把这称为“内部改变的障碍”。这里我们采用一些法律学者定义的精确的概念,比如肯尼思·阿伯特(Kenneth Abbott)、安妮-玛丽·斯劳特(Anne-Marie Slaughter)和托马斯·弗兰克(Thomas Franck)。

不精确和精确创造了截然不同的机会。那些规定含糊、效果取决于解释和自由裁量的政策，为转换策略提供了肥沃的土壤。此外，这样的策略盛行于那些解答含糊规则的意义的场所——法院、官僚机构、"类公共"统治团体。相比之下，那些规则毫不含糊的政策则对转换远没有那么友好，不过它们潜在地更容易漂移。这是因为，规则中没有的东西也不被规则所涵盖。例如，与苏联签订的关于武器控制的条约非常精确，但正是这个原因，它们也让具体规定外的各种行为不受控制。

我们可以总结一下现状偏袒的组合效应和规则设计中涉及的交易。现状偏袒保护政策免遭直接修订，但使得通过漂移和转换来改变政策的策略更有吸引力，更难以推翻。更大的精确性减少了歧义，方便了执行，但它也减少了规则对新环境的适应性，使得它们更容易遭受漂移。相比之下，不那么精确的规则更灵活，但也更容易遭受转换，因为它们需要解答规则在特定情境中要求什么。在选择采用何种水平的精确性上，政策设计者常常发现自己夹在漂移和转换这两个"海妖"之间左右为难。

我们可以通过考量两个典型政治回应——自动性和授权代表——所提出的权衡的局限来理解漂移与转换之间的互动。

潜在的补救办法及其局限：自动性和授权代表

对于环境意外改变的风险，以及未来行动者试图利用规则含糊性的威胁，一个回应是这样设计政策的：它们的特征是*自动性*——实际上，把它们与改变"硬接驳"，以回应指定的环境改变。[1] 正如 R. 肯特 · 威弗（R. Kent Weaver, 1986）所证明的，最纯粹的自动性案例之一是指数化——明确地把政策和环境条件中关乎政策执行的可量化变化捆绑在一起，比如工资增长、通货膨胀和人口统计的变化。如果美国的最低工资自动更新以反映消费品价

---

1 我们会把政策的一个明显可以导致现状改变而无须新的立法的特征搁置一旁，即对政策持续时间的明确限制。一部法律可以创造新的福利，为期只有 10 年，或者要求 5 年之后重新授权。在这样的情况下，政策制定者如果希望持续一项政策的话，就需要通过新的立法。然而，这样的"时间约束"并不等于漂移。当政策结果由于环境改变而发生改变时，漂移才发生。纯粹的时间限制更像是一个开关：今天政策生效，明天政策无效。此外，这样的时间限制被明确地写入法律，因此相对比较容易看出，并在这前后进行动员。漂移通常不是这样，它来自时间的推移、环境的改变与常常很复杂的政策特征的相互作用，包括那些没有被写入法律的特征，比如缺少自动的通货膨胀更新。

格的话,我们前面举出的最低工资实例就不会存在。生活成本调整是我们最熟悉的一种自动性形式,但最近欧洲的养老金改革有时候把适应人口统计变量(比如不断提高的预期寿命)的自动调整纳入未来福利的计算。这样的自动规定全都提出了同样的基本权衡:立法议员放弃一定程度的政策控制权以换取让自己免于定期更新法律的需要。由于这个原因,自动性通常减少了漂移的机会。当政策被"硬接驳"以反映外部环境改变时,由于语境改变而偏离政策最初目标的可能性就小很多。

但自动性并非万灵药。在很多领域,选举官员很难预见可能影响政策的语境条件,更不消说对所有偶发事件确保一致。此外,自动性本身可能产生没有预见到的或并不想要的结果,正如当个人或组织重构自己的活动以利用减税时,减税便迅速扩大。在这样的实例中,政策制定者可能希望在立法中写入一些不精确的内容,这把我们带到了第二个主题:授权代表。

如果政策制定者不愿意把政策"硬接驳",他们就可能愿意把权力让渡给那些负责在不断改变的环境中执行不精确规则的一线官员。正如数量庞大的论述授权代表的文献所暗示的(有一篇很好的评论,参见 Bendor, Glazer and Hammond, 2001),政策制定者很难事前说明需要采取哪些特定步骤来实现他们的目标,尤其是,如果制定政策的语境不可预知,一线决策需要专门信息的话。[1] 在这样的环境下,选举官员(在我们熟悉的委托代理模式中就是"委托人")可能希望授权给官僚"代理人",他们可以用他们掌握的更多信息对环境的改变做出回应。本质上,授权代表涉及一些技艺规则,这些规则赋予一线代理人灵活性,以便让这些规则适应不断改变的环境。

但是,拿什么来防止这些代理人背离委托人的意图呢?大多数论述授权代理的文献的推理是委托人可以处理这个问题(Callender and Krehbiel, 2012; McCubbins, Noll and Weingast, 1987)。使用正式的立法语言以及正式的和非正式的事后控制,他们能够获得与初始目标一致的结果。例如,立法者可以获得授权,影响利益集团在持续进行的基础上形成代理决定。或者,他们可以采用招募或监督的过程,即使环境改变,也让官僚机构保持一致。

1 还可参看处理这些问题的大量论述"不完全契约"的文献。

实质上，这些研究授权代理的文献暗示，政策制定者可以通过事前控制和事后控制，在漂移和转换这两个“孪生”危险之间安全通行。即使没有新的规则或自动性的规定，在面对不断改变的外部环境时，立法者也可以让一线行动者去做他们想做的事。

然而，解决办法并不那么简单。要适应我们讨论过的各种不同的人口统计改变或技术变革，自由裁量权必须异乎寻常地宽泛和灵活。有这样大的自由度，一线代理人——本质上拥有规则制定权的代理人——是很难约束的，即便不是不可能。更有可能，它会创造大量不精确，一线代理人可以利用它们给转换大开方便之门。换句话说，让一项政策保持在轨道上所需要的自由裁量水平将会有效地把政策制定权转移给官僚。政策制定者只能通过让转换变得方便来避免漂移，也只能通过冒着漂移的风险来避免转换。

政治之后的政治

问题不只是技术性的，它深刻地关乎政治。论述授权代理的文献介绍了这样一个看待政策制定的观点：一致的联合巧妙设计了清晰的法律，这些政策的效果容易追踪，政治游戏的参与者或多或少是始终如一的，有同等的权力利用时间和场地。但在现实世界中，政策和制度经常是复杂和混乱的妥协，充满了不一致和矛盾，建立在方便和“模糊联盟”的联合基础上(Palier，2005)。例如，有时候，政策制定者会故意让一项政策的某些方面保持模糊，为它扩展并应用于新的条件留出空间，从而让互相竞争的利益集团更容易在某种程度上“签字了结”，或提高规则的持久性。这样的模糊性可能有助于在短期内达成一致，常常使正式规则不那么易碎，但它也为利益相关方试图在实施阶段让实质性的结果朝着他们所偏爱的方向发展提供了方便。

更重要的是，影响执行和立法的政治力量通常完全不同于那些首先让法律发生漂移的政治力量。对于始作俑者来说，公共突出性几乎是低的，这既是因为时间的推移，也是因为行政和司法过程的复杂性和不透明性。此外，组织化的利益集团通常更积极、更有影响力(Culpepper，2011；Moe，1990)。诚然，政策制定者非常清楚这一现实，但依然可能有实际的局限，限制他们预见或预先防范未来挑战的能力，尤其是当这些过程在长期展开时。

当新的规则与强势集团的利益发生冲突时,它们便招致挑战,规则越模糊,影响其解释的空间就越大。解释的问题天生就是政治的,有强烈兴趣的行动者可以指望对这样的问题发表高见,试图在所有转折关头援引他们偏爱的解释,或把这些解释强加给别人。在很多国家,法庭发挥了提供权威解释的关键作用,但另外一些场所——从专家委员会到拥有执行权的准公共组织——也是这一混合的组成部分。在这些方面,授权代理作为漂移的一个"解法",也经常为转换创造机会,把制度变革的政治移动到不那么明显可见的场地,在那里,那些在这些领域占据优势的挑战者寻求完全不同于初始意图的结果。

简言之,无论是自动性,还是授权代理,都没有给试图控制制度结果的政策制定者提供灵丹妙药。要理解漂移和转换何时及如何发生并互相作用,我们必须把我们的审视向外扩大到制度的社会语境,扩大到在这些隐藏的变革过程中最有优势的组织化政治行动者。在下一节,我们将进行这一研究,并在这样做的过程中,着重强调那些忽视这些过程以及导致它们发生的社会力量和政治组织的分析中究竟丢失了什么。

现实世界中的漂移和转换

政治之后的政治,其典型特征是当代立法理论经常忽视的两个现实。第一个与漂移最相关的现实是政策进入了无所不在地约束其效应的密集社会环境中,有时候是以意想不到的方式。第二个与转换最相关的现实是一项政策一旦确立,一组重要的政治行动者便进入现场,这些行动者在制定政策前所发挥的作用很小,或者发挥非常不同的作用。我们首先考量社会环境。

漂移:政治僵局,社会流动

发达民主国家面临戏剧性的经济和社会改变。然而,当公共计划成熟时,这些政体也经历了日益增长的陷入僵局的趋势,使得更新政策变得更难。适应性的丧失在美国特别显著,美国立法者日益增长的对立,以及越来越多地使用参议院阻挠议事程序,使得立法僵局越来越成为常规(McCarty,Poole and Rosenthal,2006;Wawro and Schickler,2010)。然而,在另外一些先进民主国家,它也是一个问题,在那些国家,两极对立彰显在日益增长的碎片化和无序蔓延的弱授权联合政府中。在关于美国政治的学术研究中,僵局的典型特征是作为一个稳定之源,不断巩固现状。然而,漂移暗示了这个假设的一个很大的例外:当正式规则的效果严重依赖它们的环境时,僵局可能产生现状的重大改变,由于没能让规则适应不断改变的语境,因此产生了政策结果的实质性漂移。换句话说,立法机关什么事都不做,常常意味着其在现实世界做大事。

在本书的导论中,瑟伦和马汉尼强调,比较历史分析的力量在于它聚焦那些仅在中间层面或宏观层面才可见的构造。实际上,漂移作为一个概念,其令人兴奋的特征之一就是它的这样一种潜力:通过系统地吸收更广泛社会语境的各个方面,把关于立法机关及其他决策制度的颇为受限的论证与十分有趣的社会现象联系起来。正如法莱蒂和林奇(2009)所证明的,"漂移是一个这样的机制,它只有在一个以多层相关语境为特征的系统中才能运转"(1157)。我们可以说更多,而不只是说"漂移发生了"。我们还可以解释那些很可能导致这种错配的正式规则的重要环境动态和典型特征。

漂移常常很难准确地提前预见和准备,因为某些重要的漂移之源本质上外在于政治。不妨考量一下技术变革。快速的技术变革为一些社会组织或社会互动引入了新的可能性,它们可能从根本上改变现有政策的职能。例如,很多欧洲国家的工会和"左倾"政客如今正带着惊愕和关切注视着社会互动的新技术和新模式在范围日益广泛的服务部门助长"灰色劳动市场"的出现。"数字资本主义"鼓励行动者攻击性地刺探现有规则的边界,创造当前政策和集体谈判制度鞭长莫及的全新市场(例如,"Minister gegenÜber",2014)。类似解除金融管制的实例,这样的发展,通过创造一个平行的市场,其在正式监管框架外的存在把新的压力施加于框架内的行动者,从根本上改变了现有安排的效应(和有效性)。

正如对于技术一样,对于人口统计也是如此。很多政策不言明地围绕行动者或活动在人口内的特定分布来设计。然而,随着时间的推移,这些分布可能经历戏剧性的改变。例如,一个世纪前,在很多正在经历民主化的国家,投票的财产和收入门槛只在名义上固定了,并假定工薪劳动者的池子很小。当通货膨胀和工资增长实际上降低了这些标准、工人阶级有所增长时,工人逐步被纳入选民中而选举权却没有明显扩大。

最后一个强有力的漂移之源是受影响的政策景观中各个不同部分的不同增长率。很多政策没有涵盖特定问题领域的所有活动,或者没有以不同的方式涵盖不同的方面。当涵盖范围上的这些差别与不同的增长率关联起来时,结果可能是实质性的漂移。例如,在德国,所谓的"迷你工作"(mini-job)自1980年以来有了极大的扩张,对这个国家低薪就业的惊人增长做出了贡献。这种就业形式以短时低薪为特征,没有通常的社会福利,是20世纪50年代为学生、家庭主妇和退休人士构想出来的——这些群体已经享受了福利,要么是作为先前就业的结果,要么是通过他们与男性家庭支柱的关联——为的是弥补家庭收入或者挣一点零花钱。但20世纪80年代,在迅速增长的服务部门,雇主们热切地将这一就业形式作为降低成本的一种方法。结果,迷你工作爆炸性增长,以牺牲正规兼职或全职就业为代价,缩小了重要公共政策的效力范围。

类似地,在各先进工业国家,工会组织率稳步下降。在很多国家,主要原因并不是明确的反工会立法。相反,当就业已经离开组织化劳工在制造业的传统根据地而流向服务业的时候,工会组织(和集体谈判的范围)也就"自然而然地"收缩了。在服务业,工会的存在要弱很多,尤其是在年薪制高技术雇员中。同样的过程发生在美国养老金体系中。传统的规则逐步过时,越来越多的雇主离开高度监管的提供固定退休福利的明确收入计划,转向像401(k)那样的轻度监管的明确缴费退休账户(Hacker,2004)。在这种情况下,正如在其他实例中一样,变革之源是不同的增长率,以及关于是否回应和如何回应的政治斗争。颇能透露真相的是,那些想要更新养老金政策以反映新的现实——如今顶着现状偏袒的潮流逆水而游——的人都输了。

再一次,比较历史分析特别适合考量这类性质的制度变革。很多这样的语境改变有一个共有的、与众不同的特征:它们涉及"庞大的、缓慢移动的过程"(Pierson,2004),而大多数政治分析轻视或者忽视了这样的过程。把这些过程带入视野有助于我们更好的理解漂移。它还鼓励我们在其不断演化的社会语境中审视政治斗争，揭示那些约束政治结果的更深刻的社会转变(Hacker and Pierson，2014)。

转换：解释及其场所

漂移是一种在世界变化的同时保持岿然不动的策略。转换是一种积极改变制度所做之事的策略。如果说，当语境改变时，漂移的可能性便随之增加，那么，当参与者改变时——当政治行动者继承了那些并非他们自己创立的、与他们自己的目的不一致的制度时，转换的机会就典型地随之增加。

像漂移一样，转换的策略也是为了回应拆除现有制度所面临的巨大障碍。然而，它们还反映了一个截然不同的挑战：构建新的制度。即使既得利益集团能够被征服，制度创新的前景也可能激发原先中立的集团的反对，他们开始盘算，新的制度安排或者对相邻制度的"附带损害"如何可能危及他们自己的利益。先前中立的党派常常为了捍卫现有的制度或政策而出现，即使提议中的变革对他们自己的利益的影响是间接的或未知的(Mahoney and Thelen，2010，第1章)。出于所有这些理由，改革者可能有强烈的动机来避免正面进攻现有的制度，转换使得朝向制度变革的目标进行侧翼机动成为可能。

但是，转换的可能性并不是常量。除了前面已经讨论过的规则模糊性的问题外，它们还取决于现有规则的反对者通过权威的重新解释来追求隐秘变革的可能性。民主的政治体制在它们为此类重新解释所提供的场所的数量和权威性上大不相同。更重要的是，政治行动者在利用这些场所实现自己目标的能力上大不相同。

像飞蛾扑火一般，政治学家被地方立法机关和国会内部高度可见的政治舞台所吸引。然而，正如艾伦·维尔达夫斯基(Aaron Wildavsky)、R. 谢普·梅尔尼克(R. Shep Melnick)和埃里克·帕塔什尼克(还有其他人)提醒我们的那样，"一项改革法律的进程只是一场政治斗争的开始"(Patashnik，2008，3)。[1] 美国围绕"患者保护与平价医疗法案"的制定、执行和解释而发生的冲

1 琼森和塔尔伯格(Jönsson and Tallberg，1998)从国际关系的视角回应了这一点，他们指出，"协定，不管是披着政治的还是法律的外衣，不管是国家还是国际层面的，都不会终结政治过程"(373)。

突给这个更一般的观点提供了一个生动的实例。这项法律刚一通过,就在全国各地的法院和州立法机关遭到猛烈质疑。凡是立法“返工”不可能的地方,政治行动者就可能把注意力转到其他场所,包括政府机构和法院,在这些场景中,围绕执行和解释的论争继续进行。具有讽刺意味的是,很多制度分析被当作变革障碍来处理的多重否决点可能成为转换政治中的变革工具。

官僚机构是第一个至关重要的竞技场。例如,朱迪思·莱泽尔(Judith Layzer,2012)的《开张营业》(*Open for Business*)解释了保守派利益集团如何通过机构层面的“低调政策挑战”来推进环境管制领域的政策改变。她认为:“尽管保守派没能废除或修改国家的环境法规,但他们影响了这些法律的执行,其方式是增加我们所面临的风险,阻碍或拖延对新近出现的组织化问题采取行动,并改变美国人思考环境问题及其解决办法的方式。”当然,环境团体并没有太平无事地接受这些发展;相反,他们向奥巴马(Obama)施压,要求重新解释环境保护局的权力,并使用这些权力对气候改变宣战。

在很多国家,法院是第二个至关重要的转换竞技场。说明一项法律或政策所要求的是什么,恰好就是法院所做的事情,对此类问题的司法裁决常常对实质性的结果有重大影响(Melnick,1994)。大量论述政治法学的研究文献令人信服地证明,法规解释和司法影响力如何塑造了重要的公共政策领域。例如,就美国的公民权利而言,法庭裁决臭名昭著地把公共政策推动到超出立法机关多数派准备走到的边界。1964 年的“民权法案”——这是一项颇有争议的立法,宣布各种形式的歧视为非法——争论激烈,在国会险些没通过。让法案获得通过所需要的妥协削弱了它的很多关键规定(Frymer,2003;Lieberman,2007)。然而,一旦成为法律,民权律师们便咄咄逼人地刺探这部法律的边界,把一连串案子提交到法庭。结果是建立“强健的私人执行体制”,把那些很弱的正式规则转变为世界上最强大的积极行动体制之一(Frymer,2007,84)。

正如在这个案例中的那样,转换常常是那些在先前某场冲突中遭遇失败结局的人所使用的一种策略。然而,不应当把民权的实例解读为转换——主要是为弱势利益集团服务的一项策略。正相反,组织良好的集团,以及那些有大量资源和游说及法律能力的人,比如雇主和他们的协会,通常在转换政治中扮演最重要的角色。例如，几十年来，像通信大亨卡洛斯·斯利姆(Carlos Slim)那样的墨西哥企业家能够援引一项保护令(一项本意是保护人权的法律规定)，从而保护他们的公司免受政府管制机构不受欢迎的干涉(Schneider，2013，145)。一项对联邦通信委员会的政治所做的研究显示，就在美国北方，企业能够策略性地使用法律诉讼，“潜在地推翻联邦行政机构通过的有害规定”，从而改变其运营的监管环境(de Figueiredo，2000，A1)。事实证明，在罗伯茨领导的最高法院的治理下，美国商业利益集团异常成功地获得了那些对他们来说很重要的立法的有利解释(Epstein et al.，2013，1471 and passim)。有时候大卫赢了，但他最好是能够雇用一个优秀的律师团队。在转换的政治中，歌利亚总是占上风。

总结一下，转换的概念凸显了政治影响力的一个重要竞技场：把一些实质性的问题转变到场内(或者让它们保持在场外)，以便边缘化反对者或者把他们排除在外，扩大特定的资源禀赋。很多当代政治学群雄割据，把特殊的注意力集中于立法机关和选举，其特征是一些不那么突出的、互相分离的论述“官僚机构”和“法院”的文献，它们遮蔽了这样一个现实：这些竞技场并不是互相分离的竞技场，被那些根本不同的政治力量赋予生命活力。相反，每个竞技场都深层重叠在一个庞大的政治制度网络中(Barnes，2007；Burke and Scherer，2012；Carpenter，2001；Kagan，2003；Melnick，1994)。

隐蔽变革的政治

认识漂移和转换的报偿是什么呢？首先，正如刚刚讨论的，这可以更清楚地认识和理解立法机关之外所发生的政治斗争。这些重大冲突常常不仅逃过了政治学家的注意，而且逃脱了选民的控制，当政策制定从立法机关转移到不那么可见的政治竞技场时，他们面临巨大的劣势。实际上，第二个重大报偿是更深刻地认识组织化利益集团在制度变革和政策改变中所扮演的角色——这一角色被很多当代学术研究边缘化了。最后，一旦我们重视漂移和转换的政治，对于民主政治中究竟谁在“进攻”、谁在“防守”，我们也就有了一幅大相径庭的图景。转换和漂移实际上把桌子翻了过来，把现状偏袒从改革之敌转变成了改革之友。当现有规则的反对者能够阻止更新制度或成功地转变制度时,现状的支持者(上一轮的赢家)也正面对一个困难的挑战:让这些制度回到先前的状态。

超越重大立法变革,看得更远

在研究制度变革时,总是忍不住聚焦高调的改革篇章,在那个时候,正式规则被重写。但这样的突破并不是制度演化的唯一方式,这样的改革在号角齐鸣结束后也未必持久。正如帕塔什尼克(2008)在他对美国重大政策改革的研究中所强调的那样,"别指望改革的输家未经再战便销声匿迹,还有新的行动者到达现场,试图撤销改革,以促进他们自己的议程"(3)。组织良好、资源充裕却缺乏庞大社会基础的团体事实上可能希望避免正面进攻颇受欢迎的制度,宁愿在"更安静的"地方寻求改变(Culpepper,2011):负责执行规则的官僚机构和负责解释规则的机构(包括法院)。

这种场所更多地涉及寻找心怀同情的听众。制定法律后的战斗典型地是曝光度低、信息量大的事情。它们奖赏那些可以在多个不同场所监督执行者和解释者的行动者,青睐那些愿意玩长期游戏的竞赛者,以防止现有规则的更新,或塑造在场执行规则的方式。简言之,它们青睐某个种类的政治动物——那些有"跨度",可以在不同场所和不同时间追求其目标的政治动物。要认识这些行动者并理解他们的影响力,分析就必须采取长远的视野,密切关注那些通常只有在跨越政治组织进行审视时才可见的构造过程和时间过程。我们认为,这正是比较历史分析与本章所提出的那种关于制度演化的理论化之间为什么如此严丝合缝的原因。

组织化利益集团

最有可能抱持刚刚讨论过的那些态度的政治行动者是谁?简短的回答是:组织化利益集团。正如莫伊(1989)所言,"当结构问题岌岌可危时",他们"通常是唯一的政治压力之源"(269)。当问题并不引人注目、立法行动(或不行动)与结果之间的关联尚不明确时,手段最有力的是利益集团,而不是选民。当然,这些恰好就是我们所描述的漂移和转换的主要属性。演化常常很慢,只是片段性地引起选民的关注——就算有所关注的话,也很难追踪到特定的领导者。漂移和转换是这样的过程:它们有利于那些最有能力监督、预见和协调的人。

这个观察结论对于我们如何理解民主政治具有实质性的意义。很多当代研究采用了这样一个视角:同时把目光集中在选民身上,并对政客回应选民的灵敏性抱乐观态度。即使是那些对政治响应性抱怀疑态度的学者(例如,Bartels,2008),他们对无响应性的解释也往往源自选民-政客的关联,更多地聚焦并不推动政治结果的东西(选民偏好),而不是聚焦推动政治结果的东西(例如,集团的活动)。

漂移和转换的无处不在给这一主流视角制造了严重的挑战。在隐蔽变革的政治中,组织化利益集团的影响典型地大于原子化选民的推力。以他们臭名昭著的短暂的注意力持续时间,以及对于技术细节和法律细节有限的胃口和才能,选民在与转换和漂移相关的长期战斗中只好甘拜下风。实际上,由于很难把后来发生的结果改变向后与特定的选举官员关联起来,漂移和转换大概是民主政治中的政客迎合组织化利益集团的风险最小的方式。[1] 换句话说,漂移和转换不只是变革的机制,它们还是政客以有限选举风险迎合利益集团的手段。

所以,组织化集团很可能扮演重要角色。但究竟是哪些集团?为什么是他们?为了指导我们的思考,我们可以利用来自越来越多的论述政策改革和公共法律的研究文献的洞见。以不同的方式,帕塔什尼克(2008)和斯图尔特·申戈尔德(Stuart Scheingold,2004)都曾指出,即使是大的胜利,也很少足以改变政治结果。两个人都注意到,在法律通过或规则宣布后,有可能出现相当可观的滑动。申戈尔德强调社会动员作为法律行动主义必要补充的重要角色(还可参看 Barnes and Burke,2006,497;Epp,1998,2009)。如果没有高水平的动员来确保持续而有力的贯彻执行,即便是大的法律胜利也可能被证明是惨胜。帕塔什尼克(2008)在对立法改革的研究中也得出了同样的

1 论述立法政治的文献忽视了集团影响力这个条件的特性,在部分程度上是因为它假设,集团和选民的因素都以大致稳定的方式进入立法者的理想点。但结果,这项工作漏掉了立法者在那些选民对集团占上风的罕见实例中如何相对迅速地改变他们的焦点(集团对选民),从而改变他们的位置。

结论，他证明，“即便是最坚实的改革观念，也需要不间断的集体支持才能持久”(xi)。

更重要的是，这些分析强调，在制定法规后的政治中，凝聚的团体比发散的利益集团享有明显的优势。马克·加兰特(Marc Galanter，1974)的一篇经典文章在法律领域有力地强调了这一点，在“一锤子玩家”与“反复玩家”之间进行了明显的区分。加兰特不仅证明，“反复玩家”比“一锤子玩家”享有数不清的优势，而且这些优势与时累积，导致法律朝着有利于“反复玩家”的方向逐渐改变。就发展机构内部的法律专业知识而言，“反复玩家”享有规模经济的优势。而且，由于他们手头有大量案例，因此他们有更好的机会预见问题并防止问题出现(例如，通过特定的契约语言避免法律诉讼)，并在万一出现问题的情况下占上风。有了这样的经验，反过来会带来很多机会，发展与现任制度执行者的关系，积累名声，而名声本身会成为一笔资产。

此外，正如标签所暗示的，“反复玩家”在长期博弈。这涉及一连串策略和不断累积的优势。他们可以在一连串实例中玩弄赔率和标的，以实现获益最大化，而不是在一个实例中赢得一场大胜。至关重要的是，他们可以为规则而博弈，而不是为眼前的获益而博弈。换句话说，当胜利看上去遥不可及、存在输掉一局将会导致不受欢迎的先例的危险时，他们可以结束——用扑克牌的术语来说就是“盖牌”。反之，如果能捆绑一个更有利的解释，来解释他们与之冲突的那些规则，他们就可以认输。[1]

“一锤子玩家”在这两个方面都处于劣势。一方面，根据定义，他们缺少同等的经验。即使他们碰巧对于那个岌岌可危的实质问题有更好的掌控，他们也缺乏同等的法律经验(以及与之相关联的名声效应)。另一方面，“一锤子玩家”的时间视野更局限，从而策略选项也更有限。参与一次性竞赛的行动者显然不可能在许多不同实例中策略性地玩赔率。此外，在单次竞赛中，考虑到一次战斗中的沉没成本，失败的成本可能很大。正如业余扑克牌玩家可能会有一夜好运，但长期来看会输给职业选手，“一锤子玩家”在某些特例中可能会赢，但随着时间的推移，牌桌肯定青睐“反复玩家”。

1　一个实例是最高法院关于性骚扰的裁决，在这份裁决中，受害人赢了官司，但多数意见[由斯卡利亚大法官(Justice Scalia)撰写]让性骚扰在后来的案子中很难证明。

这些洞见超出了法庭的领域。选举是很钝的工具,选民是经典的"一锤子玩家",他们的影响只是偶然性的、以远离实际结果的方式被感觉到。组织化利益集团是卓越的"反复玩家",他们的在场几乎是永久性的,他们的影响力瞄准的是具体的立法和政策结果,他们长期参与其中,有很好的位置能够紧跟立法进入执行阶段。"一锤子玩家"即便有强大的社会动员提供支持,也像上文提到的业余扑克牌玩家一样,他们可能在某个特例中赢得一局胜利,但他们不可能有连续而持久的成功,除非他们发展出了那种组织化的能力,能够把他们转变成"反复玩家"(Barnes and Burke,2006,497)。

重新构想防守与进攻

正如这篇讨论所暗示的,漂移和转换迫使我们重新构想究竟谁攻谁守。"反复玩家"之所以有优势,并非因为他们总是赢,而是因为他们有特殊的能力克服短暂的失败。在他们的武器库里潜藏着这样的能力:阻止更新那些正朝着他们的方向漂移的政策,或者追求对现有正式规则重新做出权威解释。当这两个与众不同的策略能力被成功调动时,也就从根本上改变了他们的政治位置。他们原本希望改变的现状,通过漂移或转换,如今成了他们想要保护的现状。

这一点关系重大,因为制度研究最清晰的发现之一是政治中的攻防之间存在巨大的差别。作为策略,漂移和转换充分利用了这个内在的不对等。当政策容易漂移时,先前被视为发起进攻(攻击现状)的联合发现自身处在更容易的防守立场(阻止更新一项正在漂移的政策)。例如,一旦最低工资开始侵蚀,工人便会逐步退却,除非他们的政治盟友可以成功地重新动员起来,更新正式规则。同样,一旦新的解释由于通过代理人或法院的转换而就位,初始规则的支持者们就必须重新动员起来,以恢复先前的状况。回到我们开头的实例《谢尔曼反托拉斯法案》,它被使用了将近四分之一个世纪后,一部新的法律——《克莱顿法》(*Clayton Act*)才最终保护工会免受某些特定类型的司法强制令,在《谢尔曼反托拉斯法案》下,这些强制令总是光顾它们。

更宽泛地讲,聚焦漂移和转换迫使我们重新考量多重否决点的概念——现代制度主义的主打产品。典型地,否决点被认为是通过阻止变革来巩固现状。更准确的说法是多重否决点改变而不只是阻碍制度变革的政治。它们迫使政治走上另外的轨道。在这样做的过程中,它们还授权某些行动者——典型地是组织化程度最高的行动者,他们靠着一种复杂的政治兴旺发达,这种政治赋予他们一种持续的而不是间歇性的活动能力。换句话说,否决点产生效应是有条件的。它们改变了互相竞争的政治行动者之间的力量平衡和制度变革的混合,以及创造新的正式规则的能力。

不妨刺探得更深一点,很多组织化利益集团既可以对政治,也可以对社会环境发挥实质性的影响。例如,一些大型企业的雇主不只是政治领域的集体行动者,他们还有能力在经济领域采取范围广泛的、有政治后果的行动(Lindblom,1982;Offe and Wiesenthal,1980)。对于这些行动者来说,有可能不通过改变规则而是通过"突破"规则来实现他们的目标:在阻止法律更新的同时改变他们的行为。例如,在 20 世纪 70 年代末和 20 世纪 80 年代初,美国雇主在私人部门对工会采取更具进攻性的立场。他们以强大的政治推力来支持他们的私人行动,阻止工会试图更新工业关系法律的企图。有了来自参议院阻挠议事规则的关键性促进,企业成功地策划了一次重大的政策漂移。系统地思考这些形式的私权力以及它们如何参与决策制定能够赋予关于政治行动者的"结构性"影响力的论证更具体的内容,这些论证曾经是政治和社会分析中的显著特征(Hacker and Pierson,2002)。

结论与含义

直至最近,制度主义一直以"静态比较"分析占主导地位。稳定的制度差异解释了不同国家的分歧。对制度变革的兴趣的爆发挑战了这一古老的传统。然而,在产生关于制度何时变革及如何变革的清晰而系统的解释上,它被证明并不怎么成功。漂移和转换的概念试图提供这样的解释。通过聚焦有限创新的一个重要变种——在更直接、更明显的制度变革成本极高或非常困难的语境中所追求的策略——我们试图显示:何种行动者所追求的何种特定的制度变革在何种条件下是可能的。

漂移和转换还提供了制度变革过程与制度再生产过程之间的一个重要

关联，它们常常被当作截然不同的过程来处理。特别是在点断平衡的变革模型中，学者们倾向于把创新(机构常常在其中扮演重要角色)分析与后来的制度再生产(这里的重点在于结构约束)分离开来。但本章的论证暗示，再生产和变革是同一枚硬币的两面(关于更详细的论证，参见 Thelen，1999，2004)。制度并非一成不变地存在很长的时间跨度：当周围的环境改变时，它们的生存常常需要持续而积极地适应政治和经济环境。漂移提醒我们，制度再生产并不是一件简单的静止的事，而是依赖积极的介入，让这些制度和规则适应语境的改变。转换提醒我们，制度的演化受制于从过去继承来的制度对新目标的适应。这些变革形式对于制度如何演化以及谁受益于制度演化有重大的意义。

最后，漂移和转换扩大了我们的视野，促使我们做出调整，不仅要去适应我们正在寻找的那种变革，而且有我们到哪里去寻找它，以及我们预期谁会追求它。例如，只有当我们关注政策的结构以及这些结构如何与特定环境相互作用(Hacker and Pierson，2014)，还有政治行动者的阻塞策略时，我们才能看见漂移。通过问题化解释和执行的问题，转换让我们注意到一些经常被忽视的政治竞技场，围绕不准确规则而展开的持续斗争常常在这些竞技场上结束，尤其是官僚机构和法院。以这种方式，这个概念让我们有机会利用发展良好的研究官僚政治和法理学的传统，同时与公共法、公共行政和公共政策领域的学者展开持久的对话，这些学者的工作有时候看上去与政治学的其余部分并无关联。

最重要的是，漂移和转换把我们带回政治经济学的基本问题。在一个以赤裸裸的信息和权力不对称及资源和组织能力的巨大差别为特征的世界，究竟谁在统治？(Dahl，1961)政治论争常常让组织化的和信息灵通的行动者——这些政治行动者最有能力阻碍政策更新，最有能力从内部改变制度——与无组织的和信息闭塞的行动者展开竞争(Arnold，1990；Bawn et al.，2012；Cohen et al.，2008；Hacker and Pierson，2005，2010，2014)。通过睁开眼睛观察漂移和转换，我们不仅可以更好地理解制度变革之源，而且能更好地理解先进社会的权力结构。

参考资料

Abbott, Kenneth W., Robert O. Keohane, Andrew Moravcsik, Anne-Marie Slaughter and Duncan Snidal. 2000. "The Concept of Legalization." *International Organization* 54(3):401—419.

Alter, Karen J.. 2000. "The European Union's Legal System and Domestic Policy: Spillover or Backlash?" *International Organization* 54(3):489—518.

Arnold, R. Douglas. 1990. *The Logic of Congressional Action*. New Haven, CT: Yale University Press.

Barnes, Jeb. 2007. "Bringing the Cour ts Back In: Interbranch Perspectives on the Role of Courts in American Politics and Policy Making." *Annual Review of Political Science* 10:25—43.

Barnes, Jeb and Thomas Burke. 2006. "The Diffusion of Rights: From Rights on the Books to Organizational Rights Practices." *Law and Society Review* 40(3):493—524.

Bartels, Larry M.. 2008. *Unequal Democracy: The Political Economy of the New Gilded Age*. Princeton, NJ: Princeton University Press.

Baumgartner, Frank R. and Bryan D. Jones. 1993. *Agendas and Instability in American Politics*. Chicago: University of Chicago Press.

Bawn, Kathleen, Martin Cohena, David Karola, Seth Masketa, Hans Noela and John Zaller. 2012. "A Theory of Political Parties: Groups, Policy Demands and Nominations in American Politics." *Perspectives on Politics* 10(3):571—597.

B'eland, Daniel. 2007. "Ideas and Institutional Change in Social Security: Conversion, Layering and Policy Drift." *Social Science Quarterly* 88(1):20—38.

Bendor, Jonathan, A. Glazer and T. Hammond. 2001. "Theories of Delegation." *Annual Review of Political Science* 4:235—269.

Burke, Thomas and Nancy Scherer. 2012. "The Bush Administration and the Uses of Judicial Politics." In *Building Coalitions: Making Policy: The Politics of the Clinton, Bush and Obama Presidencies*, edited by M. Levin, D. DiSalvo and M. Shapiro, 215—246. Baltimore: Johns Hopkins University Press.

Callander, Steven and Keith Krehbiel. 2012. *Gridlock and Delegation in a Changing World*. Working Paper No. 2100, Stanford Graduate School of Business. www. gsb.

stanford. edu/faculty-research/working-papers/gridlock-delegation-changing-world.

Carpenter, Daniel. 2001. *The Forging of Bureaucratic Autonomy: Networks, Reputations and Policy Innovation in Executive Agencies*. Princeton, NJ: Princeton University Press.

Cohen, Marty, David Karol, Hans Noel and John Zaller. 2008. *The Party Decides*. Chicago: University of Chicago Press.

Culpepper, Pepper. 2011. *Quiet Politics and Business Power*. New York: Cambridge University Press.

Dahl, Robert. 1961. *Who Governs: Democracy and Power in an American City*. New Haven, CT: Yale University Press.

de Figueiredo, John M.. 2000. Litigating Regulation: Corporate Strategy in Telecommunications. *Academy of Management Proceedings*, A1—A6. web. mit. edu/jdefig/www/papers/litigation regulation. pdf.

Epp, Charles. 1998. *The Rights Revolution: Lawyers, Activists and Supreme Courts in Comparative Perspective*. Chicago: University of Chicago Press.

Epp, Charles. 2009. *Making Rights Real: Activists, Bureaucrats and the Creation of the Legalistic State*. Chicago: University of Chicago Press.

Epstein, Lee, William M. Landes and Richard A. Posner. 2013. "How Business Fares in the Supreme Court." *Minnesota Law Review* 97: 1431—1472.

Falleti, Tulia and Julia Lynch. 2009. "Context and Causal Mechanisms in Political Analysis." *Comparative Political Studies* 42(9): 1143—1166.

Frymer, Paul. 2003. "Acting When Elected Officials Won't: Federal Courts and Civil Rights Enforcement in US Labor Unions, 1935—1985." *American Political Science Review* 97: 483—499.

Frymer, Paul. 2007. *Black and Blue: African Americans, the Labor Movement and the Decline of the Democratic Party*. Princeton, NJ: Princeton University Press.

Galanter, Marc. 1974. "Why the 'Haves' Come Out Ahead: Speculations on the Limits of Legal Change." *Law and Society Review* 9(1): 165—230.

Hacker, Jacob S.. 2004. "Privatizing Risk without Privatizing the Welfare State: The Hidden Politics of Social Policy Retrenchment in the United States." *American Political Science Review* 98(2): 243—260.

Hacker, Jacob S.. 2005. "Policy Drift: The Hidden Politics of US Welfare State

Retrenchment." In *Beyond Continuity: Institutional Change in Advanced Political Economies*, edited by W. Streeck and K. Thelen, 40—82. Oxford: Oxford University Press.

Hacker, Jacob S. and Paul Pierson. 2002. "Business Power and Social Policy: Employers and the Formation of the American Welfare State." *Politics & Society* 30(2):277—325.

Hacker, Jacob S. and Paul Pierson. 2005. "Abandoning the Middle: *The Bush Tax Cuts and the Limits of Democratic Control.*" *Perspectives on Politics* 3(1):33—55.

Hacker, Jacob S. and Paul Pierson. 2010. *Winner-Take-All Politics.* New York: Simon and Schuster.

Hacker, Jacob S. and Paul Pierson. 2011. *Drift and Democracy: The Neglected Politics of Policy Inaction.* Paper prepared for the Working Group on Institutional Change, Cambridge, MA, February.

Hacker, Jacob S. and Paul Pierson. 2014. "After the 'Master Theory': Downs, Schattschneider, and the Rebirth of Policy-Focused Analysis." *Perspectives on Politics* 12(3):643—662.

Hardin, Russell. 1989. "Why a Constitution?" In *The Federalist Papers and the New Institutionalism*, edited by Bernard Grofman and Donald Wittman, 100—119. New York: Agathon.

Helmke, Gretchen and Steven Levitsky, eds. 2006. *Informal Institutions and Democracy: Lessons from Latin America.* Baltimore: Johns Hopkins University Press.

Immergut, Ellen. 1992. *Health Politics: Interests and Institutions in Western Europe.* New York: Cambridge University Press.

Johnson, Simon and James Kwak. 2010. 13 *Bankers: The Wall Street Takeover and the Next Financial Meltdown.* New York: Pantheon.

Jönsson, Christer and Jonas Tallberg. 1998. Compliance and Post-Agreement Bargaining. *European Journal of International Relations* 4(4):371—408.

Judt, Tony. 2008. *Postwar: A History of Europe Since* 1945. New York: Penguin.

Kagan, Robert A.. 2003. *Adversarial Legalism and American Government.* Cambridge, MA: Harvard University Press.

Kingdon, John W.. 1984. *Agendas, Alternatives and Public Policies.* New York: HarperCollins.

Krehbiel, Keith. 1998. *Pivotal Politics: A Theory of U. S . Lawmaking*. Chicago: University of Chicago Press.

Layzer, Judith. 2012. *Open for Business: Conservatives' Opposition to Environmental Regulation. Cambridge*, MA: MIT Press.

Levitsky, Steven and Maria Victoria Murillo. 2009. "Variation in Institutional Strength." *Annual Review of Political Science* 12:115—133.

Levitsky, Steven and Dan Slater. 2011. "Ruling Politics: The Formal and Informal Foundations of Institutional Reform." In *Ruling Politics*, edited by S. Levitsky and D. Slater. Cambridge, MA: Harvard University Press.

Lieberman, Robert C.. 2007. *Private Power and American Bureaucracy: The EEOC and Civil Rights Enforcement*. Columbia University. http://web1. millercenter. org/apd/colloquia/pdf/col 2005 0318 lieberman. pdf.

Lindblom, Charles E.. 1982. "The Market as Prison." *Journal of Politics* 44(2): 324—336.

Lynch, Julia. 2006. *Age in the Welfare State: The Origins of Social Spending on Pensioners, Workers and Children*. Cambridge: Cambridge University Press.

Mahoney, James and Kathleen Thelen, eds. 2010. *Explaining Institutional Change: Ambiguity, Agency, and Power*. Cambridge: Cambridge University Press.

McCarty, Nolan, Keith T. Poole and Howard Rosenthal. 2006. *Polarized America*. Cambridge, MA: MIT Press.

McCubbins, Mathew D., Roger G. Noll and Barry R. Weingast. 1987. "Administrative Procedures as Instruments of Political Control." *Journal of Law, Economics and Organization* 3:243—277.

Melnick, R. Shep. 1994. *Between the Lines: Interpreting Welfare Rights*. Washington, DC: The Brookings Institution.

"Minister gegen Über." 2014. Der Spiegel, September 15, 71.

Moe, Terry M.. 1989. "The Politics of Bureaucratic Structure." In *Can the Government Govern?*, edited by J. Chubb and P. Peterson, 267 — 329. Washington, DC: The Brookings Institution.

Moe, Terry M.. 1990. "The Politics of Structural Choice: Toward a Theory of Public Bureaucracy." In *Organization Theory: From Chester Barnard to the Present and Beyond*, edited by O. E. Williamson, 116—153. New York: Oxford University Press.

North, Douglass C.. 1990. *Institutions, Institutional Change and Economic Performance*. New York: Cambridge University Press.

Offe, Claus and Helmut Wiesenthal. 1980. "Two Logics of Collective Action: Theoretical Notes on Social Class and Organizational Form." *Political Power and Social Theory* 1: 67—115.

Palier, Bruno. 2005. "Ambiguous Agreement, Cumulative Change: French Social Policy in the 1990s." In *Beyond Continuity: Institutional Change in Advanced Political Economies*, edited by Wolfgang Streeck and Kathleen Thelen, 127—144. Oxford: Oxford University Press.

Patashnik, Eric M.. 2008. *Reforms at Risk: What Happens After Major Policy Changes Are Enacted*. Princeton, NJ: Princeton University Press.

Perrow, Charles. 1986. *Complex Organizations: A Critical Essay*. 3rd ed. New York: McGraw-Hill.

Pierson, Paul. 2000. "Path Dependence, Increasing Returns and Political Science." *American Political Science Review* 94(2): 251—267.

Pierson, Paul. 2004. *Politics in Time: History, Institutions and Social Analysis*. Princeton, NJ: Princeton University Press.

Pierson, Paul. 2006. "Public Policies as Institutions." In *Rethinking Political Institutions: The Art of the State*, edited by Ian Shapiro, Stephen Skowronek and Daniel Galvin, 114—131. New York: New York University Press.

Scharpf, Fritz. 2009. *Föderalismusreform: Kein Ausweg aus der Politikverflectungsfalle?* Frankfurt: Campus Verlag.

Scheingold, Stuart. 2004. *The Politics of Rights: Lawyers, Public Policy and Political Change*. Ann Arbor: University of Michigan Press.

Schneider, Ben Ross. 2013. *Hierarchical Capitalism in Latin America: Business, Labor and the Challenges of Equitable Development*. New York: Cambridge University Press.

Shepsle, Kenneth A.. 1986. "Institutional Equilibrium and Equilibrium Institutions." In *Political Science: The Science of Politics*, edited by H. Weisberg. New York: Agathon.

Stepan, Alfred and Juan J. Linz. 2011. "Comparative Perspectives on Inequality and the Quality of Democracy in the United States." *Perspectives on Politics* 9(4): 841—856.

Streeck, Wolfgang and Kathleen Thelen. 2005. *Beyond Continuity: Institutional Change in Advanced Political Economies*. Oxford: Oxford University Press.

Thelen, Kathleen. 1999. "Historical Institutionalism in Comparative Politics." *Annual Review of Political Science* 2:369—404.

Thelen, Kathleen. 2004. *How Institutions Evolve: The Political Economy of Skills in Comparative-Historical Perspective*. New York: Cambridge University Press.

Tsebelis, George. 1995. "Decision Making in Political Systems: Veto Players in Presidentialism, Parliamentarism, Multicameralism and Multipartyism." *British Journal of Political Science* 25(3):289—325.

Wawro, Gregory J. and Eric Schickler. 2007. *Filibuster: Obstruction and Lawmaking in the U.S. Senate*. Princeton, NJ: Princeton University Press.

Weaver, R. Kent. 1986. "The Politics of Blame Avoidance." *Journal of Public Policy* 6(4):371—398.

第四部分

方法问题

第四卷

8. 比较序列法

图利亚·G. 法莱蒂　詹姆斯·马汉尼

比较历史分析常常被理解为需要把少量案例与中等数量的案例进行比较(通常是国家或其他宏观单位),我们将在本章中证明,这一领域涉及序列的系统比较可能提供更多信息(Rueschemeyer and Stephens,1997)。我们建议,比较历史分析的一个首要方法是比较序列法(参见 Falleti,2010,20—24)。这个方法被定义为系统比较两个或两个以上历史序列。在比较历史分析中,被研究的“案例”几乎始终被分解为事件序列,比较历史分析的因果断言依赖源自分析和比较这些序列的推论。不妨举一个经典实例,巴林顿·摩尔(Barrington Moore,1966)在《独裁与民主的社会起源》(*Social Origins of Dictatorship and Democracy*)中的主要案例包括诸如英国、法国、美国和德国这样一些国家。但这些案例是作为随着时间而展开的事件序列的类型来研究的。这些序列是比较的核心单位,它们为摩尔关于独裁与民主的原因的推论提供了主要基础。

比较序列法在下面这个意义上是首要方法:它可以且必定包含更具体的跨案例分析和案例内分析的方法。主要的跨案例方法既包括一些简单的匹配工具,比如 J. S. 穆勒(J. S. Mill)的一致和差别方法,也包括一些更复杂的工具,比如箍筛测试(hoop test)和反事实分析。在本章,我们将显示跨案例(特别是穆勒的)方法和案例内(尤其是过程追踪)方法在比较历史分析中如何被用来分析和比较事件序列。我们认为,根据序列论证的性质,对照几组方法作为分析序列和进行因果评估的工具大抵是适当的，且大抵是有用的。

为了简短地预示一下我们的论证，我们主张，过程追踪对于确定组成个别序列的事件的特征（例如，它们的持续时间、顺序和步幅）以及把它们关联起来的因果机制尤其有价值。在分析组成比较历史分析中所研究的序列和过程的事件时，过程追踪是不可替代的。对于这些分析，跨案例方法是基础，比较历史分析学者通过这一方法来比较和对照序列及过程。这些方法被用来评估一个序列的具体特征（例如，事件的排序）是不是以事先假设的方式影响重要结果。正如我们所强调的，比较序列法把论述时间性的文献和论述因果推论的案例研究方法的文献归到了一起。

概念构件

我们首先通过引入和定义一些概念来开始我们对比较序列法的说明，正是这些概念组成了这一方法的构件，并强调事件与偶发之事、序列、过程之间的区分。

事件、偶发之事、序列和过程

事件（event）是发生的在空间和时间上受到限制的事情，它们可以跨案例比较（参见 Abbott，2001；Griffin，1992；Sewell，1996）。它们被研究者所指定的一般特征所定义，这样一来，一个给定事件的所有实例都有某些共同的特征。不同的事件以不同的特征为标志，这些特征可能显著不同，取决于它们的分析层面（例如，一次暗杀对一次系统的制度变革）、持续时间（例如，一次经济休克对一次经济衰退）、变革范围（例如，一次政变对一次革命），以及诸如此类。事件有一个不规则碎片的特征，这样一来，任意给定的事件中总会嵌入更微观的事件（例如，Grzymala-Busse，2011，1281；Sewell，1996）。然而，根据我们的定义，事件始终是发生之事，有着允许它们应用于多个案例的一般特征。有了一个事件，你就可以有意义地询问两个或两个以上案例是不是经历了以及在何种程度上经历了相同的事件。尽管某些历史事件可能只发生一次，但只要是事件，它们在理论上就可能发生多次。

相比之下,我们把偶发之事(occurrence)这个术语保留给不可比较的事,根据定义,它对单个案例是与众不同的。小马丁·路德·金(Martin Luther King Jr.)的遇刺、大萧条、第一次世界大战,以及智利1973年的军事政变,都是偶发之事的实例。一件偶发之事,如果从更一般的分析层面上来看待它,可以把它重塑为一个事件。因此,这些偶发之事如果被重塑为一次暗杀、一次萧条、一场战争和一场军事政变,它们就可以被看作事件。比较历史研究常常在其历史叙述中讨论偶发之事,但是,当这些偶发之事在解释中被给予分析的权重,它们也被当作事件来处理,也就是说,作为更一般的可以跨单位比较的现象的实例(Gerring,2007)。

事件和偶发之事都发生在时间和空间语境的背景下,并与之相互作用。事件和偶发之事赖以发生的语境为它们提供了意义并塑造了它们的因果效应。一个给定的偶发之事或事件可能触发某个反应或事件序列,并最终在一个给定的语境中产生一个结果,但在另外的语境中则触发不同的序列和结果(Falleti and Lynch,2009)。例如,第二次世界大战后的那段时间两极化的国际语境使得20世纪60年代和20世纪70年代拉丁美洲"左倾"意识形态和政府的崛起在很大一部分人的眼里成了一个严重的政治威胁。然而,自新世纪开始后,在一个单极的国际语境中,左派在拉丁美洲的崛起并没有援引同样的政治威胁的观念,这些观念可以解释军事干涉,或证明军事干涉是正当的。

一个序列(sequence)是一个给定语境中所发生的一组在时间上有先后顺序的事件(参见Abbott,2001;Aminzade,1992;Pierson,2004)。例如,也许有点过于简单,摩尔为现代早期欧洲语境中的英国构建了下面这个序列:王室和平(事件A)→农业的商业化(事件B)→传统农民的消灭(事件C)和一个强大资产阶级的出现(事件D)→议会民主制(结果)。英国的"案例"在叙述中被分解为随着时间而展开的这样一些事件。同样,使用伊丽莎白·武德(Elizabeth Wood,2000)对通往民主制的叛乱途径所做的解释,下面这个事件序列在萨尔瓦多和南非这种对劳工实施经济外强制的寡头统治社会的语境中导致有条约的民主过渡:自下而上的持续动员(事件A)→传统经济部门的利润下降(事件B)→精英集团经济利益的改变(事件C)→谈判民主过渡(结果)。

在摩尔和武德的叙事中，事件被呈现为特定案例所特有的偶发之事。例如，资本主义农业在英国的发展被摩尔作为圈地运动来讨论，那是一件稀有的偶发之事。但他清楚地表明，圈地运动是向资本主义农业过渡。同样，在武德的叙事中，诸如自下而上的持续动员这样的事件在萨尔瓦多和南非采取了不同的具体形式。在萨尔瓦多，持续动员涉及 FMLN（法拉本多·马蒂民族解放阵线）领导的一场内战，而在南非，则是劳工激进分子——不是游击队的行动——构成了一个叛乱反精英集团 ANC（非洲人国民大会）（Wood, 2000,132）。尽管偶发之事在每个实例中是截然不同的，但它们构成了相同的事件：自下而上的持续动员。当比较历史分析者声称他们的论证符合微妙的历史证据时，他们常常指的是他们序列中的事件包含来自所研究社会的关键偶发之事。

最后，过程（process）是一种特定类型的序列，在这个序列中，在时间上有先后顺序的事件属于单个的一致活动模式。过程常常描述不同状态之间的过渡，包括走向新状态的运动或离开先前状态的运动。社会、政治和经济过程的实例有民主化、社会动员、私有化、劳动力灵活化、监管和去中心化（自然过程的实例有老化、光合作用、蒸发和燃烧）。像事件一样，过程也有不规则碎片的特征，因为一些更小的、部分的或更受限的过程可能是更大的和更包罗万象的过程的组成部分。例如，扩大选举权的过程是更大的民主化过程的组成部分。

在一个过程中，研究者可以识别其组成事件，这些事件在一个理论相关的分析时期从头到尾随着时间而展开。研究者可以识别这样的事件是因为它们属于一个单一的再生产活动或转化活动的一致模式。因此，研究者可以确定事件的时间顺序是不是倾向于再生产分析单位的初始条件和早期特征，或者，这些事件是不是触发相当可观的改变分析单位的反应/逆反应动态。法莱蒂在她对 4 个拉美国家的后发展民主化所做的研究中识别了行政、财政和政治去中心化的具体政治以及法律和宪法的改变，它们是后发展民主化过程的 3 个主要组成事件。她还解释了去中心化的过程为什么在阿根廷、巴西和哥伦比亚的实例中具有再生产的特征，而在墨西哥却招致反向回应逻辑。

我们认为，从根本上讲，比较历史分析常常关注特定语境中运转的序列的比较，不管这些序列是包含那些作为单一基础过程组成部分的事件，还是包含那些涉及多个过程的事件。

阐明事件、序列和过程的概念使我们能够理解很多比较历史分析中的基本比较单位。尽管比较历史分析学家对“整体案例”（例如，英国对中国）做出比较性的陈述，但这些比较性的陈述的基础是更加细分的事件、序列和过程的比较。这些细分比较是比较历史分析研究者赖以对所研究的宏观单位进行一般化的基础。

序列和过程的类型

比较历史分析的工作在它们构建和比较的序列的种类上各不相同。在归类和分析理想类型的序列论证时，我们分 4 个阶段进行。[1]

首先，我们根据它们的构成事件是不是有因果关联对序列进行分类，并区分因果序列和严格意义上的时间序列。

其次，我们认为，事件的先后和快慢对于重要结果在因果上可能很重要。因此我们还要识别先后序列和快慢序列，以便描述那些事件的先后和快慢都很重要的序列（不管是因果序列还是严格意义上的时间序列）。

然后，我们根据初始步骤的方向是不是帮助确立整个序列的方向来区分过程类型的序列。一个特定方向上的初始步骤（例如，朝向一个特定结果）是不是诱发相同方向上的进一步运动？我们特别区分自我再生产的过程（遵循早期步骤的方向）和反向回应的过程（不遵循早期步骤的方向）。

最后，我们通过考量复制的具体性质来区分 3 种类型的自我再生产过程。特别是，我们考量复制模式是不是涉及一个延续、扩大或缩小的过程。在这个基础上，我们识别延续的、自我扩大的和自我削弱的过程。

这些区分在分析上和方法论上都很重要，因为不同的序列和过程必须以不同的方式来分析，包括常常使用不同的方法。例如，可能最有成果地加以

1　值得强调的是，这是一个理想型的序列分类，就大部分而言，它把序列想象为自我包含的单位。然而，在现实中，序列常常是多层的或互相作用的，以一种复杂的方式与其他序列相交叉。其中某些细微差别，在后文对戈德斯通（Goldstone，1998）工作的分析中走上了前台。

应用的过程追踪的方式依据所分析序列的性质而有所不同。因此，在接下来的几节，当我们探讨跨案例和案例内的方法时，我们将回到这些区分。

因果序列和严格意义上的时间序列

大多数比较历史分析研究构想了因果序列论证，在这样的论证中，一个序列中的事件被理解为在因果上互相关联。这些因果链始于一个先在的原因或条件(X)，然后通过一系列因果相关的事件(事件 A、B、C 等)，在最终的重要结果(Y)中达到高潮，像表 8.1 的左上象限所说明的那样。这些类型的序列论证可以被认为是路径解释。事件之间因果关联的性质可以五花八门：每个事件可以被理解为对于后来的每个事件是必不可少的，可以理解为在概率上不断增加后来每个事件的可能性，或者被理解为后来每个事件的充分条件的组成部分。

表 8.1　　　　比较历史分析中序列论证的类型

根据事件之间关联的类型	根据事件的时间效应 **有序序列**	根据事件的时间效应 **步伐序列**
因果序列	因果顺序序列	因果步伐序列
X→A→B→C→Y	X→A→B→C→D→E→Y	快 A→B→Y
～X→～A→～B→～C→～Y	X→A→C→D→E→B→～Y	慢 A→B→Y
(例如：Rustow，1970)	(例如：Rueschemeyer，Stephens and Stephens，1992)	(例如：Collier and Collier，1991；Ahmed，2013)
严格意义上的时间序列	时间顺序序列	时间步伐序列
A — B→Y	A— B — C→Y	快 A — B→Y
B — A→～Y	C— B — A→～Y	慢 A — B→～Y
(例如：Dahl，1971)	(例如：Falleti，2010；Smith，2007)	(例如：Skocpol，1979)

注：→表示因果关系，—表示缺乏因果关系。

罗斯托夫(Rustow，1970)的民主起源理论提供了一个很好的因果序列论证的实例，在他的论证中，较早事件是后来事件的必要条件。[1] 罗斯托夫从国

1　在论述关于时间和制度论证的民主化的比较政治学文献中，有一个杰出的分析，在这个分析中，巴雷内切亚、吉布森和特丽(Barrenechea，Gibson and Terrie)引述罗斯托夫和达尔的作品作为序列论证的实例。我们根据他们的文章，进一步探索这些论述民主化的早期作品，作为序列论证的因果类型和严格意义上的时间类型的实例。

家统一开始他的模型，他认为国家统一是民主过程启动前的一个必要的背景条件（X）（我们也可以称之为语境）。这一事件与民主化第一阶段的时间是不相干的，它可以发生在最近，也可以发生在遥远的过去（Rustow，1970，351）。民主化过程本身从预备阶段（事件 A）开始，这是一个社会各阶级之间进行旷日持久的、毫无结果的政治斗争的时期。接下来是决定阶段（事件 B），这个时候，政治领导层接受多样化的存在，并把民主程序的一些重要方面制度化（355）。这个第二阶段导致最后的习惯阶段（事件 C），这个时候人们大体上接受有关领导权的协议。在罗斯托夫的模型中，每个事件（这是使用我们的术语，用他的术语叫“阶段”）是接下来的事件的一个必要原因，最终的结果是民主。在这种类型的有必要条件的因果序列论证中，任何事件的缺席都必然导致结果的缺席。

比较历史分析的工作还经常包含另外一些序列的分析，这些序列中的事件在因果上彼此并无关联，但它们的时间性（它们的持续时间、顺序、速度或时机）对于重要结果在因果上很重要（参见表 8.1 的第二行）。我们称之为*严格意义上的时间序列论证*。

达尔（1971）在他对导致民主化的历史事件的分析中为严格意义上的时间序列提供了绝佳的例证。达尔问：“序列是不是很重要？某些序列是不是比其他序列更有可能导致共同安全，并因此促进向更多元的政体转变？”（31）他的回答是一声响亮的“是”。当自由化的过程（或有所增加的公共论争，事件 A）先于包容性的过程（或有所增加的民众参与，事件 B），作为结果的多样性政体就更稳定（Y），英国和瑞典的情况便是如此。相反，“当投票权在竞争性政治的技艺被掌握前扩大”（事件 B 在事件 A 前），作为结果的政治体制就不稳定，可能容易逆转为威权主义，魏玛德国的情形便是如此（Dahl，1971，38 及之后）。但论争并不导致参与，反之亦然（还可参看 Grzymala-Busse，2011）。相反，达尔认为，这些事件的顺序对于作为外生性因素的结果的民主制的稳定性在因果上很重要：被排除社会阶层的政治社会化的过程发生在增加精英竞争和增加民众参与这两个时间之间（Dahl，1971，36）。换句话说，达尔暗示，精英竞争导致政治社会化和民众的自我节制，这个现象反过来促进政治体制稳定，假如它碰巧发生在增加参与前的话。因此，参与和竞争发生的顺序对政治体制的稳定性很重要,但竞争并不导致参与(反之亦然)。

先后序列和快慢序列

在比较历史分析的因果序列论证和严格意义上的时间序列论证中,事件的先后和快慢在因果上可能是相关的。因此,我们区分*先后序列论证*和*快慢序列论证*。在先后序列论证那里,一个序列中事件的时间顺序对于重要结果在因果上很重要(Abbott,2001;Aminzade,1992;Falleti,2010;Jacobs,2008;Pierson,2004)。时机在下面这个意义上很重要:事件之间的时间关系是关系到结果的。例如,史密斯(2007)提出了这样一个先后序列论证:石油财富利用相对于经济发展和国家制度构建的时机对政权的稳定性很重要。正如他所写的,“石油财富对政治和制度的影响,不是一个石油是否关乎而是何时关乎”经济发展和国家制度构建的问题(193)。法莱蒂(2010)提出了一个类似的先后序列断言。她认为,如果去中心化改革的序列中政治民主化先于行政分权,那么到最后,与这个事件顺序倒过来的情况相比,地方政府很可能有更高水平的政治自治和财政自治。

在一个先后序列论证中,事件之间可能有也可能没有因果关联。鲁施迈耶、史蒂芬斯和史蒂芬斯的(1992)论述资本主义发展和民主的经典作品提供了一个很好的因果和有序序列论证的实例。在这一路径解释中,较早的事件(大部分)对于后来的每个事件是充分的。用图表的方法,几个作者认为,资本主义,连同紧随其后的工业化过程(事件 A)削弱了土地上层阶级(事件 B),并增强了工人阶级及其他下层阶级(事件 C),他们在工厂和城市里走到了一起,在那里联合和组织起来(事件 D)。此外,资本主义改进了通信和运输手段,促进了全国范围的组织(巩固事件 D)。因此,工人阶级可以成功地要求它自己的政治联合(事件 E),这最终导致成功的民主化(结果 *Y*)(Rueschemeyer,Stephens and Stephens,1992,271—272)。[1] 如果这个序列有所不同,土地上层阶级的削弱发生在劳工阶级联合后(即事件 E 先于事件 B),那么,结果就是一个高度不稳定的体制,或逆转为威权主义(工人阶级与

1 鲁施迈耶、史蒂芬斯和史蒂芬斯(1992)在他们对民主的解释中也分析了跨国的和以国家为中心的过程。

庇隆主义结合后的阿根廷便是这种情况)。

快慢序列论证类似先后序列论证,除了下面这一点:事件的速度或持续时间——而非它们相对另一个事件的时间先后——在因果上很重要(Abbott,2001;Aminzade,1992;Grzymala-Busse,2011;Pierson,2004)。[1] 例如,在科利尔和科利尔(Collier and Collier,1991)关于政权类型的因果序列论证中,墨西哥劳工联合的持续时间异乎寻常地漫长(慢事件 A),这意味着这段插曲一直持续到大萧条(事件 B),后者反过来帮助解释了墨西哥政党合并的激进形式(结果 Y)。也就是说,如果劳工联合时期在墨西哥更短一些(像在大多数拉美国家那样),那么很有可能它在内容上就不那么激进。艾哈迈德(Ahmed,2013)在对美国和欧洲选择的选举制度的研究中提供了因果和快慢论证的另一个实例。她认为,在工业化与成年男性人口选举联合之间流逝的那段时间对于劳工组织的相对力量很重要。凡是选举权在工业化后很快扩大(事件 B 紧跟着事件 A)的地方,工会就一直很弱。工业化(事件 A)后,选举权扩大(事件 B)拖延的时间越长,工人就越有可能组织起来以实现他们的政治和经济目标(49)。斯科斯波尔(1979)论述社会革命结果的经典著作包含了严格意义上时间类型的和快慢类型的论证。她认为,革命者巩固国家权力的速度影响了他们改变国家、阶级和社会结构的程度。在俄罗斯,环境迫使革命者迅速巩固权力,这意味着其转变比法国更加彻底,在法国,革命者对国家权力的重构逐步地展开。

自我再生产的和反向回应的过程

不管是因果的还是严格意义上时间的、是先后的还是快慢的序列论证,都可以依据它们的事件是遵循自我再生产逻辑还是遵循反向回应逻辑而进一步区分。一方面,序列可能包含这样的事件:它们始终如一地在一个特定方向上移动,随着时间的推移追踪一个结果。采用斯廷奇库姆(1968)的术

1 我们所说的快慢序列论证这个总类别包含其他论述时间性的作品中所找到的更细化的区分(例如,Aminzade,1992;Grzymala-Busse,2011)。为了我们这里的目的,快慢序列论证这个总类别是有用的,尽管我们承认,它包含关于持续时间、速度和步幅的考量,而别人可能希望保持这些更细化的区别。

语，我们把这些序列叫作自我再生产的过程。另一方面，一个序列中的早期事件可能产生一系列反向回应和反动，它们并不在一个一致的方向上推动这个过程。在一个反向回应性过程那里，早期事件后紧接着是反弹和逆转，这样一来，这个序列的最终结果可能看上去和序列中的早期事件没有什么关系(Mahoney，2000)。

如果一个事件序列以一个自我再生产过程为特征，那么，初始事件在特定方向上的移动诱发后来的在同一方向上推动进程的事件。随着时间的推移，逆转方向或者回到最初的出发点变得越来越困难(Hacker，1998，2002；Pierson，2000；Thelen，1999，2003)。尽管这些事件被自我再生产机制关联起来，但它们的基础过程可能(1)延续(例如，一个背景常量条件)，(2)扩大(例如，精英权力随着时间的推移而集中)，或者(3)削弱(例如，制度衰败动态)。复制逻辑中的这些差别允许我们区分3种类型的自我再生产过程：延续的、自我扩大的和自我削弱的过程，如表8.2所示。

表8.2　　比较历史分析中过程的类型

过程的类型	定义	过程图示	实例
自我再生产	特定方向上的初始时间引发后来的事件在相同方向上推动过程	延续过程 A→A→A→A→A 自我扩大过程 A→A→A→A→A 自我削弱过程 A→A→A→A→A	Jacobs(2010)；Skocpol(1999) Arthur(1994)；David(1985)；Spruyt(1994) Onoma(2010)；Rosenblatt(2013)
反向回应的	事件通过反向回应/逆反向回应动态关联	A→A→B→B→Y	Collier and Collier(1991)；Riofrancos(2014)

在一个延续过程中，一个早期事件随着时间的推移而被稳定地复制，或者导致另外的事件，这些事件以(近似)连续稳定的形式维持基础过程。学者们经常构想延续序列论证来描述长期政策的永久存在，比如美国的社会保障(Jacobs，2010)。组织的延续也常常被描述为一个延续过程(例如，Skocpol，1999)。[1] 另外一些经常作为延续过程而被分析的现象包括文化特性、制度结果和地理特征。

1　有时候，用索菲尔(2012)的话说，一个连续的背景过程可能成为改变的一个允许条件，与一个交叉的事件序列相结合，在交叉节点上，过程的复制逻辑可能改变为自我扩大逻辑或自我削弱逻辑。

在自我扩大的过程中，初始事件在一个特定方向上推动序列，这样一来，过程被扩大、增加、巩固或增强的可能性就变得越来越大。随着时间的推移，过程（或其结果）并非一直保持稳定，而是由于自我扩大机制而增加、发展或变得越来越显著。自我扩大过程的著名实例来自经济史，在那里，技术利用很小的初始优势，并通过收益递增而经历增殖（例如，Arthur，1994；David，1985）。同样，当创新和适应在人口内部蔓延时，进化过程常常服从自我扩大机制。现代国家的增殖从这些角度得到解释（Spruyt，1994）。经济学家用收益递增这个短语来描述自我扩大过程。在这样的过程中，沿着给定路径进一步前进的可能性随着这条路上的每一次移动而增加（Arthur，1994；David，1985）。每一步可能只是一次小小的改变，但每一步都强化了前一步的方向，这些步骤一起累加到一个很大的累积效应上。

在自我削弱过程中，转变的逻辑是自我再生产的，但序列中的每个事件都起到了削弱、减少或侵蚀序列早期阶段所发现的那个构造的作用。路上的每一步都远离与早期过程相关联的既定结果，并使得实现这个结果或维持过程本身的可能性变得越来越小。现状变得越来越难以维持。衰退、漂移和枯竭的渐进过程可能是自我削弱过程的实例：在这些序列中，每个事件都为下一个事件提供食物，并消耗先前的模式或过程。例如，肯尼亚私有财产权的制度化以一个这样的序列为标志：在这个序列中，土地确权过程通过欺诈来操纵。每一个欺骗之举都触发另一个欺骗之举，使得法律管理的保持随着时间的推移而变得越来越不可能，不断侵蚀私有财产权的制度化（Onoma，2010）。在罗森布拉特（Rosenblatt，2013）对政党活力的比较研究中，创伤现象——一场革命或内战的共同经历——激活了追溯性的忠诚，并增强了政党活力。然而，创伤以收益递减为标志：随着时间的推移，遭受政治创伤的那一代人逐渐老去，新一代并没有打造先前保持政党活力的那种强大纽带。

最后，序列还有可能释放反向回应过程，在这样的过程中，事件通过反向回应/逆反向回应动态关联起来（Mahoney，2000）。每个事件是后来的每个事件的原因，因为它触发了对先前事件的一个反动或回应。这些序列中的事件在下面这个意义上是转变性的：它们改变甚至逆转了先前的事件（Sewell，1996）。反向回应过程涉及这样的因果链：初始事件和最终事件看似互相之间没有多少关系，但它们通过组成整体因果链的反向回应/逆反向回应动态关联起来。例如，在科利尔和科利尔（Collier and Collier，1991）的论证中，反向回应序列在一些拉丁美洲国家标志着平民主义/后平民主义动态，这些国家通过一组复杂的、以逆转和反弹为标志的中间步骤，从劳工联合时期走向政党体制政体。里奥弗兰科斯（Riofrancos，2014）在分析厄瓜多尔自 20 世纪 90 年代初迄今本土运动与国家之间的政治互动时，也提出了一个反向回应/逆反向回应序列论证。在对榨取主义论述制度化的解释中，里奥弗兰科斯追踪了让本土运动与国家正面对抗的政治事件序列，对榨取主义（extractivismo）的论述正是通过这个序列不断演化。[1] 在这两个实例中，改变的基本机制都是反向回应/逆反向回应。

适用于制度化的比较历史分析的序列和过程

上文描述的序列和过程中有几个实例可以在戈德斯通（1998）论述工业革命起源的作品中找到（参见图 8.1）。在这部作品中，环境序列（图 8.1 中的事件 A～E）是一个因果序列，在这个序列中，每个事件是先前每个事件的逻辑回应；在某些点上（例如，C→D）通过反向回应/逆反向回应动态向前移动，这样一来，它就有了一个反向回应序列的成分。相比之下，工业化序列（事件 M～R）是一个自我扩大的过程，显示了正反馈。因果链中的每一步都有助于扩大随着蒸汽机发明而启动的工业化过程。到这个序列的末尾，工业化已经扩大到了这样的程度，以至于回到前工业时代是不可能的。这个实例还包含一个连续过程，被一种对技术实验敞开大门的工业化文明的稳定复制所代表。这一背景事件的持久性很重要，因为它在很多不同的点上影响了工业化序列。最重要的是，这个连续序列与环境序列相互作用，产生第一台蒸汽机（事件 M），后者反过来启动了工业化序列。这些分开决定的序列“走到一起”或碰撞，在比较历史分析研究中很常见，它有时候被描述为接合（conjuncture）（例如，Mahoney，2000）。

1　有时候，逆反向回应可能试图抢先于更激进的变革。另外一些抢先于逆反向回应的实例可以在论述社会福利供应的起源的文献中找到。例如，卡斯蒂格利奥尼（Castiglioni，2014）在她对 20 世纪初乌拉圭社会政策创造的分析中认为，乌拉圭政府试图抢先或预先阻止很可能出现的工人阶级动员。

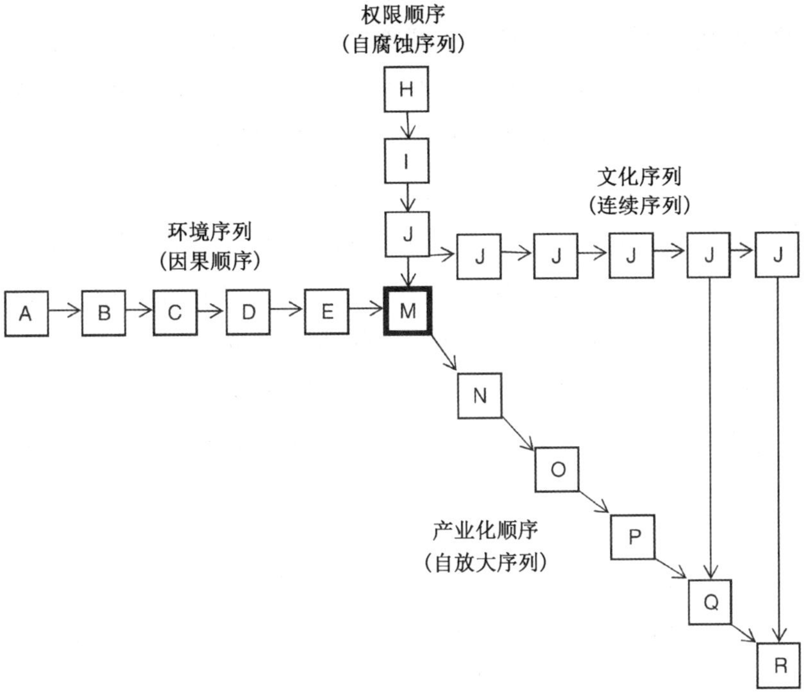

关键节点：
A：森林面积有限，近海煤炭丰富，气候寒冷
B：长期严重依赖煤炭取暖
C：地表煤已耗尽
D：努力挖掘更深的煤炭
E：地下水充满矿井
H：有限君主制
I：英国国教的权威和容忍有限
J：开放文化，进行技术实验
M：第一台蒸汽机的开发
N：蒸汽机的改进
O：降低煤炭价格
P：钢铁价格下降
Q：铁路和船舶的发展
R：工业生产和商品的大规模分布
注：改编自Mahoney(2000)。

图 8.1 戈德斯通对英国工业化的解释

戈德斯通的例证是对序列论证的一个说明，在这个论证中，较早事件的时机和持续时间对于后来的事件很重要。例如，语境条件 A(有限的森林面积，丰富的煤炭，以及寒冷的气候)的长期持续对于沿着其路径继续向前的环

境序列至关重要。这一事件对于英国变得依赖煤炭(事件 C,其本身是一个长期事件)必须是持久的,最终耗尽了很多煤炭供应(事件 C)。持续时间、速度和顺序的问题还可能影响自我再生产序列的动态。例如,事件的顺序在戈德斯通实例的自我扩大的工业序列中很重要。钢铁价格的降低(事件 P)如果发生得更早,就不会刺激铁路和轮船的发展(事件 Q)。事实上,在很多事件链中,很难想象有不同的顺序。例如,铁路和轮船的发展(事件 Q)发生在第一台蒸汽机的发展(事件 M)之前似乎是不可想象的。更基本的要点不过是:顺序和速度对于比较历史分析工作中各种序列的逻辑经常是重要的。

最后,戈德斯通的实例说明了单个国家的研究如何可能包含多个序列和过程。很早就有人指出,单个案例中可能包含多重观察材料,这样一来,小样本(small-N)研究实际上涉及大量观察材料(Campbell,1975;Collier,1993;George and Bennett,2005;Rueschemeyer,2003)。然而,我们这里的要点是,你可以从序列的角度来看待一项比较历史分析研究中的主要"案例"。这一点对于任何系统比较一个给定案例中两个或两个以上序列的比较历史分析研究无疑是真的。在这些研究中,序列是核心分析单位,而不只是它们位于其中的国家单位或其他空间单位。反过来,当你把序列作为核心分析单位来处理时,你就有可能重新回到传统的比较历史分析方法,这些方法常常被理解为主要适用于或排外地适用于所分析的宏观空间单位。思考比较历史分析方法的一个新的优势位置来自把序列和过程作为分析和比较的核心单位来处理。

跨案例方法

在本节,我们将考量正在分析的序列和过程的种类如何决定哪些种类的方法(或一个给定方法的具体应用)最适合正在评估的因果假说。最基本的比较技术大概是穆勒的一致法和差别法。按照传统用法,一致法匹配那些共有一个给定结果的案例,它排除任何不为这些案例所共有的潜在因果要素。这个排除程序的根据是这样的因素对于结果不是*必要的*。相比之下,按照传统用法,用差别法比较这样两个案例:某个结果在一个案例中存在,而在另一个案例中不存在。如果这些案例共有一个给定的因果要素，那么这个要素就作为一个潜在解释被排除。这个排除程序的逻辑是这个要素对结果不是充分的(Mahoney，1999)。

孤立使用时，一致法和差别法都是很弱的小样本因果推理工具。最简单地说，尽管这两个方法或许能够发现某个因素对于一个结果*不是*必要的/充分的，但它们不可能确定一个给定条件*是*必要的/充分的。因此，小样本研究者通常必须把穆勒的方法与过程追踪法或其他案例中的方法结合起来，才能构建一个因果性的正案例。要不然，他们可以尝试使用更强大的跨案例方法的变种，比如定性比较分析(QCA)和统计分析(Lieberman，本书第9章；Ragin，2000，2008)。然而，这些方法可能需要中等数量案例的分析，那这个设计就不再是小样本分析了。

把穆勒的方法应用于序列论证尚没有得到系统的探索，但我们相信它在实践中经常被使用。有了先后序列论证，你可以通过比较两个或两个以上序列来评估关于事件相对时机的假说。通常，这个设计需要使用差别法，但它也可以结合一致法。例如，埃特曼(1997)假设：拉丁欧洲持久的地缘政治竞争过早的发生时间(1450年前)导致这些国家发展出了世袭政府(而不是官僚政府)。如果埃特曼仅仅分析拉丁欧洲国家，那么，随之而来的一致法设计就会导致他依靠反事实推理来支持他关于时机重要性的论证。埃特曼还执行了差别法的设计，把拉丁欧洲与日耳曼各国相比较，在后面的案例中，创造了官僚政府。在日耳曼各国，埃特曼显示，持久地缘政治竞争较晚的发生时间(1450年后)使得领导人能够利用最新的行政和财政技术，借此发展更连贯的官僚机构。尽管这个差别比较的方法解决埃特曼的先后序列论证，但它让这个论证更加貌似有理，并使得他能够避免纯粹的反事实论证。

一致法和差别法的联合应用还可以与快慢序列论证一起使用。你可以比较这样一些案例：它们在很多维度上相匹配，但是以不同的速度经历因果过程，或者其事件的持续时间各不相同。例如，普拉萨德(2012)把差别法与快慢序列论证结合起来使用，解释美国为什么没有发展成为强健的公共福利国家，而一些欧洲国家却做到了。她认为，19世纪和20世纪初美国经济繁荣令人吃惊的持续时间本身根源于这个国家巨大的物质资源，让美国走上了这样一条路：它使得政府能够避免为了让公民与资本主义和解而构建一个福利国家。与此同时，普拉萨德应用一致法的设计来解释欧洲案例中的类似结果，在那里，零星的、不可靠的经济增长始终如一地鼓励福利国家的形成。

此外，穆勒型方法的匹配逻辑常常不言明地被用于自我再生产序列的研究。例如，有了自我扩大逻辑，学者们可以使用时间周期作为他们的案例，并把重要现象在量级上的每次增加当作一个跨多个周期重复的结果来处理。接下来，一致法可以被用来寻找这个重复出现的结果的共同来源，不是每个时间周期所拥有的因素都可以作为非本质因素而被排除。这个逻辑可以很好地应用于路径依赖和技术标准的著名实例，比如 QWERTY 键盘(David，1985)。在对 QWERTY 的解释中，技术效率作为可能的解释被排除了，考虑到效率只是在 QWERTY 键盘被采用的初始时间周期才出现。打那之后，QWERTY 就劣于其他可用选项，这样一来，技术效率对 QWERTY 键盘随着时间而复制就不是必要的。[1]

当时间序列作为特定类型的过程被分析时，把这些过程作为比较分析的中心部件来处理就是自然而然的事了。你可以比较和对照民主化、官僚化、殖民化等的性质。然而，在这样的比较中，事件是跨序列存在的相似和差别的基础。例如，不妨考量库利(2004)关于发展中世界国家类型的殖民起源的论证。在韩国，事件序列大致如下：日本人的经济转型和政治控制的殖民战略(事件 A)→新的国家机关工作人员、官僚技术和组织严密的警察部队的引入(事件 B)→农业现代化和促进出口(事件 C)以及对农民和工人的控制(事件 D)→有凝聚力的资本主义后殖民国家(事件 E)。相比之下，在尼日利亚，英国人的间接殖民统治遵循一个完全不同的序列：英国人的“便宜”统治的殖民战略(事件 A)→对传统酋长的授权和不插手行政(事件 B)以及对传统农业的维持(事件 D)→世袭后殖民国家(事件 E)。尽管库利无疑是比较韩国和尼

1 最近论述关键节点的作品也提出了一些新的方法，在这项研究中，穆勒的方法可以被用于序列分析。例如，索菲尔(2012)建议，学者们首先通过在重要结果上进行匹配(例如，应用一致法)来选择潜在的关键节点案例。他认为，如果这些案例以关键节点为标志，那么，它们全都必定具有“允许条件”的特征，换句话说，在一个基础性的语境中，行动者的因果力增强了(还可参看 Capoccia，本书第 6 章)。允许条件必须存在，因为，在索菲尔(2012)的框架中，允许条件对于一个关键节点是必要的，但不是充分的。正如他所写的，“允许条件阙如的案例对于测试来说是不相干的”(1590)。穆勒方法的排除逻辑因此充当了测试潜在关键节点的第一剪。

日利亚,但他是通过评估它们各自的殖民史和后殖民史来进行比较。宏观单位由于构成其各自历史的殖民过程及其他过程的事件对照集而有所不同。

比较历史分析学者在为了比较序列和过程而分析并聚合事件时使用不同的策略。例如,库利(2004)的方法是审视不同国家形式对照鲜明的事件如何构成类似的过程。因此,库利研究的事件跨越不同的国家,它们是相同性质的殖民过程的组成部分:殖民国家构建、殖民农业政策以及殖民政治统治。这两个国家因在那些构成这些过程的事件上形成鲜明对照而有所不同,这些过程还使得库利能对殖民主义过程本身进行宽泛的一般化(例如,韩国的集约和转型殖民主义对尼日利亚的间接和自由放任殖民主义)。另一些学者根据其强度或时间属性来聚合事件。例如,斯科斯波尔(1979)对社会革命的比较研究是通过探索事件如何赋予过程不同的强度和持续时间来比较这些过程,比如不同案例中的国际压力。不同的事件层面使得她能够对国际压力过程在性质上的差别进行跨案例的一般化。

最后,必须强调的是,即使用穆勒的方法,序列分析通常也要聚焦因素的组合,而不是个别因素。这些组合常常是时间构造。例如,分析者用先后序列来探索时间上有先后的因果要素的组合,比如 AB 对 BA,为了使用穆勒方法而把每个组合当作一个个体因素来处理。同样,分析者可以基于事件的持续时间(例如,事件 B 在持续时间上是长还是短)来区分两个有着相同基础事件的序列(例如,ABC)。这种比较分析就像定性比较分析一样,把重点放在变量包或构造包的影响上,而不是放在分离的个体变量的影响上。然而,不像定性比较分析的非时间版,它假设,一个组合中的每个事件的因果性贡献取决于它在这个构造内的时间特征和时间位置。

过程追踪

过程追踪是比较历史分析中案例内分析的基础方法。然而,论述过程追踪的文献通常没有明确地结合论述时间分析的文献。在这里,我们试着纠正这一疏忽,把过程追踪与序列分析和随着时间而展开的事件的时间效应关联起来。

从迅速增加的论述过程追踪的文献中(Beach and Pedersen,2013;Bennett and Checkel,2015;Kittel and Kuehn,2013),可以区分两个基本的研究逻辑。过程追踪的第一个模式是归纳法,在这个模式中,分析者从经验观察中得出命题,构想序列(Hall,2013,27)。这个过程追踪的模式经常被用于理论发展的目的,识别关键事件,阐述关于这些事件如何联系起来组成序列和过程的假说。过程追踪的第二个模式体现了演绎的研究逻辑,在这个模式中,学者们从更基本的前提演绎出命题,并进行(暗含地或明确地)过程追踪测试。这个模式经常被用来检验具体的因果断言,它们最初是从归纳过程追踪中构想出来的,或者是从理论上推导出来的。我们依次讨论每个逻辑。

归纳过程追踪

归纳过程追踪大概是比较历史分析方法中最有力的构想新理论的方法。它通常被用来识别那些构成核心序列和过程的事件,而这些序列和过程正是大多数比较历史分析工作的中心。归纳过程追踪在任何复杂的、推测性的和多层次的历史叙事的构建中扮演了一个重要角色,包括(我们认为)上文概述过的戈德斯通(1998)的实例。归纳过程追踪对于这项事业是必不可少的,因为分析者不可能预见很多关键事件,而正是这些关键事件组成了具有重要分析意义的序列和过程。结果,归纳过程追踪必须被用来构想大多数比较历史分析研究中的历史序列论证(Bennett and Elman,2006,263)。

归纳过程追踪在两个层面操作。在一个层面,它考虑到了序列中我们并没有预见到的具体事件的发现(即新理论的产生)。接下来,这些发现可能导致学者重新构想这个原创理论的关键方面。在另一个层面,归纳法对于抽取事件并把它们组合成一致的和有关联的序列特别有用。归纳过程追踪使得比较历史分析研究者能够往返于理论和事件之间,以构建一个一致的序列论证,可以进一步使用其他的案例内测试来评估,或者与其他案例相比较。

此外,归纳过程追踪对于识别那些组成特殊种类的过程的事件也很管用。对于自我再生产的序列,归纳过程追踪方法可以帮助分析者评估事件之间的改变幅度(或缺乏改变)。在这些序列中,事件的顺序可以在理论上提前演绎,但是,要理解事件的展开在何种程度上导致重要基础过程的连续复制、这个过程的扩大或它的自我侵蚀，很可能需要深入分析这个序列的事件和方向（或轨道）。至少在某种程度上，过程追踪研究者在确定自我再生产的具体逻辑时，必须让事件及其影响“自己说话”。偶发之事和事件本身——在已经证实的历史证据中发现的——可以向研究者清楚地表明：正在运转的究竟是反向回应逻辑还是复制逻辑，如果是后者，还会表明，这个逻辑所涉及的究竟是延续、扩大，还是削弱。因此，在构想理论和构建序列假说时，过程追踪研究者最好不要使用太过严格的理论预期，这样的预期可能充当眼罩和紧身衣，约束对正在研究的过程的解释。

严格意义上的时间序列也自然而然地有助于这种归纳过程追踪的应用。对于这些序列，研究者不打算或者不假设重要事件之间的因果关联。他们也不探索历史材料，以确定是不是存在一个具体的证据可以进行过程追踪测试。相反，他们把来自历史记录的事件纳入一个更大的（时间的或空间的）语境中，分析它们展开的顺序对于重大结果是不是很重要。例如，卡拉韦（Caraway，2004）推荐“片段分析”用于单个国家的民主化研究，便是以这个方法为先决条件。在卡拉韦看来，每个片段对应地把先前基于阶级、性别或种族而被排除在外的群体包含进来。归纳过程追踪使得研究者能够“考量民主公民身份扩大的排序，先前选举权的扩大在何种程度上影响了下一轮民主化，以及跨国因素在何种程度上改变了国内的辩论”（455）。这个研究时间序列的方法有助于深入分析事件的展开及其对重大结果的累积影响和互动影响。

尽管归纳过程追踪明显是一个理论构想的工具，但它对理论检验有着实质性的意义。在比较历史分析方法中，正如在其他研究模式中，忽视基本变量或错误说明变量之间的关系都可能给因果分析带来严重的问题。归纳过程追踪对于避免忽视变量偏见，构想正确说明的理论，是一个关键工具。比较历史分析方法产生新理论的能力，以及构建能够经受认真的经验审视的理论的能力，都依赖可靠的归纳过程追踪。

过程追踪测试

过程追踪测试，比如箍筛测试和冒烟之枪测试，也是与比较序列方法一起使用的案例内分析的核心模式（Bennett，2008；Collier，2011；Mahoney，2012；Rohlfing，2013；Van Evera，1997）。这些测试有一个演绎逻辑，测试中，分析者把来自一个案例的具体洞见与既定原理和一般知识结合起来，做出关于这个案例的逻辑（演绎）推理。与归纳过程追踪相比，演绎过程追踪测试通常有一个更加集中的目的。它们常常被应用于用归纳或演绎方法推导出的因果链内的具体环节。它们可以被用来显示一个序列中那些有争议的环节事实上是因果性的。过程追踪测试还可以被用来确定关于顺序和速度的具体假说是不是正确。

所有过程追踪测试都利用具体的证据，典型情况是来自一个案例中的事件。学者们使用某些事件的存在（或某些事件的不存在）作为其进行推理的证据（Bennett，2008；Collier，Brady and Seawright，2010；Mahoney，2010；McKeown，1999）。[1] 比较历史分析研究者常常积极寻找有启发性的具体证据，其方式在很大程度上与一个侦探寻找解决一个案子的关键线索是一样的。

对于某些假说，来自一个案例中的一个具体证据（某个具体事件的存在）实际上必须是为了证明这个假说为真而提出。这种类型的证据使得*箍筛测试*成为可能：假说必须"跳箍而过"（例如，事件必须是存在的），才能保证进一步的考量。没能通过箍筛测试有效*排除*一个假说，但通过箍筛测试并不能证实一个假说（尽管它可以给这个假说提供支持）。

在另外一些案例中，一个给定事件的存在可能强有力地暗示了假说的正确性。这种证据使得*冒烟之枪测试*成为可能：证据（例如，事件的存在）是证明假说正确的一个有力证据。通过冒烟之枪测试有效*证实*了一个假说，但没能通过冒烟之枪测试并不能证伪一个假说（但它可能对一个假说不利）。

作为一个箍筛测试的实例，不妨考量卢贝特（1991，308－309）对格申克龙（Gerschenkron，1943）关于德国法西斯主义起源的序列论证所提出的批评。格申克龙通过一个选举机制把有权有势的土地精英与法西斯主义联系起来，他认为，土地精英有能力通过确保属下的农民支持他们的候选人从而把农村

1　正如本尼特（Bennett，2008；Bennett and Colin，2006）所指出的，过程追踪在下面这个意义上非常类似贝叶斯推理：发现证据可能导致我们更新关于特定解释的有效性的主观信念（还可参看 Humphreys and Jacobs，2013）。

的选举支持输送给法西斯政党。因此,基本序列是:土地精英控制农民(事件A)→农民投票支持法西斯主义(事件B)→法西斯党选举胜利(结果Y)。卢贝特认为,如果格申克龙是正确的,你就应该预期在那些土地精英占支配地位的地区观察到农村对法西斯主义的选举支持。但事实上,卢贝特的历史研究显示,农村的支持出自家庭农民,而不是那些被压迫劳工的土地精英所控制的农民。他因此得出结论:格申克龙所提出的因果序列和事件的年代不可能是正确的:下属的农民并没有把大量选票投给德国的法西斯主义者。

执行箍筛测试和冒烟之枪测试的一个标准方式涉及审视X和Y之间的中间步骤。你可以寻找那些致使X导致Y的应该存在(或应该缺席)的中间事件。例如,在他对印度工业化失败的比较历史解释中,齐伯尔(Chibber,2003)假设:对国内资本家的直接反对阻碍了国家管理者在1947年至1951年关键节点期间构建能够维持成功工业化的制度。为了检验这个假说,他提出应该能够找到证据证明大企业的努力(例如,议会游说、个人求情、减缓投资)实际上影响了国家管理者,并改变了国家政策和制度构建的方向。齐伯尔对这个证据的发现意味着通过一次困难的箍筛测试,这将给他关于国内资本家作为工业化失败的关键原因的角色的总体论证提供支持。

过程追踪测试常常利用下面这个事实:与时间上相距遥远的事件比起来,确定时间上接近的事件之间的因果关联更容易一些。例如,不妨想象你试图证明X对于Y是必要的。挑战常常在于找到一个牢固确立的因果关联,在这个关联中,一个更邻近的事件E对于Y是必要的。如果你接下来能够证明X对于E是必要的,那么你就可以得出这样一个逻辑推论:X对于Y也必定是必要的(这个推理采取了冒烟之枪测试的形式)。同样,如果你证明,邻近事件E对于Y是充分的,而且能够证明,一个更遥远的事件X对于E是充分的,那么你就可以在逻辑上推断:X对于Y也必定是充分的。正是这种推理赋予上文讨论过的鲁施迈耶、史蒂芬斯和史蒂芬斯(1992)关于资本主义发展和民主的序列论证生命。他们把时间上邻近的充分环节联系在一起,构成一条很长却令人信服的因果链;资本主义发展对于民主是近似充分的这个总体断言从这条因果链中的充分环节构建起来了。

为了说明这种精心构建的序列如何与冒烟之枪测试一起工作,回到上文戈德斯通例证中的环境因果序列是很有帮助的(参见图8.1)。我们怎么知道语境特征A(即有限的森林面积、丰富的近海煤炭和寒冷的气候)与结果M(即B、C、D、E)有因果关联呢？实际上,他对关于A和M之间的联系做出了一个逻辑推理,基于他相信这些中间步骤的有效性。他的叙述暗示,每一小步的关联都是高度貌似有理的、直觉性的,甚至是显而易见的。在这个基础上,他可以演绎推断:极有可能A和M也有关联。

过程追踪测试还可以用于那些关于时间顺序和速度的假说。一个可能性是用反事实分析来进行测试:想象一个不同的排序或不同的速度。如果反事实思想实验清楚地表明,接下来会有一个不同的结果,那么,你事实上就是进行了一次冒烟之枪测试。在某些案例中,另外的顺序看上去几乎是不可想象的。例如,在戈德斯通的叙事中,如果不首先考虑蒸汽机的发明,就不可能想象蒸汽机的改进。同样,法莱蒂(2010,57—58)用反事实的方法证明,如果在最初的政治分权改革后,一个反向回应型(而不是自我增强型)的机制将接踵而来,那么,要采用的第二种类型的分权改革很可能是行政而不是财政分权,导致地方官员更低限度的权力。

最后,当学者们构建关于驱动自我再生产序列的机制的论证时,经常不言明地使用过程追踪测试。构成这些序列的基础的那些过程由一些有因果关联的事件构成;反过来,这些事件之间的关联可以用过程追踪测试来评估。例如,不妨考量一下奥诺玛(Onoma,2010)为肯尼亚的财产权而记录的那个自我侵蚀过程。对财产权的侵蚀在后殖民时代的早期始于那些冒充房地产经纪人的骗子所进行的小规模欺诈。这些骗子之所以成功,恰恰是因为殖民时期留下了一个相对功能性的土地权体制,在买卖地产的个人之间建立了信任。然而,一段时间后,当越来越多的骗子活跃起来时,欺诈过程便迅速蔓延;当高层政客自己也成了土地欺诈的关键行动者时,这个过程便达到了顶峰。为了证实早期骗局产生了后来的骗局,奥诺玛寻找并发现了很多证据,证明犯罪分子及后来的政客都在向先前的榜样学习。事实上,奥诺玛显示,他的假说可以通过籬筛测试:如果事件没有显示一个复制和学习榜样的过程,那么关于欺诈自我再生产循环的假说很可能是错的。但证据在那儿,尽管不能充分证实他的论证,但增加了有利于这个论证的支持。

结束本节,过程追踪——归纳的和演绎的——是比较历史分析工作的一个不可或缺的组成部分。它是一个核心工具,比较历史分析研究者在构建序列时可以用它来建立事件之间的因果关联。与跨案例比较相结合,它对于组成比较序列法的方法家族来说是必不可少的。

结论

比较序列法是比较历史分析研究者用来构想论证和做出推断的基本和首要的方法。一方面,这个方法是用来构建不同类型的序列和过程的一组工具和概念。另一方面,它包含一组用来做出因果推断的跨案例方法和案例内方法。因此,比较序列法把两种很少有明确关联的学术文献带到了一起:论述时间的学术文献和论述因果推理的案例研究方法的学术文献。阐述比较序列法引发了这两种文献之间的对话。

第一,关于比较序列法的时间成分,案例内的具体历史事件是这个方法的起始点。这些偶发之事典型地被塑造为更一般的事件,它们反过来组成了序列的构件。那么,在某些语境中展开的序列正是很多比较历史分析工作的核心。它们经常是分析的中心单位和比较的主要成分。比较历史分析工作包括聚焦单一国家单位的工作,之所以是比较性的,部分程度上是因为不同的事件序列被系统地并置。序列本身可能是因果序列或严格意义上的时间序列;它们可能在时间上是有先后的,或者在时间上是有快慢的。过程作为时间序列的一个子集,也可以根据它们是遵循自我再生产逻辑还是反向回应逻辑而区别开来。在自我再生产过程中,进一步的重要区分涉及它们的逻辑究竟是延续的、自我扩大的,还是自我削弱的。

第二,关于它的方法论工具,比较序列法常常涉及使用穆勒方法的一些变种,但这些方法通常被应用于序列和过程,而不是像传统上理解的那样应用于整个案例。对于某些序列,比如先后序列,跨案例比较对于分析是必不可少的,因为它使得研究者能够避免在做出因果推断时不得不只依靠反事实推理。对序列和过程的比较还强调下面这个事实:比较历史分析典型地聚焦因素的组合——因果构造,而不是孤立地看待个别变量。

对于案例内分析，过程追踪是核心方法，与比较序列法一起使用。为了分析的目的，我们区分了过程追踪的归纳应用和演绎应用。过程追踪的归纳法通常被用来识别关键事件，并把它们安排到一致的序列和过程中。除了其他事情外，归纳过程追踪还使得研究者在没有假设事件有因果关联，或者在它们遵循了一个持续进行的自我再生产过程时，比如扩大或削弱，能够对事件的展开进行深入分析。过程追踪测试，比如籥筛测试和冒烟之枪测试，是过程追踪的归纳使用的核心。这些测试通常与因果序列和反应序列结合使用，考虑到这两种序列都是由紧耦合事件组成，它们的因果关联可以通过具体的案例内数据来建立。过程追踪测试常常在分析者执行归纳过程追踪以及最初说明序列中事件之间的试验性关联后才应用。

比较历史分析是一个这样的领域：它的核心关切——实际上还有它的核心活力来源——是时间和因果的研究。比较历史分析的这两个组成部分完全与比较序列法整合了起来，并与之一起工作。通过融合这两个要素，比较序列法理应得到这样的荣誉：它是整个比较历史分析方法的首要方法。

参考资料

Abbott, Andrew. 2001. *Time Matters: On Theory and Method*. Chicago: University of Chicago Press.

Ahmed, Amel. 2013. *Democracy and the Politics of Electoral System Choice: Engineering Electoral Dominance*. New York: Cambridge University Press.

Aminzade, Ronald. 1992. "Historical Sociology and Time." *Sociological Methods and Research* 20:456—480.

Arthur, W. Brian. 1994. *Increasing Returns and Path Dependence in the Economy*. Ann Arbor: University of Michigan Press.

Barrenechea, Rodrigo, Edward Gibson and Larkin Terrie. Forthcoming. "Historical Institutionalism in Democratization Studies." In *The Oxford Handbook of Historical Institutionalism*, edited by O. Fioretos, T. G . Falleti and A. Sheingate. Oxford: Oxford University Press.

Beach, Derek and Pasmus Brun Pederson. 2013. *Process Tracing Methods: Foundations and Guidelines*. Ann Arbor: University of Michigan Press.

Bennett, Andrew. 2008. "Process Tracing: A Bayesian Perspective." In *The Oxford Handbook of Political Methodology*, edited by Janet Box-Steffensmeier, Henry E. Brady and David Collier, 217—270. Oxford: Oxford University Press.

Bennett, Andrew and Jeffrey Checkel, eds. 2015. *Process Tracing: From Metaphor to Analytic Tool*. Cambridge: Cambridge University Press.

Bennett, Andrew and Colin Elman. 2006. "Complex Causal Relations and Case Study Methods: The Example of Path Dependence." *Political Analysis* 14: 250—267.

Campbell, Donald T.. 1975. "'Degrees of Freedom' and the Case Study." *Comparative Political Studies* 8: 178—193.

Caraway, Teri L.. 2004. "Inclusion and Democratization: Class, Gender, Race and the Extension of Suffrage." *Comparative Politics* 36(4): 443—460.

Castiglioni, Rossana. 2014. "Paths to Welfare: Class Coalitions, Ideas, and Party Politics in Chile and Uruguay." Paper presented at the REPAL Annual Conference, Instituto de Ciencia Política, Universidad Católica de Chile, Santiago, Chile.

Chibber, Vivek. 2003. *Locked in Place: State-Building and Late Industrialization in India*. Princeton, NJ: Princeton University Press.

Collier, David. 1993. "The Comparative Method." In *Political Science: The State of the Discipline II*, edited by Ada Finifter, 105—119. Washington, DC: American Political Science Association.

Collier, David. 2011. "Understanding Process Tracing." *PS: Political Science and Politics* 44(4): 823—830.

Collier, David, Henry E. Brady and Jason Seawright. 2010. "Sources of Leverage in Causal Inference: Toward an Alternative View of Methodology." In *Rethinking Social Inquiry: Diverse Tools, Shared Standards*, 2nd ed., edited by Henry E. Brady and David Collier, 161—199. Lanham, MD: Rowman and Littlefield.

Collier, Ruth Berins and David Collier. 1991. *Shaping the Political Arena: Critical Junctures, the Labor Movement and Regime Dynamics in Latin America*. Princeton, NJ: Princeton University Press.

Dahl, Robert A.. 1971. *Polyarchy: Participation and Opposition*. New Haven, CT: Yale University Press.

David, Paul A.. 1985. "Clio and the Economics of QWERTY." *American Economic Review* 75: 332—337.

Ertman, Thomas. 1997. *Birth of the Leviathan: Building States and Regimes in Medieval and Early Modern Europe*. Cambridge:Cambridge University Press.

Falleti, Tulia G.. 2010. *Decentralization and Subnational Politics in Latin America*. NewYork:Cambridge University Press.

Falleti, Tulia G. and Julia Lynch. 2009. "Context and Causation in Political Analysis." *Comparative Political Studies* 49(9):1143—1166.

George, Alexander L. and Andrew Bennett. 2005. *Case Studies and Theory Development in the Social Sciences*. Cambridge, MA:MIT Press.

Gerring, John. 2007. *Case Study Research: Principles and Practices*. New York: Cambridge University Press.

Gerschenkron, Alexander. 1943. *Bread and Democracy in Germany*. Ithaca, NY:Cornell University Press.

Goldstone, Jack A.. 1998. "The Problem of the 'Early Modern' World." *Journal of Economic and Social History of the Orient* 41:249—284.

Griffin, Larry J.. 1992. "Temporality, Events, and Explanation in Historical Sociology: An Introduction." *Sociological Methods and Research* 20:403—427.

Grzymala-Busse, Anna. 2011. "Time Will Tell? Temporality and the Analysis of Causal Mechanisms and Processes." *Comparative Political Studies* 44:1267—1297.

Hacker, Jacob S.. 1998. "The Historical Logic of National Health Insurance: Structure and Sequence in the Development of British, Canadian, and U. S. Medical Policy." *Studies in American Political Development* 12(1):57—130.

Hacker, Jacob S.. 2002. *The Divided Welfare State: The Battle over Public and Private Social Benefits in the United States*. New York:Cambridge University Press.

Hall, Peter A.. 2013. "Tracing the Progress of Process Tracing." *European Political Science* 12:20—30.

Humphreys, Macartan and Alan Jacobs. 2013. "Mixing Methods: A Bayesian Integration of Qualitative and Quantitative Inferences." Paper presented at the Annual Meeting of the American Political Science Association, Chicago.

Jacobs, Alan M.. 2008. "The Politics of When: Redistribution, Investment and the Politics of the Long Term." *British Journal of Political Science* 38(2):193—220.

Jacobs, Alan M.. 2010. "Policymaking as Political Constraint: Institutional Development in the U. S. Social Security Program." In *Explaining Institutional Change: Ambiguity*,

Agency and Power, edited by James Mahoney and Kathleen Thelen, 94－131. New York: Cambridge University Press.

Kohli, Atul. 2004. *State-Directed Development: Political Power and Industrialization in the Global Periphery*. New York: Cambridge University Press.

Lieberman, Evan S.. 2005. "Nested Analysis as a Mixed-Method Strategy for Comparative Research." *American Political Science Review* 99(3):435－452.

Luebbert, Gregory M.. 1991. *Liberalism, Fascism or Social Democracy: Social Classes and the Political Origins of Regimes in Interwar Europe*. New York: Oxford University Press.

Mahoney, James. 1999. "Nominal, Ordinal, and Narrative Appraisal in Macrocausal Analysis." *American Journal of Sociology* 104(4):1154－1196.

Mahoney, James. 2000. "Path Dependence in Historical Sociology." *Theory and Society* 29:507－548.

Mahoney, James. 2010. *Colonialism and Postcolonial Development: Spanish America in Comparative Perspective*. New York: Cambridge University Press.

Mahoney, James. 2012. "The Logic of Process Tracing Tests in the Social Sciences." *Sociological Methods and Research* 41:566－590.

McKeown, Timothy J.. 1999. "Case Studies and the Statistical Worldview: Review of King, Keohane and Verba's Designing Social Inquiry." *International Organization* 53: 161－190.

Moore, Barrington Jr.. 1966. *Social Origins of Dictatorship and Democracy: Lord and Peasant in the Making of the Modern World*. Boston: Beacon Press.

Onoma, Ato Kwamena. 2010. "The Contradictory Potential of Institutions: The Rise and Decline of Land Documentation in Kenya." In *Explaining Institutional Change: Ambiguity, Agency and Power*, edited by James Mahoney and Kathleen Thelen, 63－93. New York: Cambridge University Press.

Pierson, Paul. 2000. "Increasing Returns, Path Dependence and the Study of Politics." *American Political Science Review* 94:251－267.

Pierson, Paul. 2004. *Politics in Time: History, Institutions and Social Analysis*. Princeton, NJ: Princeton University Press.

Prasad, Monica. 2012. *The Land of Too Much: American Abundance and the Paradox of Poverty*. Cambridge, MA: Harvard University Press.

Ragin, Charles C.. 2000. *Fuzzy-Set Social Science*. Chicago: University of Chicago Press.

Ragin, Charles C.. 2008. *Redesigning Social Inquiry: Fuzzy Sets and Beyond*. Chicago: University of Chicago Press.

Riofrancos, Thea. 2014. "Contesting Extraction: State-Making, Democracy and Large Scale Mining in Ecuador." PhD diss., Department of Political Science, University of Pennsylvania, Philadelphia.

Rohlfing, Ingo. 2014. "Comparative Hypothesis Testing via Process Tracing." *Sociological Methods and Research*, 43(4): 606—642.

Rosenblatt, Fernando. 2013. "How to Party? Static and Dynamic Party Survival in Latin American Consolidated Democracies." PhD diss., Instituto de Ciencia Política, Pontificia Universidad Catolica de Chile.

Rueschemeyer, Dietrich. 2003. "Can One or a Few Cases Yield Theoretical Gains?" In *Comparative Historical Analysis in the Social Sciences*, edited by James Mahoney and Dietrich Rueschemeyer, 305—336. New York: Cambridge University Press.

Rueschemeyer, Dietrich and John D. Stephens. 1997. "Comparing Historical Sequences — A Powerful Tool for Causal Analysis." *Comparative Social Research* 17: 55—72.

Rueschemeyer, Dietrich, Evelyne Huber Stephens and John D. Stephens. 1992. *Capitalist Development and Democracy*. Chicago: University of Chicago Press.

Rustow, Dankwart A.. 1970. "Transitions to Democracy: Toward a Dynamic Model." *Comparative Politics* 2(3): 337—363.

Sewell, William H. Jr.. 1996. "Three Temporalities: Toward an Eventful Sociology." In *The Historic Turn in the Human Sciences*, edited by Terrence J. McDonald, 245—280. Ann Arbor: University of Michigan Press.

Skocpol, Theda. 1979. *States and Social Revolutions: A Comparative Analysis of France, Russia, and China*. Cambridge: Cambridge University Press.

Skocpol, Theda. 1999. "Why I Am a Historical Social Scientist." *Extensions: Journal of the Carl Albert Congressional Research and Studies Center*, pp. 16—19.

Smith, Benjamin. 2007. *Hard Times in the Lands of Plenty: Oil Politics in Iran and Indonesia*. Ithaca, NY: Cornell University Press.

Soifer, Hillel David. 2012. "The Causal Logic of Critical Junctures." *Comparative Political Studies* 45: 1572—1597.

Spruyt, Hendrik. 1994. *The Sovereign State and Its Competitors: An Analysis of*

Systems Change. Princeton,NJ:Princeton University Press.

Stinchcombe, Arthur L.. 1968. *Constructing Social Theories*. Chicago: University of Chicago Press.

Tannenwald,Nina. 2008. *The Nuclear Taboo: The United States and the Non-Use of Nuclear Weapons Since* 1945. New York:Cambridge University Press.

Thelen, Kathleen. 1999. "Historical Institutionalism in Comparative Politics." *Annual Review of Political Science* 2:369—404.

Thelen,Kathleen. 2003. "How Institutions Evolve: Insights from Comparative-Historical Analysis." In *Comparative-Historical Analysis in the Social Sciences*, edited by James Mahoney and Dietrich Rueschemeyer, 208 — 240. New York: Cambridge University Press.

Van Evera,Stephen. 1997. *Guide to Methods for Students of Political Science*. Ithaca, NY:Cornell University Press.

Wood,Elisabeth Jean. 2000. *Forging Democracy from Below: Insurgent Transitions in South Africa and El Salvador*. New York:Cambridge University Press.

9. 嵌套分析:走向比较历史分析方法与其他社会科学方法的整合

埃文·S.李伯曼

在最初一版《社会科学中的比较历史分析方法》(2003)出版后的十年里,多方法研究成了比较历史分析的重要部分,如今使得关注和反映成为必要。2003年至2013年间在主要大学出版社出版的将近三分之一使用比较历史分析方法的著作也是采用某种形式的定量分析。在本章,我将评述多方法研究的动机,并聚焦一个单一的变种,我称之为"嵌套分析"(nested analysis)。我将把这一讨论作为一个出发点来考量比较历史分析与其他形式的经验分析的可能整合,包括匹配分析和实验方法。

多方法的整合并不仅仅是一个防守策略,以回应长期以来针对经典"小样本"比较研究的批评——"案例少,变量多",比如摩尔(1966)、斯科斯波尔(1979)、哈尔(1986)以及科利尔和科利尔(Collier and Collier,1991)。马汉尼及其他人撰写过大量著作以论述这些影响深远的著作及更一般意义上的比较历史分析方法(Gerring,2004;Lieberman,2001;Mahoney,1999)中所包含的详细长时分析所具有的被低估的力量。科利尔、布雷迪和西赖特(Collier,Brady and Seawright,2004)以他们的"因果过程观察"的观念提供了很有用的词汇,而他们那本书的撰稿人给政治学中的方法论提供了一个平衡的观点。构建于这些力量上,方法的整合试图利用额外的协同合作,为的是识别因果机制,应对貌似有理的竞争性解释,并提供中心命题额外的可检验含义。这件事情做好后,混合方法研究就应该实质性地提高正在做出的社会科学断言的可信度。

本章的目标是评述成功地整合比较历史分析方法与其他类型的经验方法的前景,尤其是定性和实验的方法。但是,在我进一步讨论前,先让我厘清构建这一讨论的3个关键点。

第一,我这里讨论的那些方法的好处是揭示一般模式,这些模式超越仅仅少数几个历史具体案例。出于各种明显的理由,学者们的主要动机可能是对关键案例,如重要国家的兴趣,但这里讨论的方法认为,更大的案例集既可能影响少量案例的分析,也可能被这样的分析所影响。分析这个必须明确说明相关案例的范围,而这里讨论的方法则认为,更大的案例集实际上不可能对所有案例进行深入的研究。

第二,与上一点相关,我考量的是或然性的而不是确定性的因果关系。特别而言,我认为嵌套分析的绝佳地点应该是马汉尼(2008)描述的那个重叠研究空间。在那个空间里,原因是从可能性和或然性的角度来理解的:"一个原因提高了一个结果发生的可能性"(415)——原因的这一概念通常与霍兰(Holland)和鲁宾(Rubin)相关联(例如,Holland,1986;Holland and Rubin,1988)。这通常是一个非限制性条件,正如大多数比较导向的理论围绕一个至少部分不确定性的逻辑来构建,并假设大多数社会和政治过程是随机过程。罕见的是,这样的政治学家或社会学家没有把摩尔的断言"没有资产阶级,没有民主"翻译为"如果没有资产阶级,民主就是不可能的"。然而,很多传统的小样本分析,依靠穆勒方法或相关的布尔逻辑,打算有助于做出关于特定结果的必要或充分条件的推断。我在本文中讨论的混合方法的类型并不十分适合检验这样的强确定性断言。

第三,尽管本文并不试图提供一份全面的比较历史分析方法(参见本书的其他文章;Gerring,2004;Lijphart,1971;Mahoney,1999;Mahoney and Reuschemeyer,2003)的入门读本,但我认为,构成比较历史分析的远不止是对主要行动者和关键变量的名称的肤浅描述。比较历史分析的价值源自学者们掌握足够的材料,能够带着一定的确信谈论可用数据的质量(参见Lieberman,2010),以及一个特定语境内关键行动者的动机和策略(Falleti and Lynch,2009)。高品质的比较历史分析应当努力解释,对一个事件序列的特定解释为什么是正确的解释,例如,致力于对史学辩论的关切(Lustick,1996),凸显那些被认为高度重要的瞬间和时期,大概是作为关键节点(Collier and Collier,1991,Pierson,2000),或者这两件事都做。尽管把"迷你"案例研究与大样本结果都包含进来,从启发式理解理论或证据的角度或许会提供某种附加价值,但分析上的获益是最少的,我在这里的焦点集中于更丰富、更学说、更权威的对随着时间而展开的特定历史过程的解释。

在本章余下的部分,我将提供一幅嵌套分析方法的草图,考量并回应针对这一方法的某些批评,最后对多方法比较历史研究和分析的潜在边界提出几点看法。整个这篇讨论,我始终采取这样一个立场:比较历史分析继续有潜力增强学术研究的主体,特别是在比较政治这个子领域。在仅仅一个或少数几个案例中清楚地把有实质意义的宏观结果与有鲜明对照结果的其他案例并置,继续是推动这一领域一些最重要问题的一个关键来源。详细的、半结构的比较也继续是发现和理论创新的一个丰富来源;断言的貌似合理性最终需要通过仔细的历史研究给出相应的说明。尽管定量的、微观层面的和实验的方法对于揭示社会和政治世界的关键模式也很重要,但我们进行此类研究并解释我们的发现的能力需要我们对于从定量上、宏观层面上理解历史在不同时间和地点实际上如何展开给予一定的关注。

研究策略和嵌套分析的焦点概览

在图 9.1 中,我着重凸显了我所认为的经验社会科学研究分析变化的 3 个重要维度:(1)分析的层面或单位——分析的首要目标究竟是个体(微观)的,还是集体的或制度的结果和模式,在后面的分析中,研究者分析的是个体的聚合(宏观的);(2)分析的样本大小和模式——研究在何种程度上聚焦仅仅一个或少数几个关键案例(定性的/小样本的);(3)关键解释性变量的来源——研究在何种程度上依赖研究者的随机化处理(实验的)或者不是这样

(观察的)。[1] 原型的单一方法是那些可以有用地归类到一个角的方法,比如拉金(Ragin)的模糊集定性比较分析[2]或其他"中等样本"方法(即 Glynn and Ichino,2014),落在一根轴上两个角之间的某个地方。(实际上,就比较历史分析方法使用几个案例和多个时期而言,这样一个方法更正确地定位为落在右上前角之下的某个地方。)类似地,对"自然实验"的识别和分析——在这样的分析中,可以貌似有理地把某个处理解释为被归于"仿佛"随机(Dunning,2012)——落在把观察研究与实验研究区分开来的那根轴的中间。(在本章稍后,我将讨论被标为"自然实验"的研究之间的某些关键区分。)

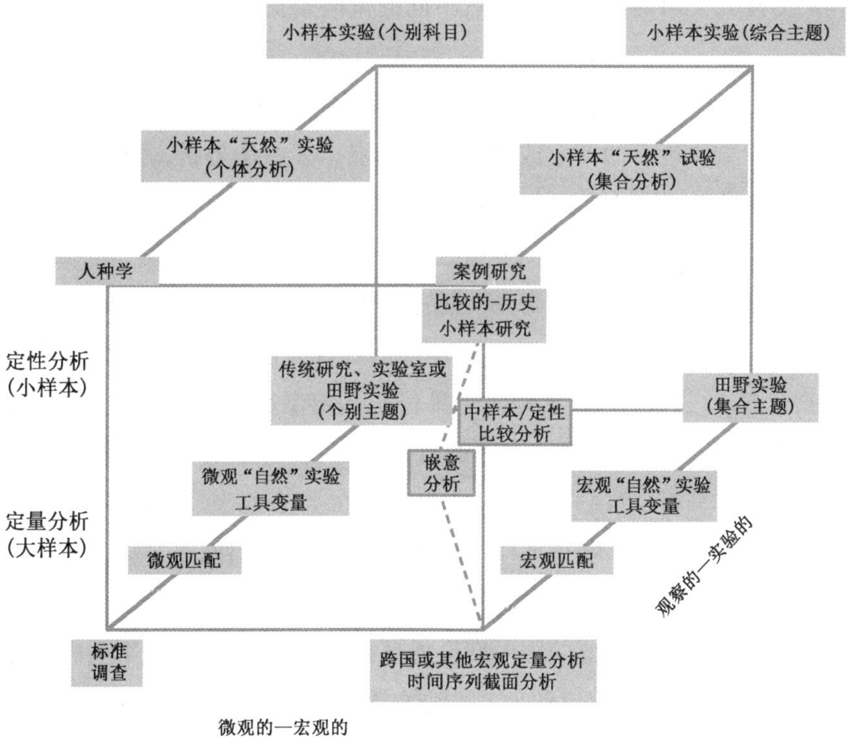

图 9.1 当代社会科学的类型学

1 本节的很多内容是从 Lieberman(2005)浓缩而来的。

2 关于把过程追踪/小样本分析与定性比较分析相结合的讨论,参见 Schneider and Rohlfing (2013)。

在图 9.1 所呈现的概要中，每一维都可以进一步细分(例如，把包含百万以上观察材料的数据集的“大数据”分析与“标准的”定量分析区分开来)。详尽描述每个这样的维度和每个已经识别的研究方法及策略超出了本章的范围。要强调的更重要的一点是，在更广泛的政治导向的社会科学研究文献中，比较历史分析方法在议程设置上扮演了一个关键性的角色。使用比较历史分析方法的研究有助于推动一些大问题，比如“为什么有些国家是民主国家而另外一些国家却不是?”“为什么有些国家比其他国家更强/更弱?”“为什么有些国家比其他国家增长更快?”主要是通过并置对照案例。位于这个立方体的另外几个角的研究使用截然不同的策略来揭示与这些大问题有关的模式。

在这个框架中，“混合方法”是那些把多个策略组合起来的方法，典型地来自沿着立方体边沿的两个或两个以上的点。多方法分析本身暗示了一个广泛的研究方法家族，可能包括组合不同度量策略的研究(即调查和焦点群)，以及以不同方式接近不同分析层面的研究(例如，一个单一国家的选举法的案例研究)，并且还考量调查数据的定量分析。

嵌套分析是这样一个方法：它在相同的宏观分析层面把定量分析和定性分析结合起来，这样一来，案例研究单位也是定量数据集中的观察材料(例如，国家案例研究和一组国家案例的数据集)。它通过把单一框架中的观察数据的小样本分析(SNA)和大样本分析(LNA)结合起来，从而获得分析优势(如图 9.2 所总结的)。我把大样本分析定义为这样一种分析模式，在这个模式中，主要的因果推论得自统计分析；我把小样本分析定义为这样一种分析模式，在这个模式中，主要的因果推论得自案例的定性比较，或案例内跨时间因果链的过程追踪，理论与事实之间的关系在很大程度上是以叙事的形式来捕捉。另外的策略都是试图确定重要结果变量的值是不是随着对“处理”或原因变量的不同估值而有所不同。在这两种情况下，关于 X 对 Y 的因果影响的断言都依赖这样一个可忽略性假设：一旦我们控制了某个可观察因素集，X 对于任意给定案例的特定值就是或多或少随机产生的，而且重要的是，它本身不是重要结果的一项功能。当然，实验主义者往往会指控：这两种方法都依赖关于那个假设的不可靠根据，它反过来只能通过分配的随机化来解决。

而观察主义者会反击:出于实际的或道德的理由,很多重要问题不可能通过实验来研究,我们应当竭尽所能,即使我们有时候必须严重依赖这样的假设(Gerring,2011)。

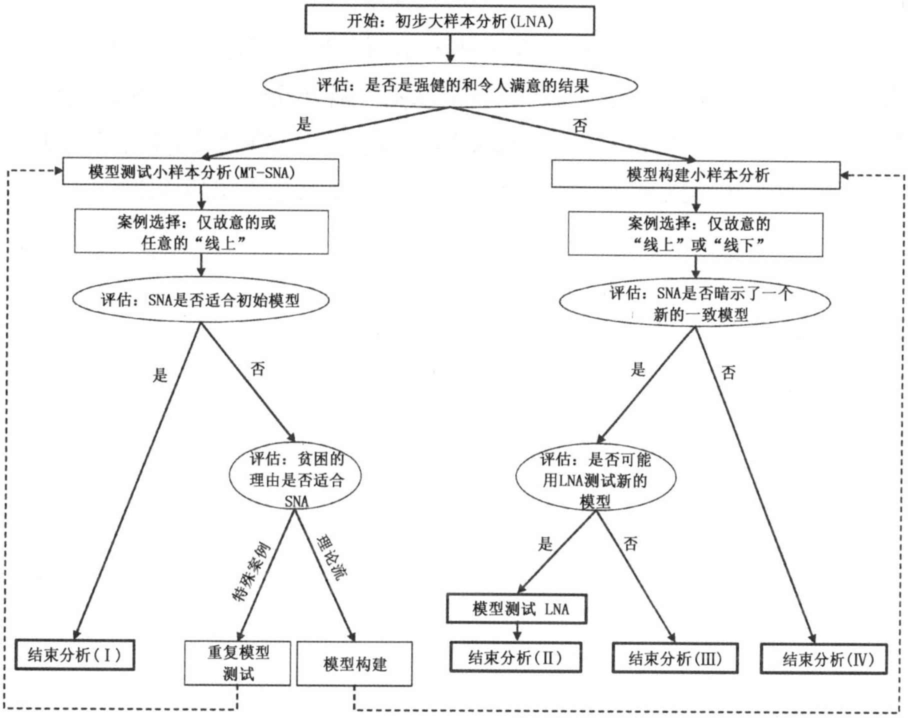

资料来源:Lieberman(2005)。

图 9.2 嵌套分析方法概览

组合两种方法的目的在于改善概念化和度量的质量,对竞争解释的分析,以及对一项研究的核心发现的总体信念。嵌套研究设计的允诺:大样本分析和小样本分析可以互相提供信息,以至于分析报偿大于各部分的总和。不仅充满希望地收集起来的信息是互补的,而且分析的每一步都将为走向下一步提供方向。最显著的是,大样本分析提供了关于竞争解释的洞见,并帮助推动小样本分析的案例选择策略,与此同时,小样本分析帮助改进大样本分析中使用的度量工具和模型说明的质量。

作为一幅微型草图,这个方法涉及从一个初级大样本分析开始,并对那些结果的健壮性做出评估。如果模型被认为得到了很好的说明，并提供了健壮的结果，你接下来就可以用模型测试小样本分析；如果不是这样，就可以用模型构建小样本分析。在每种情况下，正如图 9.2 所显示的，分析者都必须再次对来自这些分析的发现做出评估，使用从小样本分析中收集的方向和洞见。这些评估提供了一个框架，要么用来结束分析，要么用于执行小样本分析或大样本分析额外的迭代。尽管并非所有小样本分析都属于比较历史分析这个类别，但是，当我们试着回答瑟伦和马汉尼（本书第 1 章）所描述的那些类型的宏观历史问题时，比较历史分析方法是一个特别有用的方法。

嵌套分析就其假设和目标而言绝对是“包罗万象的”。它假设既对探索一般的关系和解释感兴趣，也对个别案例和案例组的具体解释感兴趣。例如，一个嵌套研究设计意味着学者们将会提出形式上诸如“什么导致社会革命？”这样的问题，还会提出诸如“法国社会革命的原因是什么？”这样的问题。嵌套分析帮助学者们在分析数据时提出一些很好的问题，并在寻找答案上很有办法。

开始分析：初级大样本分析

尽管学者们通常从不同层面的关于具体案例或案例集的背景信息入手开始新的研究计划，并且确实可能是被一个案例研究分析的发现所推动，但在形式上，嵌套分析从一个定量分析或初级大样本分析开始。因此，进行嵌套分析的先决条件是一个定量数据集的可用性，有足够数量的观察数据用于统计分析，[1]还要有一个基准理论。特别是对于那些专门进行小样本分析的学者们来说，初级大样本分析需要明确考量理论应该适用的案例体系，并识别因变量的变化范围。它还提供了机会，可以对变量之间关系的力度产生一个清晰的基线评估，包括评估我们对这些关系能有多少信心。

相对于小样本分析，大样本的核心力量是它有能力同时评估竞争性解释和控制变量对一个重要结果的影响。在很大程度上，比较政治学领域的小样本分析依靠穆勒方法的变种来应对国家层面的竞争性解释，也就是说，学者

1　对于可以通过统计分析来分析的案例数量没有明确的下限，但更少的案例明显降低了分析的自由度和内在力量。在跨国回归分析中很少看到少于 12 个案例的定量分析。

们识别那些在几个关键变量上得分相近的案例,使用共有的特征作为分析上约等于统计控制的一个基础。[1] 尽管根据这样的变量来识别得分相对近似的案例的策略可能是一个强有力的策略,但在一个非实验的场景中,案例之间的重要差别几乎总是可以识别,而且这些差别作为可能的竞争性解释出现。依靠正在研究的问题或案例,大样本分析或许能够施以援手。假设大样本分析是作为一个回归分析而进行,相关的因变量可以在正在研究的竞争性解释变量的度量上回归,为的是评估一个关系的力度,特别是当小样本分析不能清楚地显示它的时候。

至少像它处理竞争性解释的能力一样重要的是大样本分析相对更强的处理部分解释或控制变量的力量的能力。国家层面的结果往往是几个因素的产物,初级大样本分析很可能会发现,某些变量是所研究结果的重要预报器,即使它们只能解释大样本变化的一个有限的部分。很多小样本研究涉及“类似”案例的比较。然而,由于我们只观察那些关键控制变量很少变化乃至没有变化的案例,因此,要对下面的问题做出推断,我们存在弱势:是不是有必要把我们的分析限制在这些变量上,或者,我们预期这些变量在人口更广泛的案例中对所研究结果的影响究竟有多大。一个特定案例或案例集的“迷惑”可以厘清,只要我们对预期结果有一定的评估,给定一组参数估值和案例在这些变量上的得分。[2] 不像大样本实验,我们可以合理地相信,控制组和处理组由于随机化而相对类似,而对于小样本研究,我们不可能做出这样的假设,而且大样本分析为识别相关控制提供了一定的优势。(但是再一次,正如我稍后将要讨论的,匹配方法的引入和增生试图明确地解决了很多基于回归分析的研究中处理组和控制组之间的平衡缺乏。)

处理大样本分析的发现:结果是否健壮和令人满意

除了提供关于因变量的变化范围的洞见和对竞争性假说及控制变量力

1　关于这些方法的一个摘要,参见 Gerring(2001,209－214),它们常常被理解为“最类似的”和“最不同的”系统研究设计。

2　有一点是真的:这些初始参数估值很可能由于模型错定而有偏见,包括遗漏变量偏见。但我们的假设是:当我们没有一个充分设定的或完全的理论模型时,弄清楚凭借可用的理论和数据能够解释什么还是很有用的。

度的评估外，大样本分析还提供关于如何进入下一个分析阶段的重要信息——对一个或多个案例的强化检查。首先，学者们必须对发现进行评估：初级大样本分析是不是给最初的理论模型增加了可信度？

正如上文指出的，对于回答大样本分析结果是否健壮这个问题，不可能提供绝对的标准，因为，关于知识状态以及什么构成强有力的证据，主观评估的分量很重。[1] 依据大样本分析的性质，必须使用对参数估值力量的标准评估来评估指定模型与经验数据之间的吻合度。然而，有一个重要工具对于嵌套分析方法至关重要：应该用图示的方式画出案例的实际得分相对于从统计估值中得出的预计得分，[2]并附上恰当的名称。这提供了一个机会，可以对模型与可用案例之间的吻合度做出具体的评估。

在与大样本分析所产生的参数估值的结合中，学者们必须决定：没有解释的变化是否在很大程度上是随机错误的产物，或者，是否有理由相信，可以构想出一个更好的模型/解释。正如在任何统计分析中那样，诊断图可能高调怀疑一个或多个案例中非随机变化的模式——对离群值的识别。然而，不像对个体的调查，案例识别是匿名的，在民族国家及很多其他宏观结果的研究中，具体案例相对于回归线的定位可能强有力地影响一个人对模型是否满意。例如，如果一个模型不能解释一个案例，而这个案例被认为在某项学术研究中有很大的重要性（例如，革命研究中的法国大革命），一个学者对这个模型就可能不满意，或者，对一个离群案例的识别就可能立即暗示了一个新的、潜在地有着更广泛应用的理论说明。如果一个学者带着对看似不规则的结果的具体预感着手研究计划，那么，分析实际得分对预期得分的图示就可能会确定一个或多个案例确实是离群案例，从而吸引更多的理论关注。

使用这样的分析，研究者们可以回答下面的问题："所有最重要的假说是否都得到了检验？结果是否强健/令人满意？"对这些问题的回答影响了下文描述的嵌套案例分析方法或者小样本分析。

1　关于定量分析中常识和专业判断的使用，有一段经典陈述，参见 Achen(1982，尤其是第 29 至 30 页)。

2　在极端情况下，如果解释变量与重要结果之间找不到任何统计学关系，那么，你就只能使用数据的中心趋势，比如平均值作为一个底线模型，而国家案例则只能描绘为对平均值的偏离。

把强化案例研究(小样本分析)嵌套入分析

嵌套分析的第二个主要步骤涉及一个或多个案例的强化分析,使用全书所讨论的各种类型的比较历史分析方法。重要的是要记住,嵌套分析的目标归根到底是对一个更宽泛的命题做出推断,这个命题典型地比小样本和大样本都要大。在追求这个目标的过程中,一个嵌套分析需要分析层面的改变,因为,小样本分析要求审视案例内的过程或变化。[1] 小样本分析将被用来回答大样本分析留下的悬而未决的那些问题——典型地是关于因果过程的问题,但也包括关于数据与概念之间吻合度的重要问题。例如,在一项对政府政策决定因素的假想研究中,大样本分析证实制度形式与政策结果之间的假设关系,而小样本研究可能提供对这些政策详细而微妙的描述,并调查一个给定国家内的群体和个体的具体行动。做这件事情是在努力寻找具体证据的过程中证明那些被假设受实际彰显的制度形式影响的人类组织和行动的模式。此外,小样本研究对于调查竞争性解释的影响力特别有用,对于这些解释,我们缺乏很好的数据用于更大的案例样本。历史导向的比较提供了一个强有力的分析策略以评估理论与数据之间的吻合度,其方式是再次提交哪怕是确凿的统计证据后依然悬而未决的那种方式。

大样本分析和小样本分析可以提供截然不同的协同洞见,用来分析一个常见的问题,在追求对因果关系做出推断上合作。在这里,凸显“数据集观察”(回应一个矩形数据集中的一行)和“因果过程观察”之间的区别极其有用,后者是“过程导向的因果推断的基础。(它)提供关于机制和语境的信息”(Collier,Brady and Seawright,2004,253)。我们可以说,根据定义,大样本分析在很大程度上源自数据集观察分析,而小样本分析的典型标志是一个数量少得多的数据集观察和大量的因果过程观察。数据集中行(row)的数量通常被理解为国家案例的数量,或者 N,它把小样本(small-N)研究和大样本(large-N)研究区分开来。到今天,大多数方法论学者同意,即便是一个小样本,即两国研究,也远不只是两个观察,而且,正如科利尔、布雷迪和西赖特

1 关于案例研究中单位内分析的讨论,以及关于更一般的构造案例研究和跨案例研究分析的讨论,参见 Gerring(2004)。

(2004)所指出的,不同的推理策略被用来解释这样的数据。以类似的方式[感谢理查德·尼尔森(Richard Nielsen)提出这一点],对数据集的统计分析几乎总是包含某个额外的语境知识,为的是对变量之间的关系做出推断,尤其是关于原因的推断。最重要的是,学者们被要求捍卫关于"分派处理"(assignment to treatment)或因果变量的值在何种程度上随机产生的断言。

小样本分析的焦点是调查案例内的过程和模式,后者通常需要仔细推敲各种各样的材料,包括印刷文档、访谈和观察。这些材料提供了关于我们试图理解的社会现象的重要信息。由于这样的材料是在不同的时间和空间以不同的形式生产的,因此我们经常无法先验地说明一组非常精确的编码规则,考虑到容易重复的数据收集和分析过程。(然而,某些经由互联网的通信和表达的当代形式开始推倒这些障碍。)这些材料为大量事件和行为提供了更精细的度量,既有宏观层面,也有微观层面,常常在时间上彼此邻近。对于某些问题,并考虑到各种不同的历史记录的性质,这样的数据几乎不可能以一致的方式在数量庞大的不同国家捕捉到。学者们在仔细审视这些观察材料的理论含义时,要想获得分析的力量,要么通过测试现有的假说,要么通过采用归纳的方法发展出关于因果之间一般关系的新命题。

是什么构成充分的证据?通常,小样本分析的学者缺乏先验权力分析的类似物。"因果过程观察"的性质恰好就是:它们是高度异质的,某些记录在案的观察材料可能充当特别有力的"冒烟之枪"的证据,把因和果关联起来,而另外一些材料可能只不过充当了递增步骤,提高一组理论断言的貌似有理性。小样本分析通过审视历史记录中的各种震荡或处理所带来的冲击,提供了执行各种准实验探索的机会(Lieberman,2001)。方法的异质性往往意味着证据的质量是问题特有的,甚至是案例特有的。但是,以类似的方式,大多数社会科学数据的定量分析受制于高度主观的评论:我们应该如何解释发现的实质意义和可靠性?

特别是,如果你打算听从金、基欧汉和维巴(King,Keohane and Verba,1994)的建议,增加观察材料的数量,那学者们就可能不正确地得出结论:嵌套分析的小样本分析部分的最佳策略是尽可能分析多个国家。正相反,这样的策略往往导致减少小样本分析的核心力量。增加了的自由度由大样本分析提供,嵌套分析应该依靠小样本分析以提供更多深度而不是广度,也就是说,给定固定数量的学术资源,更多能量应当投入识别和分析案例内的因果过程的观察材料,而不是提供更稀薄的关于额外案例的洞见。既然小样本分析的内在弱点是它没有能力致力于外部有效性,那么,当研究设计中大样本分析成分可以做这项工作的时候,试图迫使小样本分析去做这样的事就没有价值了。尽管有这个建议,但在小样本分析中评估一个以上案例几乎是有用的,概念和机制的详尽阐述最好是通过比较来实现。小样本分析的巨大力量是类似对照案例的并置,帮助让概念的操作变得透明,这一操作在很大程度上隐藏在统计数据集的分析中。此外,比较为对反事实断言做出叙事评估提供了一个经验基础,也就是说,假如关键变量或变量集的得分有所不同,一个事件就会以不同的方式发生。

除了强调一般补充外,还有一点也很重要:把小样本分析集中在大样本分析的具体发现和分析上。至于上一节末尾提出的问题——分析者对初级大样本分析健壮性的评估,小样本分析接下来遵循两条轨道之一。如果回答是"是的,结果是健壮的",如图 9.2 所示,那么,小样本分析的目标就是几乎完全聚焦测试大样本分析中预测的模型。另一方面,如果发现它不被认为是健壮的,或者,如果一个或多个假说不能被探索,包括如果分析者相信恰当的理论模型尚未指定,那么,小样本分析就被导向模型构建。接下来究竟是进行模型测试小样本分析(Mt-SNA),还是进行模型构建小样本分析(Mb-SNA),这个决定将影响分析的范围、案例选择策略和小样本分析的结束标准。执行者可能回应:小样本分析本身就是模型构建和模型测试的混合,他们可能认为,这个二分法是一个假的二分法,尽管有一点是真的:这些或许是"理想型"的方法,对于你在小样本分析这个舞台上从事研究的中心意图,具有自我意识是有巨大好处的,特别是因为,嵌套方法为各自的策略提供了一套截然不同的指导方针。

尽管小样本分析通常比大样本分析开放,但考虑到它对案例历史的细节和因果过程观察材料的主要兴趣,一个学者的案例分析方法可能显著不同,这取决于他或她的分析目标。对初级大样本分析的评估构成了嵌套方法如何执行的一个重要判定点(正如图 9.2 所描述的),为小样本分析的恰当分析范围提供了一个重要指导方针。

学者们可以利用他们的初步发现，对他们是否有一个前途足够光明的、值得测试——通过案例研究或额外的定量分析或者两者兼用——的理论模型做出裁决。依据在每个分析层面上对模型吻合度的评估，学者们可以决定，究竟是要聚焦没有人解释的“噪音”——例如，偏离回归的离群值——还是要更深地刺探支撑准确预测的“线上”案例的机制。最后，分析结束于评估对一个特定理论模型的信心，基于一起审视时从小样本分析和大样本分析得出的推论。[1]

考量和批评

我不可能决定性地回答下面这个问题：多方法分析产生的实质性获益是不是超过单一方法研究？[2] 但重要的是要指出，不只是几篇学术论文和投给美国政治学协会通讯刊物《定性和多方法研究》(*Qualitative and Multi-Method Research*)的优秀稿件提出了关于一般意义上的多方法研究和特殊意义上的嵌套分析的问题。有一个“民间的”批评干脆就是：定量分析和小样本分析很难同时做好。我猜，如果要求把量子物理与人类学结合起来，这个指控可能是公平的；但我的一般回应(在下一节我将回到这个问题)是，期望当代比较导向的社会科学家合理地熟练掌握案例特有的材料和方法以及现代定量技术是十分公平的。至少我们应该期望那些对于和不同方法有关联的基本词汇及推理策略有充分理解的学者们能够参与那些承认不同方法具有互补性的富有成果的合作，参与能够获得专门化技能和最佳事件的好处的劳动分工。并非所有人都会成功，并非所有历史导向的研究都适用混合方法，但是，像邓宁(2008)的《粗糙的民主》(*Crude Democracy*)和马汉尼(2010)的《殖民主义与后殖民时期的发展》(*Colonialism and Postcolonial Development*)这样的一些著作揭示了深度案例内研究分析与彻底的、更现代

1　对这个方法的进一步的详细讨论可以在 Lieberman(2005)中找到。

2　至少学者们可以对在他们的研究中使用混合方法所产生的成本和附加价值提供一定的评估。在这个方面，考夫曼(2012)和弗格塞(Verghese,2012)对于多方法途径如何处在他们的博士论文的核心提供了非常详细的说明。

的跨案例统计分析相结合所具有的力量。

学者们还用更广泛的批评质疑这个方法,比如罗尔芬(Rohlfing,2008)的批评,他甚至认为,“在某些环境下,我们从嵌套分析那里一无所获。相反,与单一方法的设计比起来,你可能得不偿失”。他的关切是什么呢?一个主要关切是“本体论的错定(ontological misspecification)有着方法论的含义,这些含义在当前形式的嵌套分析中很难被发现——就算不是不可能被发现”(1493)。为了支持这一断言,他识别了各个不同的领域,他相信,嵌套分析在这些领域可能导致跨越不同分析层面的错误,并导致一种在单一方法中不可能有的漫不经心的自信。

例如,他认为,对一个回归模型——初级大样本分析——的最初设定很可能遗漏一个关键的重要变量,而且,如果遗漏的变量与模型中的其他变量互有关联,这样的评估就是有偏见的和不一致的,它很可能是一个异常状态(Rohlfing,2008,1498—1499)。结果,“依据偏见和不一致的严重性,剩余误差因此可能被证明是误导性的案例状况指标”。在更一般的意义上,罗尔芬的要点是:几乎是通过设计,初级大样本分析是错定的,这样一来,对于可能从相关参数估值中得出的结论,我们就应该有所怀疑了。我认为这是一个合理的关切,我们几乎肯定最初错误设定了我们的模型。然而,在单一方法大样本分析或小样本分析中,更优的选项是什么呢?回归和案例研究的诊断学始终面临的挑战是,遗漏变量偏见可能导致错误的推论。但是,嵌套分析的希望在于,这样的遗漏变量可以被识别出来,并通过把它们包含进来而重新评估模型。

罗尔芬(2008)断言,嵌套分析的内在弱点是,在不同类型的分析中,分析错误可能扩大。这被呈现为一个假设陷阱,我认为更有说服力的趋势是,多方法分析更有可能发现错误和虚假联系,而不是重复推理错误。在很多方面,我认为罗尔芬的批评忽视了这样一个事实:比较历史分析对于解释案例之间相对微小的差别并无用处。很难想象,我们怎么能通过定性研究来说明究竟是哪些因素导致人均收入增长或税收在GDP中所占份额(比方说)1～2个百分点的差别。尽管重要,但这样的差别只有在大样本研究中才在用途上是可觉察的。比较历史分析方法更适合重大差别的研究,包括偶发之事或相对并不罕见的事件，或者经济趋势中的巨大分歧。这样说来，模型的遗漏或欠吻合远不如这个批评使我们相信的那样重要。

另外一些人提出了关于比较历史分析和定量方法可能不相容的重要问题，这可能让我们在思考涉及混合方法的策略时不免有些犹豫。例如，哈尔(2003)强调了方法论与本体论之间的偏差，而马汉尼和戈茨(Mahoney and Goertz,2006)则在比较那些使用定量方法和定性方法的学者们时揭示了他们所认为的完全不同的“文化”。然而，尽管他们断言“政治学领域的大多数研究者会显著地把自己定位于一列”(在他们区分研究传统的那张表中)，但我发现自己同时对这两种“文化”大片的割刈地带抱持同情，而且我发现这里面没有多少冲突。尽管我同意，一些特定学者和研究计划的本体论有时候千变万化，其程度就好像它们在几乎不同的研究世界里运转，但我在这里清楚地采取的立场是，每种方法未必和某个特定的本体论保持一致，而且，即使是位于立方体相对角上的方法——最显著的是案例研究与传统的宏观实验研究——也可以被成功地用来回答一个共有的研究问题，我将在下一节更详细地讨论这个命题。

多方法比较历史分析的边界：匹配、实验和自然实验

在上面几节中，我详细讨论了多方法比较历史分析的一个方法，并回应了迄今为止人们提出的某些批评。但在最后这一节，我要回到本章的原始构架，考量把比较历史分析方法与图 9.1 中指定研究空间的其他位置结合起来的多方法研究的另外一些机会。特别是，这样的举措可能是必要的，为的是，正如上文所讨论的，解决对违反可忽略性假设的关切——大样本分析和小样本分析这两个嵌套方法之锚的弱点。在最近这些年里，传统的回归分析，尤其是跨民族回归，由于它们自身的内在局限而遭受越来越激烈的批评，[1]学者们一直在引入和使用许多新的分析工具。重要的是，我认为，孤立地使用这些另类方法，比较历史分析方法可以极大地提高当前正在进行的学术研究的

1　例如，参见 Dunning(2010)，以及 2011 年春《定性与多方法研究》通信(vol. 9，no. 1)的专题讨论“完美方法论，还是方法论完美主义”。

质量。

正如我为支持嵌套分析而证明的,认真细致的比较历史分析方法对于推动大问题,用归纳法产生貌似有理的理论,以及帮助确定我们在描述不同语境时究竟是什么意思很有用。有些学者可能正当地怀疑新的领域以及那些简单地空投到一项新的研究设计中的调查实验而无视语境。然而,这些关切背后的本质必须是一个清晰而小心的陈述,关于语境如何变化以及为什么变化,以至于在不同的案例中产生不同的效应。

实验研究设计的基本长处是,如果处理的分派是一个受控制的随机化过程——比如掷硬币——的功能,那么,我们就可以肯定,处理的分派即使在一定程度上也不是某个可能与重要结果有关的其他因素的功能。相比之下,比较历史分析学者们一般试着提出这样的论证:他们的案例是*充分*可比较的,分派关键解释变量的值是*充分*依情况而定的,以至于我们可以合理地相信,原因或处理独立于结果。但特别是在分析巨大的宏观原因时,要低估其他可能产生这些值的重要因素的作用可能十分困难(例如,"国家实力""联合"和"阶级关系"并不只是凭空出现)。标准回归分析试图把结果限制在"预处理"协变量上,然而却是以本质上相同的逻辑进行,并且越来越倾向于面对类似的挑战,特别是当怀疑者提出潜在遗漏变量的可能性、对因果顺序的关切以及依赖所评估模型的结果的不稳定性时。

因此,至少有 3 个可以与比较历史分析方法相结合的可选方法值得考量,这些选项全都位于图 9.1 中右下轴线上。

第一个是匹配法(例如,Imai and Van Dyk,2004)。这个方法最类似上文描述过的基于标准回归的大样本分析,在那里,匹配分析可以采用同样的数据集。但一个关键差别是,匹配试图以一种尽可能使协变量保持平衡的方式给数据集分类来应对处理组和控制组中的异质性,这反过来减少了与标准回归分析相关联的模型设定的某些敏感性。事实上,匹配法的逻辑更加接近标准比较历史分析的特征,因为在前者那里,各种不同的匹配算法的目标是找出这样一对对案例,它们在除了关键处理变量外的所有协变量上尽可能彼此相似。最近,尼尔森(2014)详细讨论了一个方法,它所做的恰好是我们这里所讨论的,使用各种不同的匹配估值,识别一组定性案例选择的策略。在很多方面，匹配法类似穆勒差别法——小样本分析的一个标志——重复多次，最后的因果效应作为被处理观察数据与被控制观察数据之差的平均值来计算。正如尼尔森的工作十分漂亮地证明的那样，大样本分析给我们提供了更大的对匹配质量的信心，以及可以从这些分析中产生的推论。

正如上文所呈现的，嵌套分析的类似物在下面这个意义上实际上是十分直截了当的：模型构建小样本分析应当帮助识别相关的处理变量和匹配变量，而模型测试小样本分析涉及选择产生最大处理效应的匹配对。在这个意义上，学者们假设不同的原因或案例特征构造的结果，用异质处理效应来评估一个匹配模型是相对比较直截了当的。

从怀疑的视角看（这不是一个我十分提倡的视角，而只是承认因果识别的革命反复灌输了极端怀疑者的骨干），匹配法并不完全致力于对可忽略性的关切。不管你对一个匹配良好的比较历史分析中的处理分派有什么怀疑，都会转到匹配数据的分析，但在后者那里，你可以预期，大样本将会消除仅仅少量案例所具有的任何特征，并以更大样本的效果计算获得外部有效性。另一方面，匹配的质量，尤其是对那些没有观察到的特征，在大样本中可能下降，具体匹配的质量在大样本分析中往往会被掩盖。我再一次认为，把匹配法与小样本分析整合对学者们来说是一条非常有前途的未来通衢，预见人们将会提出的某些关切相对比较容易。

要解决可忽略性关切，更有力的策略明显是真正的自然实验和田野实验。再一次，我把前者与比较历史分析方法中那些可以描述为类似自然实验的实例区分开来，在这些实例中，比较历史分析学者往往从一个匹配过程向后追溯，并认为这些案例在如此多的维度上如此相似，以至于处理分派上的差别必定是随机的，而且，他们可能走得更远，以至于证明：为什么相信因果变量得分的关键差别并非事先决定是貌似合理的？这可能是一个有吸引力的策略，但它最终要求我们做出一个很强的假设，甚至是一次信仰的飞跃！

相比之下，今天人们通常理解的自然实验是一个学者识别一组自然发生或完全任意的、近似随机分派的环境和条件的实例。例如，如果选举投票率被理论化为统治结果的一个原因，而降雨量对选民参加投票有着重要影响，那么，我们或许能够比较不同地区降雨引发的投票率对统治结果的影响，在这样一个假设下:在同一个气候带,一个特定日子的降雨量或多或少是一个随机发生的现象,而不是另外一些可能与其他相关重要变量有关的因素所造成。在这样的分析中,不是要寻找"果之因"——所有解释统治结果变化的因素,相反,我们更多地聚焦"因之果",也就是说,不同水平的投票率对统治质量的平均处理效应。[1] 沿着这些路线,一个学术研究的小规模家庭手工业围绕印度的格拉姆潘查亚特(Gram Panchayat,村民委员会)领导权分配效应的分析而发展起来(Chattopadhyay and Duflo, 2004; Dunning and Nilekani, 2013, etc),印度政府批准了随机轮转的规则,强制把领导位置保留给先前代表名额不足的社会类别。通过大样本分析,相对那些尚没有服从这些配额或保留的分配的控制案例,学者们评估了这些保留的效应,并根据平均处理效应得出推论。只要我们相信,分配的确是随机的,也就是说,执行过程中没有以某种方式操纵,我们就可以对担心违反我们的可忽略性假设的关切大打折扣。

这种自然实验与"真"实验之间的标志性差别是,在后者那里,研究者随机地决定处理和分配。从研究设计的视角看,这让研究者有更多的控制权,但这或许并不可行,如果我们能从自然发生的现象中得出推论,外部有效性就可能更强。

那么,对于比较历史分析方法和混合方法研究,这里面有什么相关性呢?对处理变量效应的深度比较历史解读应当被用作一个理论化之源,走向自然实验与标准实验更好的设计和执行。例如,在上文描述的实例中,你会想要利用让女性或弱势群体进入(大概是非随机的)政治官职的历史实例,在形成关于随机轮转效应的强假说前勾画出最有可能的效应。反过来,如果你从那些在小样本分析中起初并不明显的实验分析中识别效应,你就会想翻阅一下历史记录,看看(1)实验发现实际上是不是揭示了先前遗漏了的对历史的理解,(2)记录中是不是存在这样的关系,而且,学者们应当试着弄清楚,这是否只是错配的产物,或者,实验发现是否需要重新思考。

强调下面这一点也很重要:比较历史分析方法的核心能力就是语境。很

---

1 关于因之果和果之因的讨论,参见 Mahoney and Goertz(2006)。

多实验研究的核心弱点就是缺乏语境。政治学中太多基于田野的实验试图检验关于重要态度和行为的决定因素的“普遍”命题，而不大在乎制度和语境如何可能构建认知和行为。例如，当学者们试图复制不同国家的发现时，他们很有可能发现处理效应上的重要差别。在这个方面，比较历史分析或许能够有点作用地事先显示个人可能如何回应各种不同的暗示和动机。反过来，这样的研究应当对比较历史分析的发现提供重要检验。

让我给出一个假设的例证：发展领域有大量实验研究，探寻不同类型的现金转移支付对个体行为的影响，比如储蓄和投资（例如，Rawlings and Rubio，2005）。就大部分而言，这些研究至少是以这样一种方式写成的：它们没有提供多少关于进行实验的地方发展的政治史的语境。不难想象，在不同的国家，政府和捐助者提供津贴的历史先例可能存在实质性的变化，以至于实践意义和政治含意在不同语境中以广泛不同的方式产生回响。即使是为了形成关于不同处理效应的命题，你也需要充分掌握历史记录，能够敏感地认识到一项处理可能存在的不同含义。到目前为止，很少有人进行这样的研究，但我认为，这必须成为比较历史分析方法和实验方法现行议程的组成部分。

最后，大概也是最重要的，我们识别令人信服的自然实验，为田野实验发展有意义的实验规程的能力几乎肯定需要从比较的视角对一个国家的社会史、政治史和经济史有着坚实的、以理论为指导的理解。对一个很小的关键案例集进行聚焦结构的归纳分析，反复移动于这些分析之间，尝试着在一个实验场景中测试一个理论的特定含义，这个过程让我突然想到一个令人兴奋的命题，可以对政治实际上如何运转提供更好的解释，其方式将让来自各个不同角落的怀疑者消除疑虑。

结论和接下来的步骤

当然，摩尔（1966）和斯科斯波尔（1979）开创性的比较历史分析工作因为其创造力和洞察力而理应得到恰当的承认。正如别的地方已经详细讨论的，这样的研究应用了先前大多数宏观研究所缺乏的逻辑推理框架。然而，他们的贡献并没有使用这里讨论的任何策略,这可能意味着,这种方法论的进步——不妨用我们熟悉的词汇——对于产生比较研究的重要学术成果来说既不是必要的,也不是充分的。

但几十年后,自《独裁与民主的社会起源》出版以来差不多过去了半个世纪,我们发现自己正面对一些令人兴奋的新的可能性,可以进行这样的研究,它帮助我们既理解一般模式,也理解那些揭示特定重要案例的解释。只要反思一下刚刚过去的十年,你就可以发现,基于互联网的数据库、原始文献档案和高质量的学术研究在可用性上发生了翻天覆地的巨变。收集案例的事实,构建定性的历史事件数据库,几乎完全不同于半个世纪前在比较历史分析传统中工作的学者们可用的东西。我们可以接触选举的、社会的和经济的数据,地图、事件定位、边境和当地条件的 GIS(地理信息系统)数据,可文本搜索的报纸档案,以及范围广泛的其他档案,这样的能力提供了截然不同的领域,可以对原始的和二手的材料进行定性和定量分析。现代工具继续为技能互补的学者们互相合作提供便利。尽管让巨大数据宝藏的可用性指导研究问题的选择可能颇有诱惑力,但这样的做法有点类似谚语中所说的"尾巴摇狗"。相反,应当利用这样的机会来执行比较历史分析语境中经常发起的那种"大"研究议程。

在本文中,我把讨论局限于图 9.1 中的研究空间的右侧,也就是说,局限于宏观层面的研究,这正是比较历史分析的核心。毫无疑问,很多学者(例如,Campbell,2003)已经成功地把宏观历史研究与调查研究结合起来,特别是在美国政治发展的语境中。卡瓦耶(Cavaille,2014)提供了再分配政治和政策研究的一个前景喜人的例证,凸显了宏观结果严重依赖政治体内部的态度和性情气质,反之亦然。架通宏观与微观是社会科学的核心挑战之一,我并不是声称要在这些结论性的句子中提供一个解决办法。但我认为,潜在地有价值的和实际的策略可能是更加深思熟虑地把比较历史分析与观察工作及实验调查工作结合起来——同时在精英阶层和普通公民这两个层面上。

尽管社会科学家将继续提一些个体层面的问题,涉及家庭行为、个人投票的意向、加入战争的倾向、特定社会政策的后果,以及诸如此类,但我们还是需要把那些发现与宏观层面的问题关联起来,它们涉及政策制定的模式,为什么有些政党或候选人赢得了选举，为什么发生战争。在一项经过整合的混合方法研究设计中使用比较历史分析方法让我想到了一个颇有前途的策略，可以用来执行这些重要的研究议程。

参考资料

Achen, Christopher H.. 1982. *Interpreting and Using Regression*. Beverly Hills, CA: Sage Publications.

Campbell, Andrea Louise. 2003. *How Policies Make Citizens: Senior Political Activism and the American Welfare State*. Princeton, NJ: Princeton University Press.

Cavaille, Charlotte. 2014. "Demand for Redistribution in the Age of Inequality." Unpublished PhD thesis, Department of Government and Social Policy, Harvard University, Cambridge, MA.

Chattopadhyay, Raghabendra and Esther Duflo. 2004. "Women as Policy Makers: Evidence from a Randomized Policy Experiment in India." *Econometrica* 72(5): 1409—1443.

Collier, David, Henry E. Brady and Jason Seawright. 2004. "Sources of Leverage in Causal Inference: Toward an Alternative View of Methodology." In *Rethinking Social Inquiry: Diverse Tools, Shared Standards*, edited by H. E. Brady and D. Collier. Berkeley, CA: Rowman & Littlefield and Berkeley Public Policy Press.

Collier, Ruth B. and David Collier. 1991. *Shaping the Political Arena*. Princeton, NJ: Princeton University Press.

Dunning, Thad. 2008. *Crude Democracy: Natural Resource Wealth and Political Regimes*. Cambridge: Cambridge University Press.

Dunning, Thad. 2010. "Design - Based Inference: Beyond the Pitfalls of Regression Analysis?" In *Rethinking Social Inquiry: Diverse Tools, Shared Standards*, 2nd ed., edited by H. E. Brady and D. Collier, 273—311. Berkeley, CA: Rowman & Littlefield and Berkeley Public Policy Press.

Dunning, Thad. 2012. *Natural Experiments in the Social Sciences: A Design - Based Approach*. New York: Cambridge University Press.

Dunning, Thad and Janhavi Nilekani. 2013. "Ethnic Quotas and Political Mobilization: Caste, Parties, and Distribution in Indian Village Councils." *American Political Science Review* 107(1): 35—56.

Falleti, Tulia G. and Julia F. Lynch. 2009. "Context and Causal Mechanisms in Political Analysis." *Comparative Political Studies* 42(9):1143—1166.

Gerring, John. 2001. *Social Science Methodology: A Criterial Framework*. Cambridge: Cambridge University Press.

Gerring, John. 2004. "What Is a Case Study and What Is It Good For?" *American Political Science Review* 8(2):341—354.

Gerring, John. 2011. "How Good Is Good Enough? A Multidimensional, Best-Possible Standard for Research Design." *Political Research Quarterly* 64(3):625—636.

Glynn, Adam and Nahomi Ichino. 2014. "Using Qualitative Information to Improve Causal Inference." *American Journal of Political Science*. doi:10.1111/ajps.12154.

Hall, Peter. 1986. *Governing the Economy: The Politics of State Intervention in Britain and France* . New York: Oxford University Press.

Hall, Peter. 2003. "Aligning Ontology and Methodology in Comparative Politics." In *Comparative Historical Analysis in the Social Sciences*, edited by James Mahoney and Dietrich Rueschemeyer, chap. 11 . Cambridge: Cambridge University Press.

Holland, Paul W.. 1986. "Statistics and Causal Inference." *Journal of the American statistical Association* 81(396):945—960.

Holland, Paul W. and Donald B. Rubin. 1988. "Causal Inference in Retrospective Studies." *Evaluation Review* 12(3):203—231.

Imai, Kosuke and David A. Van Dyk. 2004 . "Causal Inference with General Treatment Regimes." *Journal of the American Statistical Association* 99(467):854—866.

Kauffman, Craig. 2012. "More Than the Sum of the Parts: Nested Analysis in Action." *Qualitative and Multi-method Research* 10(2):26—30.

King, Gary, Robert Keohane and Sidney Verba. 1994. *Designing Social Inquiry: Scientific Inference in Qualitative Research*. Princeton, NJ: Princeton University Press.

Lieberman, Evan. 2001. "Causal Inference in Historical Institutional Analysis: A Specification of Periodization Strategies." *Comparative Political Studies* 34 (9): 1011—1035.

Lieberman, Evan. 2005. "Nested Analysis as a Mixed-Method Strategy for Comparative Research." *American Political Science Review* 99(3):435—452.

Lieberman, Evan. 2010. "Bridging the Qualitative-Quantitative Divide: Best Practices in the Development of Historically Oriented Replication Databases." *Annual Review of*

Political Science 13:37—59.

Lijphart, Arend. 1971. "Comparative Politics and the Comparative Method." *American Political Science Review* 65(3):682—693.

Lustick, I. S.. 1996. "History, Historiography, and Political Science: Multiple Historical Records and the Problem of Selection Bias." *American Political Science Review* 90(3): 605—618.

Mahoney, James. 1999. "Nominal, Ordinal and Narrative Appraisal in Macrocausal Analysis." *American Journal of Sociology* 104(4):1154—1196.

Mahoney, James. 2010. *Colonialism and Postcolonial Development: Spanish America in Comparative Perspective*. Cambridge: Cambridge University Press.

Mahoney, James and Gary Goertz. 2006. "A Tale of Two Cultures: Contrasting Quantitative and Qualitative Research." *Political Analysis* 14(3):227—249.

Mahoney, James and Dietrich Rueschemeyer, eds. 2003. *Comparative Historical Analysis in the Social Sciences*. Cambridge: Cambridge University Press.

Moore, Barrington. 1966. *Social Origins of Dictatorship and Democracy: Lord and Peasant in the Making of the Modern World*. Boston: Beacon Press.

Nielsen, Richard. 2014. "Case Selection via Matching." *Sociological Methods and Research*. doi:10.1177/0049124114547054.

Pierson, Paul. 2000. "Increasing Returns, Path Dependence, and the Study of Politics." *American Political Science Review* 94(2):251—267.

Rawlings, Laura. B. and Gloria M. Rubio. 2005. "Evaluating the Impact of Conditional Cash Transfer Programs." *World Bank Research Observer* 20(1):29—56.

Rohlfing, Ingo. 2008. "What You See and What You Get: Pitfalls and Principles of Nested Analysis in Comparative Research." *Comparative Political Studies* 41(11):1492—1514.

Schneider, Carsten Q. and Ingo Rohlfing. 2013. "Combining QCA and Process Tracing in Set-Theoretic Multi-Method Research." *Sociological Methods and Research* 42(4): 559—597.

Skocpol, Theda. 1979. *States and Social Revolutions: A Comparative Analysis of France, Russia, and China*. Cambridge: Cambridge University Press.

Verghese, Ajay. 2012. "Multi-Method Fieldwork in Practice: Colonial Legacies and Ethnic Conflict in India." *Qualitative and Multi-Method Research* 10(2):41—44.

后记
比较历史分析方法：过去，现在，未来

沃尔夫冈·斯特雷克

据马汉尼和鲁施迈耶(2003)所说，比较历史分析方法寻求“有历史根据的对大规模的和实质上很重要的结果的解释”(4)。它的目标是“识别产生重大结果的因果构造”(11)，明确关注“历史序列”，同时“严肃对待与时俱进的过程展开”(12)，并依靠“对相似案例和对照案例进行系统的、语境化的比较”(13)。同样，在本书的导论中，瑟伦和马汉尼把比较历史分析的特征描述为“聚焦宏观构造解释”“聚焦问题驱动型的基于案例的研究”，以及“致力于时间导向的分析”。

在本文中，我将着手把比较历史分析置于社会科学史的语境中，显示它来自何处、不来自何处，它有什么——如果有的话——新的或独一无二的东西，以及它在哪些方面不同于或类似古典研究传统。我的目标是通过与历史上的和当代的类似却不同的方法进行比较，从而厘清构成今天比较历史分析的基础的某些基础性假设。我的核心主张是，比较历史分析依靠一个特定的社会世界本体论，它从历史上讲是新的，在特征上不同于那些构成其他相关的社会科学研究和理论的模型的基础的本体论。

首先，比较历史分析假设，现实世界(“社会”)中有一些大的(“宏观的”)社会结构——可以归为“案例”的不同种类或家族——在某些方面相似，而在另一些方面不同。比较历史分析案例家族的实例是民族国家，超国家或亚国家的地区，地方社群，部门或国际体制，地方或国家经济，以及制度化的宗教、文化和价值系统。案例被视为服从一个历史动态，而不是一劳永逸地被固定，它们随着时间的推移而不断改变。此外，案例之间的某些差别，包括跨区的和历时的，被认为是*根本性的*：它们被认为在某些方面关乎重大，这些方面重要到足以证明，不仅在理解它们的当前后果上，而且在理解它们的起源上做出系统化的努力是有道理的。

在比较历史分析中，可比较社会结构之间，或者这些结构所产生的事件、行为和倾向之间的当前差别被认为是*过去历史中*可识别的事件或条件所导致的，其年代足够久远，并从原因上用它们来解释的那些结果不是同时代的。案例之间的差别被设想为一些共同的，却是可变的属性上的差值，借助时间上向后观察到的相同案例之间的其他差别来解释——借助过去的其他"变量"的差值，或者借助协变量的历史差别。而且，用来解释当前条件的历史原因——解释为什么某些条件在某些案例中找到了，而在另外一些案例中却没有找到——被认为是视情况而定的：它们碰巧出现在它们导致这些差别的时候，而今天正是借助它们来解释这些差别的时候，但它们不存在也无妨——它们在哪个案例中产生这些结果没有被具体化。那些被比较历史分析归因于过去原因的当前差别可能是*根本性的*，也就是说，它们不是*必要性的*：假如用来解释它们的那些过去的差别并不存在——很可能不存在，当前的差别就不会出现。此外，比较历史分析并不把当前差别和过去差别解释为源自一个共同的原因，特别是源自一个基础性的*历史发展*的一般逻辑。解释当前差别的过去的因果条件被设想为外生性的，而不是内生性地预先决定的。*差别作为一个当前事实*，是在一个*与过去的可能性类似的*背景上看到的，依情况而定地受制于可指明的原因，这些原因可以通过比较因果分析来识别。

最后，比较历史分析假设，过去的原因对当前差别负有责任，其力量强大到足以产生有历史意义的影响，这一影响是持久的、强健的和定义身份的。结果的差别被定义为"大规模的和实质上很重要的"，被归因于过去的影响，通过排除朝着类似方向发挥作用的其他影响，或者使之归于无效，这些影响强大到足以约束一个社会未来的路径。总而言之，比较历史分析关注的是社会实体之间相对稳定的、持久的、非巧合的差别，其起源在时间上足够遥远，以至于需要通过系统的历史研究来揭示。[1]

依情况而定的差别:比较历史分析的本体论

接下来,我将详细说明比较历史分析的性质,通过把它和一些更早的、相关的却有所不同的研究"大规模的和实质上很重要的结果"的方法进行比较,尝试着把它定位于经验主义社会调查的相关传统的语境中。我认为,社会实体之间的稳定差别——由过去历史上依情况而定的事件所产生,无视类别上的相似性——这个观念在历史上是新的,因为它需要丢弃一些更早的概念,这些概念要么在理论上是不可知论的——至少关于社会结构是如此,要么与一个实质性的理论、哲学或历史所告知的情况刚好相反。事实上,比较历史分析本身可以被视为一个经得起因果解释的历史现象:作为一个历史上具体的、20世纪的、非目的论的看待世界的方式,它丢弃了更早的关于预先决定的进化发展或"进步"的概念。

为了把比较历史分析置于社会史学术研究的传统中,我首先要指出它在哪些方面不同于以事件为中心的经验主义史学,也就是世俗历史写作的发明者、希腊将军和研究伯罗奔尼撒战争(the Peloponnesian War)的历史学家修昔底德(Thucydides,约前460年至约前395年)已经开创性地代表的那种史学。我相信,他关于社会世界的本体论和方法到今天依然是最重要的史学模型,像其他任何历史学家的模型一样,可以用来把作为一种社会科学类型的比较历史分析与现代历史学术研究区分开来。接下来,我将审视我们今天所说的政策分析的奠基者尼科洛·马基雅维利(Niccolò Machiavelli)的工作。我认为,在某些地方,马基雅维利不是一个按照修昔底德的模子打造出来的历史学家——就他的一部分重要工作而言,他是这样的历史学家:这个时候,他的目标是从政治经历中提取一种受历史启发的人类行为学,告诉政治统治者如何用权力来保住权力。这不需要通过系统的历史比较对社会结构给出

1 在比较历史分析中,时间是一个核心概念,但它是在因果效应长期运转和持续的意义上,而不是在进化或发展的时间(等同于一个社会的年代)的意义上。参见Streeck(2010)。关于被用作一个因果机制的时间及时间中的序列,有一个突出的实例,参见本书第5章皮尔森对路径依赖与权力的讨论。

因果解释,也没有给这样的解释留出空间。从这里,我接下来转到中世纪阿拉伯学者伊本·赫勒敦(Ibn Khaldun),按理说可以认为他是最早的社会学家之一,因为他对实质上的社会变革理论感兴趣。然而,尽管伊本·赫勒敦站在一个强有力的社会理论传统的开端,这一理论把社会构想为服从于周期性的变革,但这一传统并不是比较历史分析的传统。而且,正如我在本节末尾所显示的,比较历史分析也并不源自历史哲学的另一个目的论的或线性的变种,尤其是卡尔·马克思(Karl Marx)的历史唯物主义(一个简化的解读)和马克思主义传统所体现的那种历史哲学。

现在,我来描述比较历史分析的特征,先从描述——不可避免地程式化——它之前的4个传统着手,显示它关注什么、试图提供什么、渴望成为哪种理论以及追求什么样的因果关系的概念。特别是,我认为,比较历史分析是不同的,因为它所关注的是结构而非行动(换句话说,把宏观视角与微观视角区别开来),是理论而非策略(或人类行为学),是解释具体的案例而非解释普遍的历史规律,是社会的依情况而定的属性而非必然属性。

结构,而非行动

正如修昔底德最早例示的,科学经验主义史学典型地对于借助比较证据来解释当前社会之间的差别不感兴趣,这样的证据是基于过去的条件,它们构成了社会变革的长期结构性约束和机会。它的世界由行动构成——审慎的或愚蠢的,经过算计的或情绪化的,有利的或有害的,幸运的或倒霉的。结果——尽管可能是"大的"和"重要的"结果——就像产生结果的行动一样独一无二,有意也好,无意也罢。因此,修昔底德所呈现的是雅典输掉伯罗奔尼撒战争(前431年至404年)及其帝国所导致的一连串决策和事件链的专题重构(Thucydides,1998)。他不关心解释雅典和斯巴达的社会结构之间的差别及可能产生这些差别的过去的条件或事件,也不关心借助比较确立主宰帝国兴衰的一般原则。结构,要么作为解释,要么作为待解释的事物,对他的世界并不重要。[1] 对他来说,塑造历史的是人的本性和人的行为——个人的技能

---

1 尽管它们后来被一些更富于思考的观察者所援引,比如柏拉图在试图对诸如希腊城邦这样的政治共同体的兴衰进行一般化时。

和好运。雅典最终被打败归根到底是由于其领导人糟糕的态度和运气不佳的选择；没有结构性的条件强大到足以保护和约束他们，也不存在任何一般的历史“规律”或神的干预青睐他们的敌人。

理论，而非策略

常有人说，区别于历史写作的现代政治学始于佛罗伦萨政治家和作家马基雅维利。就他的部分工作而言，马基雅维利是一个经验主义的世俗历史学家，符合修昔底德的模型。[1] 在他的《佛罗伦萨史》[*Florentine Histories*，1988(1525)]中，马基雅维利讲述了从中世纪早期到他自己的那个时代的一系列事件，这些事件对佛罗伦萨成为当时的欧洲政治“强国”做出了贡献，也对它没能实现像古代罗马一样的伟大负有责任。这本书聚焦佛罗伦萨的主要家族和平民百姓的意图、决策及行动。其故事的核心是这样一些概念：比如品德（virtù，作为领袖人物的个人的政治技能）、运气（fortuna，他们的好运以及不可预测的重大事件的发生），雄心（ambizione，人的自我主义和骄傲），紧迫性（necessità，紧急状况），以及时机（occasione，一个机会窗口，一个被技艺高超的领导人所认识和利用的吉利时刻）（Schröder，2004）。

马基雅维利对策略，特别是政治策略的关注，在他的另外一些更通俗的著作中甚至更加关乎当前。其中最著名的《君主论》[*The Prince*，1976(1514)]利用一些来自马基雅维利时代完全不为人知的世界史的例证来回答一些诸如此类的问题：怎样最好地控制一座被征服的城市，怎样从下属那里得到真实的信息，“怎么避开奉承者”（第十八章），以及“一个人应该避免被人鄙视和仇恨”（第十九章）。政治的审慎规则被视为普遍有效，对所罗门国王和对洛伦佐·德·美第奇（Lorenzo il Magnifico）是一样的，允许在诸如军事技术这样的事情上有所改变。政治，即公共权力的使用和捍卫，始终遵循同样的原则。这就是为什么实际的建议可以建立在过去和现在一切政府的经验上，形成一个巨大的范例储备库，可以应用于同时代统治者可能遇到的任

1　除了其他人外，弗里德里希·尼采（Friedrick Nietzshe）也注意到了这一平行性：“修昔底德，大概还有马基雅维利的《君主论》，与我的相关性最为密切，因为他们表现出绝对的决心，拒绝欺骗自己，要在现实中看到理由，而不是在‘理性’中，更不是在‘道德’中”（Nietzsche，1911，114）。

何问题。不是为了因果解释的目的而进行系统的比较,马基雅维利的政策科学是要从历史能够教给政治领导人的无穷无尽的教训中抓取和选择,只要他们有能力理解他们所面对的特定问题的相关性。

特殊的,而非普遍的

早期政治学的一个最引人注目的人物是安达卢西亚穆斯林历史学家伊本·赫勒敦,他于14世纪生活在西班牙和马格利布。19世纪前,赫勒敦在西方几乎不为人知,直到如今,他卷帙浩繁的作品——用阿拉伯文写的——也只有很小一部分被翻译。伊本·赫勒敦的著作在下面这个意义上类似修昔底德的著作:他的历史叙事也是世俗的和经验主义的——人类历史仅仅由人类创造,历史学家被要求使用常识性的批评判断来区分不可能的事与可能的事,谣言与事实,神话与现实,以及猜测与你所知道的"原原本本"(wie es eigentlich gewesen[1])(Leopold von Ranke)。尤其是因为史学研究的这一科学方法,伊本·赫勒敦在西欧被19世纪的历史学家所赏识,他们在他身上看到了一个早期先驱的形象。[2]

然而,曾经对他感兴趣并继续对他感兴趣的不仅仅是历史学家。在他的作品中,你可以找到一笔惊人的财富,包含高深而复杂的理论材料,还有对种类广泛的主题的思考,包括经济增长和发展,尤其是自然进化。[3] 在这里,我们特别感兴趣的是伊本·赫勒敦的历史理论,或者说,实际上是社会变革理论,这一理论为他挣得了最早的社会学家之一的名声。在西方,最著名的是他的《历史绪论》[*Muqaddimah*,Ibn Khaldun,1967(1377)]——打算作为一部7卷本全球通史中的第一本[4],在这本书中,他提出了人类文明兴衰的周期

---

1 英语是:how things actually were。

2 关于伊本·赫勒敦,参见大英百科全书(www. britannica. com/EBchecked/topic/280788/Ibn-Khaldun)和英语维基百科(en. wikipedia. org/wiki/Ibn Khaldun)的相关条目。

3 有一个棘手的问题,参见:"动物世界随后拓宽了,它的种类变得多不胜数,而且,在一个渐进的创造过程中,它最终形成人——有能力思考和反思的人。从猴子的世界达到人的更高阶段,在这个阶段,出现了精明的判断和感知,但还没有达到实际反思和思考的阶段。在这个时间点上,我们来到(猴子世界)之后的人的第一阶段。我们的(物理)观察到此为止。"[Ibn Khaldun,1967(1377),75]

4 全部作品的标题是 *Book of Lessons*,*Record of Beginnings and Events in the History of the Arabs and Berbers and their Powerful Contemporaries*。

论。正如丹尼尔·贝尔(Daniel Bell,1976)加以通俗化(除了其他事情外)的那样,这一理论的核心概念是 asabiyyah,被译作社会凝聚力或社会团结。这一理论提出了一个周期序列,始于移民部落,在这些部落中,社会凝聚力很强,征服一片领土,他们定居其中,并成为富裕而文明的享乐主义社群,其结果是他们的社会凝聚力开始衰退。在这个节骨眼上,新的野蛮部落出现,征服他们的前辈,重新开始这个循环。伊本·赫勒敦相信,这个循环是一个普遍的循环,影响一切社会,至少,只要有尚未定居的野蛮人在他们的边界外,并渴望得到定居文化所产生的经济和文化的富裕。

尽管伊本·赫勒敦提出了一个理论,使他成为一个社会学家和历史学家,[1]但这个理论并不是一个与构成比较历史分析的基础的基本假设相兼容的理论。尽管它是为了社会之间的差别而准备的,但这些差别本质上是随着时间的推移而产生的,它们在性质上是历时的而不是跨区域的。社会可能不同,但这只是因为它们处在社会凝聚力周期的不同阶段。改变发生在一个永恒重复的模式中,这个模式持续不断地在一切社会中并被一切社会所复制。伊本·赫勒敦这种理论的目标是识破表面的差别,以便认识到相似性——处在现象底部的普遍发展规律,而这些现象事实上不过是副现象(epiphenomena)而已。事物在改变,但造成这一改变的力量却并不改变:循环始终回到方形循环。这和比较历史分析不同,在后者那里,社会之间的差别并不反映一般社会周期中的不同位置,而是根据历史上存在或不存在特定的结构、行动和事件来解释;历史不是有序的和一般的,而是依情况而定的和各种各样的,变革必须借助形式理论来解释,这样的理论缺少基于一个预定历史路线的实质性假设。

依情况而定的,而非必然的

与中世纪不同,19 世纪的社会学理论并不认为历史是静态的或循环的,而是一个多少算是线性的、不可逆的进步过程(Koselleck and Meier,1971—

---

1 或者说,无论如何,把他识别为 Historizist(历史主义者,英语是 historicist),按照卡尔·波普尔(Karl Popper)的定义就是那些相信有历史规律在历史行动者的背后发挥作用并决定他们的活动及活动结果的人。参见 Popper(1957)。

1997)。对于维多利亚时代英格兰的斯宾塞(Spencer)来说,事情就是这样,总体上对于法兰西学派——从圣西蒙(St. Simon)到孔德(Comte)再到年轻的涂尔干(Durkheim)——也是如此。[1] 通常,马克思被归入历史进步主义者和单线社会发展理论家的行列,正如——对也好,错也罢——他的人类历史是“阶级斗争的历史”这一理论往往被呈现为社会科学中机械决定论的典型案例。[2] 我不会详细地辩论这一解读,而只是提一下,在和本文主题有关的地方,你在马克思的作品中会发现,至少有3个十分有趣的非正统关键正是这个据说是正统马克思主义的奠基者提出来的。第一,在他的早期著作中,马克思一度做出区分,把英国视为经济学的国度,把法国视为政治学的老家,而德国在政治上和经济上都很弱,是哲学的祖国[Marx and Engels,1977(1844)]。然而,可以论证的是,这充其量意味着在一个新兴世界中的一条更宽阔的政治经济发展的洪流(三条小溪养育了同一条河流)中进行国际劳动分工的概念。第二,更重要的是,至少就一个国家——北美——的情况而言,马克思和恩格斯明显有一段时间忍不住修改他们单一社会统一的历史模型,这个模型是:所有社会都经历完全一样的阶段,直至它们聚集在一个全球世界体系里,先是资本主义的,然后是社会主义的。第三,20世纪围绕马克思的或多或少得到了系统发展的“亚细亚生产方式”的概念有一场高度政治性的论战,共产主义的背叛者卡尔·魏特夫(Karl Wittfogel)在20世纪50年代拿这个概念来解释俄国为什么没有民主(Wittfogel,1957)。我将在下一节回到马克思看待美国的观点,在第3节回到他的亚细亚直觉。

无论如何,尽管马克思的宏观社会学可能对解释是敞开大门的,但在20世纪上半叶出现的标准的马克思主义解释似乎没有给社会之间根本性的跨区域差异留出多少空间。这似乎源自它与下面这个观念的密切关系:历史和历史进步的普遍规律,不管是不是顷刻之间被偶发事件所修改,都将被“科学

1 涂尔干[1964(1893)]和斯宾塞[2003(1882)]都谈到“进步社会”应该和“原始社会”区分开来。从后者向前者移动被视为普遍的,遵循一个一般发展规律。这本质上和马克思以及他之前的黑格尔是一样的。

2 当然,马克思的决定论包括一幅并非连续不断地而是一阵一阵地向前推进的社会发展图景:在加速变革的时期,新的社会构造出现,接下来是各发展阶段特有的矛盾缓慢成熟的时期。然而,历史的运动尽管在这个意义上是不连续的,却是稳定向上的,对终点绝对没有任何怀疑。有一个深奥的、非正统的、对这位作者来说是高度令人信服的对马克思的解读,参见Eagleton(2011)。

社会主义”所发现,并付诸战略政治的使用。在这个解读中,历史依然在必然性的领域,不承认有严重的意外。在这里,标准的马克思主义——连同其任何其他的发展主义的或目的论的历史理论,或历史“哲学”——从根本上不同于今天的比较历史分析,后者不知历史规律为何物,并先验地让下面这样的问题悬而未决:对观察到的社会差别的哪些因果解释可能在经验调查中被揭示,这样的差别未来可能会变成什么?

令人困惑的相异性:比较的根据

至此,我已经通过识别社会科学中不同的传统,讨论了比较历史分析不是什么,试图显示它的具体内容是什么。在本节,我将重构社会之间的真正相异性这个社会学概念在19至20世纪的兴起。这预先假设了根本差别(“深差别”)与表面差别(“浅差别”)之间的区分,后者很快在历史过程中被会聚(convergence)的“客观”力量排除,正如在标准马克思主义和所谓现代化理论的简化版中那样。不像事件史学、普遍政治人类行为学和周期的或线性的一般历史理论,比较历史分析处理的是其他方面都类似的,因此是可以比较的社会之间真正的相异性,你也可以说,处理的是社会发展中的多线性(multilinearity),区别于单线性(unilinearity)。[1] 重要的是要指出,这并没有永久性地划掉会聚,尽管它不是由社会发展的一般规律所导致,而是由外生性事件所导致,而这些事件就像那些首先使得一个社会不同于其他社会的事件一样,是视情况而定的。这样的事件事实上可能是比较历史分析所熟悉的政治干预,其目标在于消除历史障碍,或改正不利的历史事件,防止一个社会在某个特定的方向上发展。正如我们将会看到的那样,理论上信息充分的政治行动将导致会聚于一个规范上可描述的社会模型,这个模型无疑会出现在

1　比较历史分析不同于19世纪所谓的历史主义[Historismus,不要和Historizismus(历史决定论)搞混了],因为它所关注的是同时并存的不同社会,而不是同一个社会历史上不同的时代。历史主义坚持每个时代的个体尊严,目标在于从整体上理解历史社会,而不是从因果上解释它们之间的差别。它还拒绝接受作为历史发展或历史进化阶段的历史时代的观念,把它们降低为后来某个“更高”状态的必要先行者。正如利奥波德·冯·兰克(Leopold von Ranke)所言,每个时代都“直通上帝(unmittelbar zu Gott)”。

你可以认为是现代化理论的一个复杂的、非机械论的、多线性的变种中。

我认为，其他方面类似的社会结构的深度相异性这个概念要求借助不同的历史来解释，首先出现在欧洲与北美新兴的新世界社会的对抗中。就连马克思有时候似乎也抱持这样一个观念：美国可能是一个不同类型的社会，而不只是资本主义发展套路的一个暂时变化。因此，在关于"原始积累"的论述中，马克思指出，在欧洲以外，在殖民地，资本主义生产方式的形成受阻于土地的可免费获得，使得潜在工人能够拒绝加入工薪劳动者的行列，而作为独立的农民养家糊口[Marx，1967(1867)，716ff.]。只是在土地使用权受到限制、来自欧洲的移民因为那里的经济困难而增加后，多少算是固定的工人阶级才开始在美国出现。然而，正如马克思所观察到的，"工资的降低和工薪工人的依赖远没有达到欧洲的正常水平"[Marx，1967(1867)，724]。

对这一点做出贡献是美国不同于欧洲的另一个方面，即现代奴隶制的引入恰好弥补了殖民语境中"自愿"工薪劳动力的供给不足。奴隶制的一个副作用是，它把劳动力分成了两个类别，不能围绕共同的利益集体组织起来，从而阻碍了一个革命的美国工人阶级的形成。正如马克思在《资本论》(*Capital*)第一卷中的名言："在美国，每一场独立的工人运动都被弄瘫痪了，只要奴隶制损毁了共和国的一个部分。在黑人被打上烙印的地方，白皮肤的劳工不可能解放自己。"[Marx，1967(1867)，284]这就是为什么在美国内战中马克思和恩格斯都是北方各州的狂热支持者的原因，这一态度被记载在"国际工人联合会致美国总统亚伯拉罕·林肯"(Address of the International Working Men's Association to Abraham Lincoln，President of the United State of America)中，是马克思在1864年林肯连任总统的场合写的。[1] 然而，尽管马克思希望奴隶制的废除给在美国组建一个革命工人党增加推动力，但他和恩格斯很快就对这个追求以及随后林肯继任者治下对重建的放弃大失

1 参见 www. marxists. org/archive/marx/iw ma/documents/1864/lincoln－letter. htm。倒数第二段是："只要工人——北方真正的政治力量——允许奴隶制玷污他们自己的共和国，只要他们在那些未经其本人同意而被占有和买卖的黑人面前自夸：出售自己和选择主人是白皮肤劳工的最高特权，他们就无法实现真正的劳动自由，也无法支援他们的欧洲兄弟争取解放的斗争；但是，这个进步的障碍已被内战的血海扫除殆尽。"(另见 Marx and Engels，1971，279－281)。

所望。[1] 尽管他们担心美国的革命进步比预期花的时间更长,但他们终于让自己相信,美国社会最终也会落入资本主义发展产生其社会主义的反对党和对立面这个单线性一般模式,或称“规律”。

对欧洲与某国之间的鲜明对比深感困惑的不只是马克思和恩格斯。在这方面,另一个主要人物当然是亚历西斯·德·托克维尔(Alexis de Tocqueville),他的主题明显不是资本主义,而是民主。尽管托克维尔对他那个时代的新世界多么不同于欧洲给出了最详细的报道,持续不断地强调这种差别的深度,但最后,他似乎还是走到了会聚的一边——虽说是在他论述美国的欧洲案例中。[2] 还有第三个实例——观察到欧洲与美国之间乍一看完全是根本性的而事实上只是暂时性的差别——是维尔纳·桑巴特(Werner Sombart)的《美国为什么没有社会主义》[*Why There Is No Socialism in the United States*,Sombart 1976(1906)],这是一份精细的报告,论述了欧洲社会与美国社会之间历史的和现在的差异,最后预言了完全一样的结果,尽管有着不同的历史结构。[3] 在桑巴特看来,与托克维尔不同,但与马克思不谋而合的是美国追赶欧洲,而不是相反。[4]

我认为,要容纳社会之间深刻的、定义身份的、长期持续的差别,最明确的概念框架是马克斯·韦伯(Max Weber)提出来的,这个框架将让他成为比较历史分析真正的奠基人,不管他还创立了别的什么。权威经典是韦伯对欧

1　关于马克思看待美国内战的观点,参见 Blackburn(2011)。马克思和恩格斯论述这个主题——包括两个人之间的通信——是在 Marx and Engels(1971)中。

2　欧洲通过更多地了解美国来学习美国,并在这个过程中适应从比较中得出的教训。“法兰西共和国的法律可以不同于,而且在很多情况下也应该不同于美国盛行的法律。但美国各州的宪法所依据的原则——秩序的原则、权力的平衡、真正的自由,以及对法律真诚而深刻的尊重——对所有共和国都是不可或缺的,对所有共和国都应该是共同的,而且可以有把握地预言:凡是找不到这些原则的地方,共和国很快就会不复存在”[Tocqueville,1988(1835—1840),xiv]。

3　提出的问题是“现代社会运动中是否存在走向统一的趋势,或者我们是否必须处理在不同国家采取不同形式的运动? ……欧洲和美国未来的社会结构究竟是相同还是不同?”[Sombart,1976(1906),24]

4　在有点令人吃惊地仔细列举了美国与欧洲的社会及其结果的根本差别后,这本书最后得出结论:“迄今为止阻止社会主义在美国发展的所有因素都将消失,或者转向反面,带来这样一个结果:在接下来的一代,社会主义在美国很有可能经历其吸引力的最大扩张”[Sombart,1976(1906),119]。或许,桑巴特的基础性宏大理论——从早期资本主义到发达资本主义再到晚期资本主义的普遍历史进化的理论——在这一点上战胜了他。

洲文化和社会的独特性所做的解释，特别是欧洲成为现代理性资本主义滋生地的能力。结合经济史与文化社会学，尤其是宗教社会学，韦伯的《认知旨趣》(*Erkenntnisinteresse*)旨在理解社会的起源，而他把自己视为这个社会的"一个产物"。[1] 韦伯认为，这个社会和它所产生的经济制度在人类历史进程中出现的另外几个可比较的文明当中是例外的，后者没能产生韦伯时代着手征服全世界的资本主义的奇特变种。[2]

为了理解现代资本主义为什么出现在西欧而不是别的地方，韦伯寻找了过去——包括非常遥远的过去——的一个事件，这个事件必须像它的结果一样独一无二，并因此可以解释它，假如两者之间的关联可以貌似有理地重构的话。韦伯构想出的那个十分有名的理论暗示了一条很长的因果线，始于古代的犹太教，特别是犹太预言，并继续通过它对基督教产生影响，尤其是中世纪晚期的新教。韦伯在新教的世界观中看到了类似犹太先知的历史再现的那种东西。据韦伯说，这个世界观是一个"理性的"世界观，它反对先知们与之竞争的早期巴勒斯坦祭司所践行的各种巫术。[3] 先知们对祭司们的这次胜利——从历史上看是依情况而定的——把一个从根本上是理性主义的世界概念永远固定在犹太教的文化和后来的基督教中，韦伯把这一概念视为西方文明的核心。韦伯所说的对现代资本主义祛魅(Entzauberung der Welt)是在韦伯的《经济通史》(*General Economic History*)中一个著名段落中提出的：

> 犹太教……就它对基督教传输后者对巫术的敌意而言，对现代理性资本主义有着显著的意义。除了犹太教和基督教以及两三个东方教派(其中一个在日本)外，其他任何宗教都不带有明显敌视巫术的特征。这一敌意大概是通过环境而产生的，以色列人在迦南发现，那正是农业神巴力的巫术，而耶和华是火山、地震和瘟疫之神。双方神职人员之间的

1 "现代欧洲文明的一个产物——研究世界历史的任何问题——注定要自问，下面这个事实究竟该归因于什么样的环境组合：在欧洲文明中，而且只有在欧洲文明中，出现的文化现象与具有普遍意义和价值的发展在一条线上"。[Weber，1984(1904/1905)，13]

2 在《宗教社会学论文集》(*Gesammelte Aufsätze zur Religionssoziologie*)中，韦伯特别论述中国的儒教和道教及印度教和佛教。这部作品未完成。

3 关于预言，参见《经济与社会》[*Economy and Society*，Weber，1979(1922)，439－468]，特别是题为"先知启示的性质：作为一个有意义的整体的世界"，第450页及之后。

> 敌对,以及耶和华的牧师的胜利,让巴力神的祭司们的繁殖巫术名誉扫地,并给它打上了堕落和无神性的耻辱标记。自犹太教使得基督教成为可能并让它具有了一个根本上摆脱了巫术的宗教特征后,它就提供了一项从经济史的观点看很重要的服务。因为巫术在基督教盛行的范围外所占据的优势是经济生活理性化最严重的障碍之一。巫术涉及科学技术和经济关系的模式化。[Weber,2003(1927),360ff.][1]

用当代技术语言说,韦伯这里所做的是把欧洲的文化,连同作为其主要流出物的现代资本主义,与其他文化,即属于同一本体论类别的其他"历史个体",相比较。为了解释为什么这个类别中的一个案例在某个特定"变量"(即理性资本主义的存在与不存在相对)上不同于其他案例,韦伯为它的历史搜寻那些具体化在社会结构中的事件,这些事件把要解释的案例与其他的可比较案例(并在这个意义上与结果或称"因变量"共变)区别开来。回看历史记录,韦伯随后在西方文明的文化史中发现了一个关键节点,或许能够解释观察到的"变化"。他发现的是古代犹太人对巫术的根除和理性的(entzaubert)世界概念的制度化,韦伯认为,这让西方文明走上了一条分离之路:一旦确立了理性的一神论,它就变成了自我再生产的,因为恢复巫术变得在社会上代价高昂,在形而上学上风险太大。

在韦伯的《宗教社会学》(*Religionssoziologie*)中,"他者"是东方——一个遥远的世界,缺少那种让欧洲变得特殊的理性主义和内在世界的苦行主义。尽管韦伯远非抱持一种确定性的资本主义现代化理论,在这一理论中,整个世界最终会变得"像我们一样",但他似乎认为存在这样一种可能性:西方资本主义或许有朝一日成为一种全球经济秩序。[2] 因此,在韦伯的社会世界观中,其他的文化不需要经历古代犹太人和早期现代新教给予西方的同样的宗教体验和同样的文化理性化。韦伯所看到的当代资本主义赖以生存并潜在地发散的那个机制是"铁笼"机制,正如"新教伦理"在最后几个段落中所描述

1　《经济通史》是1927年的英译本,原书是1923年作者身后出版的《世界社会及经济史大纲》(*Abriß der universalen Sozial-und Wirtschaftsgeschichte*),是一本手稿和讲课笔记的汇编。

2　参见他在《宗教社会学论文集》导言第一句中提到的,欧洲"文化现象"潜在地具有"普遍的意义和价值"。

的:一旦牢固地确立,资本主义就不再需要它的"精神"来进行复制和扩张,因为服从它的命令就会成为一个理性适应客观限制的问题。[1]

那么,不像马克思,或他通常被解读的方式,历史上获得的社会之间的差别最终会消失在韦伯看来并非不可避免,但也并非不可能。如果把这一点应用于像亚洲那样遥远的社会,那它对于资本主义内部的差别就更加为真了。显然,在其生命的尽头,韦伯依然希望看到正在欧洲蔓延的官僚统治(Herrschaft der Bürokratie)可以——承蒙桑巴特好意——停止降临北美,从而让韦伯所认为的这个资产阶级个人主义和自由的最后堡垒幸免于毁灭,尽管他看到正在全世界运转的强大压力想让资本主义理性化转变成官僚主义理性化。[2] 据奥夫(2006)所说,正是在美国,韦伯寻找,多半是绝望地寻找——用奥夫的话说——"逃离铁笼之路"(43),尽管他似乎认为,它们的持续可用性取决于开放边疆的进一步存在(参见 Offe,2006,57)。[3] 有趣的是,在马克思看来,开放边疆对资本主义的发展是一个妨碍,而在韦伯看来,它阻挡了后资本主义时期的官僚化和桑巴特的资本主义向社会主义转变——只要它持续下去。

了解你的敌人:从德国到苏联

比较历史分析作为一种学院学术的追求,一种摆脱了历史决定论和目的论的经验分析宏观社会学的兴起,始于 20 世纪 30 年代和 20 世纪 40 年代韦伯在美国的深受欢迎。一个重要的贡献是 1933 年后的欧洲,特别是德国,社会科学向北美转移。欧洲的马克思主义者和韦伯主义者在那里遭遇了美国

1 "清教徒想要在一个行当工作,我们被迫这样做……自从苦行主义着手改造世界并在这个世界实现它的理想以来,物质利益便获得了日益增长的、不可阻挡的力量,控制着人们的生活,历史上之前任何时期从未有过这样的力量。今天,宗教苦行主义的精神……逃离了[现代经济秩序的铁]笼。但胜利的资本主义由于依赖机械基础而不再需要这种精神支持。"[Weber,1984(1904/1905),181ff.]

2 在这个意义上,韦伯可以被视为资本主义多样性视角的先驱。然而差别在于,鉴于韦伯可能预期地方与地区资本主义之间持久的多样性,他可能把这些归因于社会结构的和文化的历史因素,而不是归因于在不同却相等的效率模式之间做出的战略选择。参见 Hall and Soskice(2001)。

3 奥夫的书是对欧洲的美国化和美国的欧洲化——正如三个探访美国的欧洲人托克维尔、韦伯和阿多诺(Adorno)所看到的那样——这个双重主题从完全不同的规范视角的一个绝佳解释。

马克思主义传统在大清洗和苏德条约之后努力使自己与苏联共产主义正统保持距离。20世纪20年代的欧洲围绕民主、社会主义和自由主义、共产主义和法西斯主义以及一般意义上的政治和现代工业社会的前景所展开的政治争论因此被移植到了美国,在一个正在戏剧性地演变的历史语境中持续。

考虑到“极端时代”(Hobsbawm,1994)的社会和政治动荡,一点也不奇怪,美国关于现代社会的差别与相似及其历史根源的早期论证正如在马克思主义的和韦伯的传统中那样,是高度政治化的。如果说19世纪新兴的社会科学觉得有必要理解美洲和亚洲的社会,那么在20世纪30年代,观察的方向倒过来了,被视为正在提出需要科学答案的问题的社会是纳粹德国和后来的苏联:美国的两个敌国,而且,人们很快就懂得,其也是一般意义上的西方文明的两个敌国。德国——一个在科学和教育上走在前列,在其他很多方面对现代社会至关重要的国家——为什么没有民主?德国怎么可能成为法西斯主义国家?比较历史分析始于美国人对德国之谜(German enigma)的困惑,[1]并很快扩大到了苏联,以及苏联作为一个挑战美国模式的工业社会竞争性版本的生命力。

今天的比较历史分析或许被视为社会科学的一个学术派生物,起初深深嵌入政策制定中,尤其是外交政策的制定,在那里,它充当了一种先进形式的搜集和分析其他社会的情报机构。在第二次世界大战期间及冷战早期,社会科学与情报机构通力合作的场所是战略研究局(OSS,CIA的前身)的中欧部,[2]几个大型基金会,尤其是洛克菲勒基金和福特基金,以及一些精英大学里许多资金充裕的研究机构,比如哥伦比亚大学的俄国问题研究所和哈佛大学的俄国研究中心。这些机构也是数量惊人的德国移民给美国的战争努力贡献他们的理论才智和地方知识的地方,其中包括费利克斯·吉尔伯特(Felix Gilbert)、奥托·基希海默(Otto Kirchheimer)、汉斯·梅叶霍夫(Hans

---

1　这样的困惑在很多方面依然存在:不妨考量一下范围广泛的资本主义多样性的研究文献,其中,德国人是新自由主义的、非英美政治经济学的最重要实例(Hall and Soskice,2001;Streeck,2011)。还可参看另外一些作者,比如Gerschenkron[1989(1943)],Parsons(1945)和Lipset[1963(1960)],他们各自对“德国比较”研究——从美国的视角——做出了贡献。关于第二次世界大战期间的帕森斯,参见Gerhardt(1993,1996)。

2　关于战略研究局,参见R. Harris Smith(2007)和Bradley F. Smith(1983)。

Meyerhoff)、赫伯特·马尔库塞(Herbert Marcuse)和弗朗茨·诺伊曼(Franz Neumann)(Müller,2010)。后来,他们卷入了美国人关于如何对付苏联的讨论,在不同的环境中,继续他们在20世纪20年代的经常是尖酸刻薄的论战。事后看来,似乎同样引人注目的是,抱有最激进的社会主义信念的欧洲学者在何种程度上有机会进入外交政策机构——当时坐落于东海岸,特别是纽约城——和学术团体。在麦卡锡主义盛行的那些年,美国外交政策的控制权改变了,政府机构清除了有左翼倾向的自由主义专家——政策越来越多地受博弈论的影响,而不是受历史宏观社会学的影响——比较历史分析既被强迫也被允许撤退到学术界那些常常是奢侈的保护场景中,在那里转变成了一个政治上纯洁的、价值中立的方法论,与政治目的相分离,被解除了,也被剥夺了任何实际使用的要求。

这个故事中的一个关键人物是摩尔(1913—2005)是我将在下文简短介绍的现代比较历史分析的两个先驱创始人中的第一个。摩尔于1941年在耶鲁大学获得社会学博士学位,然后去了战略研究局工作,担任政策分析师。他在那里遇到了赫伯特·马尔库塞(Herbert Marcuse),后者成了他终生的朋友和合作者。1945年,当战略研究局解散时,摩尔去了芝加哥大学,1948年去了哈佛大学,两年后,他在那里加入了俄国研究中心。摩尔是一个多产的学者和教师。他在哈佛大学的学生包括佩里·安德森(Perry Anderson)、杰弗里·亚历山大(Jeffrey Alexander)、斯科斯波尔和伊曼纽尔·沃勒斯坦(Immanuel Wallerstein),他们每个人都以自己的方式对历史社会学做出了贡献,在美国社会科学当时被帕森斯的结构功能主义所主宰的环境中,摩尔在建立这种历史社会学上发挥了重要作用。1966年,摩尔出版了《独裁与民主的社会起源》,是20世纪社会学最重要的作品之一,这本书可以被视为马克思主义和韦伯主义欧洲传统典范性的战后美国综合。直到今天它依然是后来所说的比较历史分析的主要模板,其本身已经成为法典。

《独裁与民主的社会起源》一书涉及3个版本的当代社会,据作者说,它们构成了"现代世界"——资本主义加民主、法西斯主义和共产主义——还涉及产生这些社会的截然不同的历史路径。[1] 这本书开篇便是范围广泛的历史叙事,讲述了英国、法国和美国的"资本主义民主的革命起源"。接下来,在书的第二部分,调查了"亚洲通向现代世界的 3 条路线",以中国的共产主义、日本的法西斯主义和印度的民主为例证。这 6 篇叙事[2]各聚焦不同的社会阶层,比如领主和农民、自由民和工匠、资本家和工人、统治者和官僚,并聚焦不同的制度和组织,比如村庄和庄园、宫廷和城市、军队和行会,试图识别他们之间与各国走向现代性的不同结果相关联的典型构造。德国和苏联在这本书的第三部分讨论。"理论含义和计划"不是在分离的案例研究中,而是——更重要的——作为需要根据这本书的前两个部分的发现来解释的案例。

认为摩尔的理论是一种"现代化"理论似乎并无不当,尽管在一些重要方面,它不同于 20 世纪 50 年代和 20 世纪 60 年代现代化理论的主流。重要的是,摩尔为民主、法西斯主义和共产主义的兴起所提供的因果解释不是确定性的;摩尔的案例为那些被遗漏的或受压制的选项留出了足够的空间,假如选择了这些选项,它们就会让一个社会走上一条不同的道路。社会发展的"客观"趋势被构想为潜在地、实际上是连续不断地被人类行动者依情况而定的影响所修改,特别是以革命暴力的形式。冲突、暴力、革命和战争被认为对社会发展有着重大意义,这是摩尔的历史宏观社会学的另一个与众不同的特征,严格地把它与那个时代的功能主义系统理论区分开来。[3] 有一点倒是真的,这本书是关于"现代化"的,而且它的变种会聚单一的现代性——"古代西

---

1 当然,这里不打算对这本书做彻底的讨论。关于这样的讨论,可参看——除其他著作外——Dennis Smith(1983)。

2 在阅读《独裁与民主的社会起源》一书时,你会发现,现代比较分析与当代史学之间存在广泛的重叠——就后者越来越多地借助比较而言。实际上,"比较史"如今是历史研究中的一个重要支流,而且在某种程度上一直如此,它可以追溯到像奥托·欣茨(Otto Hintze)和马克·布洛赫(Marc Bloch)这样的人物。最近,它看来要融入"全球史"中,似乎即将成为一个新的学科边疆。关于历史学家如何使用比较方法,哈特穆特·凯尔伯勒(Hartmut Kaelble)在一篇论文中成功地进行了描述,可惜只有德文版可用(Kaelble,2012)。凯尔伯勒提到了一些美国"历史社会科学家"(他的术语)的工作,比如查尔斯·蒂利(Charles Tilly)、卡尔·多伊奇(Karl Deutsch)、莱茵哈德·本迪克斯(Reinhard Bendix)和摩尔,认为他们影响了比较史的写作。比较史如何不同于比较历史分析不可能在这里详细讨论,但你可以有把握地认为,比较历史分析更严格地强调因果性和因果解释,大概还有它更明显的"宏观构造导向"(Thelen and Mahoney,本书第 1 章)。

3 例如,参见摩尔的怀疑:印度向某种形式的民主和平过渡,如果没有革命对这个国家传统社会秩序的破坏,是不是能够导致进步到一个现代社会?

方对一个自由和理性的社会的梦想”(Moore,1966,508)——并没有被划掉，而是清楚地被认为是可欲的。然而，不像20世纪50年代和20世纪60年代其他那么多社会科学，你找不到任何美国必胜主义。事实上，存在于西方的那种民主在这本书中被视为不完全的，需要捍卫、修补和进一步发展，需要美国社会深刻的变革，据摩尔说，当代共产主义也需要做出一样深刻的变革。“我会极力主张下面这个观点，”摩尔写道，“西方的自由主义和共产主义(尤其是俄国版本)都开始表现出很多历史老化的症状”(508)。他继续写道：

> 它们开始把成功的学说变成意识形态来证明多种形式的压制的正当性，并加以隐瞒……自由社会的压制……如今再一次出现在针对落后地区革命运动的武装斗争中，在很大程度上是对外的。然而，用谈论自由来掩盖压制行为这个共同特征可能是最重要的特征。

一口气同时强调了批判理论、政治行动者、革命力量和历史意外的作用，摩尔最后得出结论：

> 鉴于这样的情况，诚实思考的任务是让自己与这两组偏见分离开来，怀着战胜它们的希望来揭示这两个体制中压制趋势的原因。只要强大的既得利益集团反对通向一个不那么压制的世界的变革，那么，对一个自由社会的任何承诺都不可能摒弃某种革命强制的概念。然而，那是最后的需要，政治行动中的最后手段，其在时间和地点上的合理性证明千变万化，在这里不可能试图做任何考量。

早期比较历史分析的第二个实例也诞生于20世纪上半叶围绕法西斯主义和共产主义而展开的国际意识形态战斗，这就是魏特夫的不朽著作《东方专制主义：极权的比较研究》(*Oriental Despotism*：*A Comparative Study of Total Power*，Wittfogel，1957)。这本书远不如《独裁与民主的社会起源》那么著名和被人欣赏，但这很可能是因为它的政治，而不是因为它缺少学术价值。尽管魏特夫的知名度尚不足以被算作比较历史分析的官方奠基人之一，但他的作品，连同其严格多线性的社会发展概念，以几乎纯净的形式代表了这一方法的异端和逻辑的先行者的典型特征。它还独一无二地说明了现代比较历史分析深远的政治根源，以及它在20世纪初叶政治和冲突的迂回曲折中深刻的历史牵连。

魏特夫出生于1896年,是德国的一个剧作家和社会科学家,深度参与了魏玛共和国的激进左翼政治。24岁那年,他加入了共产党。几年后,他放弃了完全投身于社会科学的梦想,先后在莱比锡、柏林和法兰克福研习社会科学。在韦伯的影响下(Wittfogel,1957,5),他早期对东亚及其社会——当时被认为是"停滞的"——如何不同于欧洲社会产生了兴趣。他早年研究的主要课题是中国。1925年,他加入了法兰克福大学社会研究所。当纳粹在1933年掌权时,他被关押在一个集中营里。一年后,紧接着一场为他而战的国际行动后,他被释放,离开德国前往英国,随后去了美国。从1939年开始,魏特夫在哥伦比亚大学连续获得任命,直至1947年,他转到了西雅图的华盛顿大学。他在那里一直工作到1966年,在远东和俄国研究所——后来改名为亨利·M.杰克逊国际研究学院——担任中国史教授。他于1988年去世,享年92岁。

像其他很多移民美国的德国人一样,魏特夫也在20世纪30年代下半叶转向了反斯大林主义。然而,不像马尔库塞和诺伊曼加入了美国外交政策制定和学院学术当时的自由主义主流,魏特夫则成了一个狂热的反共分子和冷战斗士。1951年,魏特夫成了一个告密者,向麦卡锡委员会告发他的一些移民同胞和研究东亚的美国著名学者。魏特夫的反共与他的理论发展并行不悖,这一理论发展在他把斯大林主义视为他所说的"东方独裁"最先进案例的观点中达到高潮:一个官僚极权主义政权配得上"亚细亚"社会那古怪的、历史上根深蒂固的结构。

《东方专制主义》是魏特夫毕生对亚洲及其政治统治体系的学术兴趣加政治兴趣的结果,这一兴趣始于中国,但不限于中国,在不断改变的政治资助下,被这21世纪上半叶的历史事件所驱动而不断演化。魏特夫在战后那些年里的核心断言不像摩尔和马尔库塞那样的自由主义者所相信或希望的,并非另一个版本的最终通向与西方会聚的工业社会;相反,他认为那是一个本质上不同的、遵循一条迥异于西欧的社会发展路线的"亚细亚"社会。魏特夫把作为一个不同社会的"亚洲"概念追溯到诸如孟德斯鸠(Montesquieu)、斯密和穆勒这样的作者;然而,作为他的主锚,他选择马克思和恩格斯的——上文简短提到过——各种各样分散的、多少有些系统的关于亚洲社会的评论

(Wittfogel,1957,第9章"亚细亚生产方式理论的兴衰",369—412)。在一次范围广泛的详细重构中,魏特夫显示,马克思主义理论的创立者们在某个时间点上抱有这样一个观念:"西方的"发展路径,从蓄奴的到封建的再到资本主义的生产关系,然后到共产主义,可能并不是唯一可能的路径,而且,特别是,亚洲的社会或许没能产生封建形式的社会组织,而根据马克思主义理论,封建形式的社会组织是走向资本主义并最终走向社会主义的条件。如果说,亚洲社会,或者更准确地说是"亚细亚生产方式",确实是不同的——意思是,如果说,当代亚洲社会就性质而言不是"封建的",就意味着全球社会发展是多线性的而不是单线性的——那么,经济和政治的停滞就是无法改变的。对于这些社会,不存在被欧式阶级斗争所驱动的内生性社会进步的前景;实际上,如果它们想要取得任何进步,它们就会——马克思偶尔认为这对印度是可能的——依靠外部干涉,以资本主义-帝国主义西方强国殖民的形式。

根据马克思、恩格斯和魏特夫的说法,究竟是什么使得一个社会或一种生产方式是"亚细亚生产方式"?当魏特夫使用这个术语时,他心里想的是集权统治一个分散的无组织社会的体制,这个社会由自给自足的孤立的农业社群组成,没有自治的城市、独立的地方权力和私有财产(包括它的先辈:封建财产)。在一个这样的社会中,权力并非源自有争议的封建授权或私有财产权,而是来自在社会中履行的协调功能,这个社会没有能力通过执政的"管理官僚"——他们组成并充当了一个统治阶级——来协调自身。

魏特夫第一次遭遇他后来所说的亚细亚形式的社会是在他对中国的研究中,而这个中国是作为他当时所说的"水力文明"的原型:这种文明基于并依赖一个专制统治者及其行政官员集中管制水力供应。[1] 在他的早期作品中,魏特夫对集中向村庄分配水——否则的话就不能自给自足——很是着迷。在集体管制一条主要水道处在一个社会的起源的地方,魏特夫看到他开始走上一条不同于其他的非水力社会的发展之路——这些社会有机会选择成为多元化的而非一元化的和专制的社会。很明显,对亚洲落后的水力解

1 这个依情况而定的形成性事件塑造这样的社会:它们的位置在一条大河畔,比如长江和尼罗河,别的地方是干燥的陆地,在那些地方,本地农业社群依赖受到管制的用水权,并受到保护,免遭季节性洪水之害。

释,对于一个像魏特夫那样的马克思主义者来说,其代表了一个颇有吸引力的唯物主义选项以取代韦伯在他的《宗教社会学》中提供的多少有点理想主义的解释。这两种方法的共同点是,它们都强调历史上年代久远的形成性事件的持久影响——这当然契合比较历史分析的理论气质。后来,魏特夫把他的研究扩大到了其他"水力"社会,古代的和当代的,不仅仅在亚洲。他还逐渐把亚细亚形式的威权主义统治的概念与水管理的具体案例分离开来,反而强调自给自足的村庄分散而孤立的位置,强调不存在自下而上的、独立的、去中心化的自组织制度。以这种方式,他设法把沙皇俄国包含入了他的亚细亚统治这个类别中。

以他对"亚细亚生产方式"的研究——尽管乍一看可能是抽象的学术研究——魏特夫理所当然地置身于20世纪20年代俄国革命后热烈的政治辩论中。正如他在《东方专制主义》中所显示的,列宁及其他布尔什维克领导人都十分清楚马克思的亚细亚猜想,并对它深感忧虑——特别是,他像马克思和恩格斯一样,倾向于把俄国的落后归因于这个国家的亚细亚遗产。这对他作为一个科学社会主义信徒所提出的问题不过是:他正在计划的革命是不是有历史意义?

最终,列宁似乎决定把俄国社会看作封建社会,把1917年克伦斯基(Kerensky)的二月革命看作资产阶级资本主义的胜利,允许他继续进行他的社会主义革命。但他依然担心并一度相信,在俄国的落后条件下进行社会主义转变需要西欧先进国家——特别是德国——有一场同时发生的革命。当这场革命失败时,任务就成了"在一个国家建设社会主义",一些社会理论家建议共产国际开始思考俄国东部亚细亚社会的性质。列宁在他去世前的那些年里发出可怕的警告:"无产阶级专政"可能腐化为新兴官僚阶级的专政。有了斯大林与托洛茨基之间的继位斗争,苏联政权的社会性质,特别是执政党的社会性质成了争论的中心点,直至托洛茨基被迫流亡,斯大林正式宣布多线性历史观为非法。通过法令裁决不存在"亚细亚生产方式"而且从来都不存在,使得仅仅使用这个概念便是一桩死罪,斯大林试图确保自己能压制托洛茨基的断言:他事实上是一个新沙皇,同时又是一个老式的亚洲暴君。

至迟在20世纪50年代,在冷战的高潮时刻,魏特夫恰好就是那样看待斯大林，并把苏联斯大林主义官僚视为一个新的统治阶级，在很大程度上就像南斯拉夫的米洛万·吉拉斯（Milovan Djilas）和列夫·托洛茨基（Leon Trotsky）在全世界的继承者一样，加上额外的扭曲：他牢固地把斯大林主义政权定位于亚细亚社会的传统中，连同它的统治管理官僚。在魏特夫看来，他那个时代的苏联并不是欧洲工业社会的一个变种，而是一个完全不同的社会，由于深刻的历史原因，是一个名副其实的邪恶帝国，冻结在它的路上，不存在与之妥协的可能——是民主希腊社会的西方继任者的一个新的波斯敌人，一个急于打败的敌人，以便能够重建它，并防止它反过来打败西方的自由社会。这里有真正深刻的差异，被比较历史分析揭示出来，即使在魏特夫看来，依然存在会聚的可能性。然而，为了实现这种可能性，不得不从外部促成它。只有外部干涉才能清除水力社会的历史遗产，通过深刻的制度重建来建立真正的多元主义，导致有着深刻差别的社会之间的会聚，不是通过社会演化，而是通过——充分掌握科学信息的——政治行动者。

姑且算作结论

“大结构，大过程，大比较”（Tilly，1984），寻找“有历史根据的对大规模的和实质上很重要的结果的解释”（Mahoney and Rueschemeyer，2003），“聚焦宏观构造解释”，追求“问题驱动的基于案例的研究”，以及在方法上“致力于时间导向的分析”（Thelen and Mahoney，本书第1章）——这些就是比较历史分析如何开始以及如何充满希望地继续下去的东西。

参考资料

Bell，Daniel. 1976. *The Cultural Contradictions of Capitalism*. New York：Basic Books.

Blackburn，Robin. 2011. *An Unfinished Revolution：Karl Marx and Abraham Lincoln*. London：Verso.

Durkheim，Emile.（1893）1964. *The Division of Labor in Society*. New York：The Free Press.

Eagleton，Terry. 2011. *Why Marx Was Right*. *New Haven*，CT：Yale University Press.

Gerhardt，Uta. 1993. *Talcott Parsons on National Socialism*. New York：Aldine de Gruyter.

Gerhardt, Uta. 1996. "Talcott Parsons and the Transformation from Totalitarianism to Democracy in the End of World War II." *European Sociological Review* 12(2): 303—325.

Gerschenkron, Alexander. (1943) 1989. *Bread and Democracy in Germany*. Ithaca, NY: Cornell University Press.

Hall, Peter A. and David Soskice. 2001. "An Introduction to Varieties of Capitalism." In *Varieties of Capitalism: The Institutional Foundations of Comparative Advantage*, edited by Pete A. Halland David Soskice, 1—68. Oxford: Oxford University Press.

Hobsbawm, Eric. 1994. *The Age of Extremes: A History of the World*, 1914—1991. New York: Pantheon Books.

Ibn Khaldun. (1377) 1967. *The Muqaddimah: An Introduction to History*, Translated and Introduced by Franz Rosenthal.

Kaelble, Hartmut. 2012. "Historischer Vergleich, Version: 1. 0. Docupedia-Zeitgeschichte." 14. 8. 2012. http://docupedia.de/zg/.

Koselleck, Reinhard and Christian Meier. 1971—1997. "Fortschritt." In *Geschichtliche Grundbegriffe: Historisches Lexikonzur politisch-sozialen Sprache in Deutschland*, Bd. 2, edited by Otto Brunner, 351—423. Stuttgart: Klett-Cotta.

Lipset, Seymour Martin. (1960) 1963. *Political Man: The Social Bases of Politics*. Garden City, NY: Anchor Books.

Machiavelli, Niccolò. (1514) 1976. *The Prince*, Translated, Introduced and Annotated by James B. Atkinson. Indianapolis: Bobbs-Merrill.

Machiavelli, Niccolò. (1525) 1988. *Florentine Histories*, translated by Laura F. Banfield and Harvey Mansfield. Princeton, NJ: Princeton University Press.

Mahoney, James and Dietrich Rueschemeyer. 2003. "Comparative Historical Analysis: Achievements and Agendas." In *Comparative Historical Analysis in the Social Sciences*, edited by James Mahoney and Dietrich Rueschemeyer, 3—38. Cambridge: Cambridge University Press.

Marx, Karl. (1867) 1967. *Capital: A Critique of Political Economy*. Vol. Ⅰ. New York: International Publishers.

Marx, Karl and Frederick Engels. 1971. *The Civil War in the United States*. New York: International Publishers.

Marx, Karl and Frederick Engels. (1844) 1977. "The German Ideology." In *Karl Marx*:

Selected Writings, edited David McLellan, 157—191. Oxford: Oxford University Press.

Moore, Barrington. 1966. *Social Origins of Dictatorship and Democracy: Lord and Peasant in the Making of the Modern World*. Boston: Beacon Press.

Müller, Tim B.. 2010. *Krieger und Gelehrte: Herbert Marcuse und die Denksysteme im Kalten Krieg*. Hamburg: Hamburger Edition.

Nietzsche, Friedrich. 1911. *Twilight of the Idols: Or, How to Philosophise with the Hammer; the Anti-Christ; Notes to Zarathustra and Eternal Recurrence*, translated by Anthony M. Ludovici. New York: Macmillan.

Offe, Claus. 2006. *Reflections on America: Tocqueville, Weber & Adorno in the United States*. Cambridge: Polity.

Parsons, Talcott. 1945. "The Problem of Controlled Institutional Change: An Essay in Applied Social Science." *Psychiatry* 8(1): 79—101.

Popper, Karl R.. 1957. The Poverty of Historicism. Boston: Beacon Press.

Schröder, Peter. 2004. *Niccolo Machiavelli*. Frankfurtam Main: Campus.

Smith, Bradley F.. 1983. *The Shadow Warriors: O. S. S. and the Origins of the C. I. A.* London: Andre Deutsch.

Smith, Dennis. 1983. *Barrington Moore: Violence, Morality and Political Change*. London: Macmillan.

Sombart, Werner. (1906) 1976. *Why Is There No Socialism in the United States?* London: Macmillan.

Spencer, Herbert. (1882) 2003. *The Principles of Sociology*, 3 vols., edited by Hg. von Jonathan and H. Turner. New Brunswick, NJ: Transaction Publishers.

Streeck, Wolfgang. 2010. "Institutions in History: Bringing Capitalism Back In." In *Oxford Handbook of Comparative Institutional Analysis*, edited by Glenn Morgan, John Campbell, Colin Crouch, Ove Kai Pedersen and Richard Whitley, 659 — 686 . Oxford: Oxford University Press.

Streeck, Wolfgang. 2011. "E Pluribus Unum? Varieties and Commonalities of Capitalism." *In The Sociology of Economic Life*, 3rd ed., edited by Mark Granovetter and Richard Swedberg, 419—455. Boulder, CO: Westview.

Thucydides. (c. 400 BC) 1998. *The Peloponnesian War*, translated by Steven Lattimore. Indianapolis: Hackett.

Tilly, Charles. 1984. *Big Structures, Large Processes, Huge Comparisons*. New York:

Russell Sage Foundation.

Tocqueville, Alexis de. (1835 — 1840) 1988. *Democracy in America*. New York: HarperPerennial.

Weber, Max. (1922) 1979. *Economy and Society: An Outline of Interpretive Sociology*, 2 vols., edited by Günther Roth and Claus Wittich. Berkeley: University of California Press.

Weber, Max. (1904/1905) 1984. *The Protestant Ethic and the Spirit of Capitalism*, translated by Talcott Parsons, introduced by Anthony Giddens. London: Unwin Paperbacks.

Weber, Max. (1927) 2003. *General Economic History*. New Brunswick, NJ: Transaction Publishers.

Wittfogel, Karl A.. 1957. *Oriental Despotism: A Comparative Study of Total Power. New Haven*, CT: Yale University Press.

译丛主编后记

财政活动兼有经济和政治二重属性，因而从现代财政学诞生起，“财政学是介于经济学与政治学之间的学科”这样的说法就不绝于耳。正因如此，财政研究至少有两种范式：一种是经济学研究范式，在这种范式下财政学向公共经济学发展；另一种是政治学研究范式，从政治学视角探讨国家与社会间的财政行为。这两种研究范式各有侧重，互为补充。但是检索国内相关文献可以发现，我国财政学者遵循政治学范式的研究并不多见，绝大多数财政研究仍自觉地或不自觉地将自己界定在经济学学科内，而政治学者大多也不把研究财政现象视为分内行为。究其原因，可能主要源于在当前行政主导下的学科分界中，财政学被分到了应用经济学之下。本丛书的两位主编之所以不揣浅陋地提出“财政政治学”这一名称并将其作为译丛名，是想尝试对当前学科体系进行纠偏，将财政学的经济学研究范式和政治学研究范式结合起来，从而以“财政政治学”为名，倡导研究财政活动的政治属性。编者认为，这样做有以下几个方面的积极意义。

一是寻求当前财政研究的理论基础。在我国的学科体系中，财政学被归入应用经济学之下，学术上就自然产生了以经济理论为财政研究基础的要求。不过，由于当前经济学越来越把自己固化为形式特征明显的数学，以经济理论为基础就导致财政学忽视了那些难以数学化的政治视角研究，这样就让目前大量的财政研究失去了理论基础。在现实中已经出现并将更多出现的现象是，探讨财政行为的理论、制度与历史的论著不断被人质疑是否属于经济学，一篇研究预算制度及其现实运行的博士论文经常被答辩委员怀疑是否可授予经济学学位。因此，要解释当前的财政现象、推动财政研究，就不能不去寻找财政的政治理论基础。

二是培养治国者。财政因国家治理需要而不断变革，国家因财政治理而得以成长。中共十八届三中全会指出："财政是国家治理的基础和重要支柱，科学的财税体制是优化资源配置、维护市场统一、促进社会公平、实现国家长治久安的制度保障。"财政在国家治理中的作用被提到空前的高度。因此，财政专业培养的学生，不仅要学会财政领域中的经济知识，而且要学到相应的政治知识。财政活动是一项极其重要的国务活动，涉及治国方略；从事财政活动的人是重要的政治家，应该得到综合的培养。这一理由，也是当前众多财经类大学财政专业不能被合并到经济学院的原因之所在。

三是促进政治发展。在18—19世纪，在普鲁士国家兴起及德国统一过程中，活跃的财政学派与良好的财政当局曾经发挥了巨大的历史作用。而在当今中国，在大的制度构架稳定的前提下，通过财政改革推动政治发展也一再为学者们所重视。财政专业的学者自然也应该参与这样的理论研究和实践。事实上已有不少学者参与诸如提高财政透明、促进财税法制改革等活动中去，并成为推动中国政治发展进程的力量。

因此，"财政政治学"作为学科提出，可以纠正当前财政研究局限于经济学路径造成的偏颇。包含"财政政治学"在内的财政学将不仅是一门运用经济学方法理解现实财政活动的学科，而且是一门经邦济世的政策科学，更是推动财政学发展、为财政活动提供指引并推动中国政治发展的重要学科。

"财政政治学"虽然尚不是我国学术界的正式名称，但在西方国家教学和研究中广有相似的内容。在这些国家中，有不少政治学者研究财政问题，同样有许多财政学者从政治视角分析财政现象，进而形成了内容非常丰富的文献。当然，由于这些国家并没有像中国这样行政主导下的严格学科分界，因此不需要有相对独立的"财政政治学"的提法。相关的研究略显随意地分布在以"税收政治学""预算政治学"或者"财政社会学"为名称的教材或论著中，本译丛提倡的"财政政治学(fiscal politics)"的说法也不少见。

中国近现代学术进步历程表明，译介图书是广开风气、发展学术的不二良方。因此，要在中国构建财政政治学学科，就要在坚持以"我"为主研究中国财政政治问题的同时，大量地翻译国外学者在此领域的相关论著，以便为国内学者从政治维度研究财政问题提供借鉴。本译丛主编选择了这一领域内的多部英文著作，计划分多辑陆续予以翻译和出版。在文本的选择上，大致分为理论基础、现实制度与历史研究等几个方面。首先推出的有《财政理论史上的经典文献》《税收公正与民间正义》《战争、收入和国家构建》《发展中国家的税收与国家构建》《为自由国家而纳税：19 世纪欧洲公共财政的兴起》《信任利维坦：不列颠的税收政治学（1799—1914）》《欧洲财政国家的兴起》等著作。

本译丛的译者主要为上海财经大学公共经济与管理学院的教师以及已毕业并在高校从事教学的财政学博士，另外还邀请了部分教师参与。在翻译稿酬低廉、译作科研分值低下的今天，我们这样一批人只是凭借着对学术的热爱和纠偏财政研究取向的希望，投身到这一译丛中来。希望我们的微薄努力能够成为促进财政学和政治学学科发展、推动中国政治进步的涓涓细流。

刘守刚　上海财经大学公共经济与管理学院
魏　陆　上海交通大学国际与公共事务学院
2015 年 5 月

“财政政治学译丛”书目

1.《财政理论史上的经典文献》
理查德·A.马斯格雷夫,艾伦·T.皮考克 编　刘守刚,王晓丹 译
2.《君主专制政体下的财政极限——17世纪上半叶法国的直接税制》
詹姆斯·B.柯林斯 著　沈国华 译
3.《欧洲财政国家的兴起 1200—1815》
理查德·邦尼 编　沈国华 译
4.《税收公正与民间正义》
史蒂文·M.谢福林 著　杨海燕 译
5.《国家的财政危机》
詹姆斯·奥康纳 著　沈国华 译
6.《发展中国家的税收与国家构建》
黛博拉·布罗蒂加姆,奥德黑格尔·菲耶尔斯塔德,米克·摩尔 编　卢军坪,毛道根 译
7.《税收哲人——英美税收思想史二百年》(附录:税收国家的危机 熊彼特 著)
哈罗德·格罗夫斯 著　唐纳德·柯伦 编　刘守刚,刘雪梅 译
8.《经济系统与国家财政——现代欧洲财政国家的起源:13—18世纪》
理查德·邦尼 编　沈国华 译
9.《为自由国家而纳税:19世纪欧洲公共财政的兴起》
何塞·路易斯·卡多佐,佩德罗·莱恩 编　徐静,黄文鑫,曹璐 译　王瑞民 校译
10.《预算国家的危机》
大岛通义 著　徐一睿 译
11.《信任利维坦:英国的税收政治学(1799—1914)》
马丁·唐顿 著　魏陆 译
12.《英国百年财政挤压政治——财政紧缩·施政纲领·官僚政治》
克里斯托夫·胡德,罗扎那·西玛兹 著　沈国华 译
13.《财政学的本质》
山田太门 著　宋健敏 译
14.《危机、革命与自维持型增长——1130—1830年的欧洲财政史》
W.M.奥姆罗德,玛格丽特·邦尼,理查德·邦尼 编　沈国华 译
15.《战争、收入与国家构建——为美国国家发展筹资》
谢尔登·D.波拉克 著　李婉 译
16.《控制公共资金——发展中国家的财政机制》
A.普列姆昌德 著　王晓丹 译
17.《市场与制度的政治经济学》
金子胜 著　徐一睿 译
18.《政治转型与公共财政——欧洲 1650—1913年》
马克·丁塞科 著　汪志杰,倪霓 译
19.《比较历史分析方法的进展》
詹姆斯·马汉尼,凯瑟琳·瑟伦 编　秦传安 译
20.《税收的全球争论》
霍尔格·内林,佛罗莱恩·舒伊 编　赵海益,任晓辉 译
21.《金钱、政党与竞选财务改革》
雷蒙德·J.拉贾 著　李艳鹤 译
22.《赤字、债务与民主》
理查德·E.瓦格纳 著　刘志广 译
23.《西方社会中的公共财政(第三卷)——政治经济学的新思维》
理查德·A.马斯格雷夫 编　王晓丹,王瑞民,刘雪梅 译　刘守刚 统校

24.《财政学手册》

于尔根·G.巴克豪斯,理查德·E.瓦格纳 编 何华武,刘志广 译

25.《政治对市场》

戈斯塔·埃斯平—安德森 著 沈国华 译

26.《荷兰财政金融史》

马基林·哈特,乔斯特·琼克,扬·卢滕·范赞登 编 郑海洋 译 王文剑 校译

27.《来自地狱的债主——菲利普二世的债务、税收和财政赤字》

莫里西奥·德里奇曼,汉斯乔亚吉姆·沃斯 著 施诚 译

28.《福利国家的兴衰》

阿斯乔恩·瓦尔 著 唐瑶 译 童光辉 校译

29.《公共经济学历史研究》

吉尔伯特·法卡雷罗,理查德·斯特恩 编 沈国华 译

30.《牛津福利国家手册》

弗兰西斯·G.卡斯尔斯,斯蒂芬·莱伯弗里德,简·刘易斯,赫伯特·奥宾格,克里斯多弗·皮尔森 编 杨翠迎 译

31.《西方世界的税收与支出史》

卡洛琳·韦伯,阿伦·威尔达夫斯基 著 朱积慧,苟燕楠,任晓辉 译

32.《经由税收的代议制》

史科特·格尔巴赫 著 杨海燕 译

33.《政治、税收和法治》

唐纳德·P.雷切特,理查德·E.瓦格纳 著 王逸帅 译

34.《18世纪西班牙建立财政军事国家》

拉斐尔·托雷斯·桑切斯 著 施诚 译

35.《美国现代财政国家的形成和发展——法律、政治和累进税的兴起,1877—1929》

阿贾耶·梅罗特 著 倪霓,童光辉 译

36.《另类公共经济学手册》

弗朗西斯科·福特,拉姆·穆达姆比,彼得洛·玛丽亚·纳瓦拉 编 解洪涛 译

37.《财政理论发展的民族要素》

奥汉·卡亚普 著 杨晓慧 译

38.《联邦税史》

埃利奥特·布朗利 著 彭骥鸣,彭浪川 译

39.《旧制度法国绝对主义的限制》

理查德·邦尼 著 熊芳芳 译

40.《债务与赤字:历史视角》

约翰·马洛尼 编 郭长林 译

41.《布坎南与自由主义政治经济学:理性重构》

理查德·E.瓦格纳 著 马珺 译

42.《财政政治学》

维特·加斯帕,桑吉·古普塔,卡洛斯·穆拉斯格拉纳多斯 编 程红梅,王雪蕊,叶行昆 译

43.《英国财政革命——公共信用发展研究,1688—1756》

P.G.M.迪克森 著 张珉璐 译

44.《财产税与税收抗争》

亚瑟·奥沙利文,特里 A.塞克斯顿,史蒂文·M.谢福林 著 杨海燕 译

45.《战争、葡萄酒与关税:1689—1900年期间,英法的政治经济贸易冲突》

约翰 V.C.奈 著 邱琳 译

46.《社会科学的比较历史分析》

詹姆斯·马奥尼,迪特里希·鲁施迈耶 编 秦传安 译

47.《汉密尔顿悖论》

乔纳森·雷登 著 何华武 译

48.《税收逃逸的伦理学——理论与实践观点》

罗伯特·W.麦基 编 陈国文 译

49.《税收幻觉——税收、民主与嵌入政治理论》

菲利普·汉森 著 倪霓,金赣婷 译